裂变式商业书系 ❷

Community Awakening

社群觉醒

小数据开启商业元生态

周宏明　袁啸云　著

中国经济出版社
CHINA ECONOMIC PUBLISHING HOUSE

·北京·

图书在版编目（CIP）数据

社群觉醒：小数据开启商业元生态 / 周宏明，袁啸云著 . --北京：中国经济出版社，2022.5
（裂变式商业书系）
ISBN 978-7-5136-6878-1

Ⅰ. ①社… Ⅱ. ①周… ②袁… Ⅲ. 商业模式-研究 Ⅳ. ①F71

中国版本图书馆 CIP 数据核字（2022）第 056583 号

出版策划	五点零商业研究院
策划编辑	崔姜薇
责任编辑	张　博
特约编辑	宋甜甜　李云金
责任印制	马小宾
封面设计	任燕飞装帧设计工作室

出版发行	中国经济出版社
印 刷 者	北京力信诚印刷有限公司
经 销 者	各地新华书店
开　　本	710mm×1000mm　1/16
印　　张	16.75
插　　页	0.5
字　　数	200 千字
版　　次	2022 年 5 月第 1 版
印　　次	2022 年 5 月第 1 次
定　　价	88.00 元

广告经营许可证　京西工商广字第 8179 号

中国经济出版社 网址 www.economyph.com 社址 北京市东城区安定门外大街 58 号 邮编 100011
本版图书如存在印装质量问题，请与本社销售中心联系调换（联系电话：010-57512564）

版权所有　盗版必究（举报电话：010-57512600）
国家版权局反盗版举报中心（举报电话：12390）　　服务热线：010-57512564

目录

前言　社群觉醒的年代

- "小数据"的逻辑 / 2
- "小数据"的认知迭代 / 6
- 小c、大C与社群 / 10
- 小数据是一把钥匙 / 13
- 商业元生态与"五元素" / 17

第一章　零售的新变化

就零售领域而言，互联网的增量时代结束，在"下半场"更加激烈的存量竞争中，要看谁能够快速彻底地进行数字化改造，要看谁能够实现对存量用户信任关系的重构，达成用户增量的终极目标。从流量思维到用户思维、从公域到私域、从大数据到小数据（用户数据），这样的转变在深刻地影响着品牌企业的选择，也加速了零售行业的变革。

- 消费新变化 / 4
- 零售进化的逻辑 / 9
- 向上开口的"微笑曲线" / 15

第二章　数字化转型

在数字化之前，人们为了提升效率和降低成本，付出了消费者关系弱化、微化甚至丧失关系的代价；而数字化以后，人们依然在效率、成本和体验的指挥棒下，让销售的本质向人与人之间的信任持续回归。

- 数字化是"自变量" / 29
- 信任关系的进化 / 32
- 零售进化的脉络 / 41

社群觉醒
小数据开启商业元生态

第三章 用户私有化

DTC是什么 / 48
DTC与私域 / 52
从公域到私域 / 54
从私域到私有 / 60

> 与"流量"相对的，是"存量"，指在一定时期内留存的用户数量。存量和流量，两者都是变量，即在一定时间内其大小可以计算的数值，流量代表新客户的获取与转化，存量代表老客户的留存和维系。因此，在我们看来，流量固然重要，存量更是核心。

第四章 私域的逻辑

> 不管做不做私域，消费者关系始终值得研究和关注，哪怕不用专门去做私域，也应该了解用户是谁，用户在想些什么。这是历史发展和技术迭代的趋势，唯有顺势而为，才能在商业竞争中占据优势地位。

社交电商困局 / 68
私域的五种境界 / 70
不同模式的归类 / 78
一定要做"私域"吗 / 82

第五章 新商业生态

大C的崛起 / 90
从平台到生态 / 94
社群平台的功能 / 100
全新的商业世界 / 105

> 超级平台之后，万物互联崛起，数字化如火如荼，以人为中心的人联网已经拉开了帷幕，以数字化社群生态的形式从理论走向实践，很快会在未来展现出巨大的能量。

第六章 信任是基础（商业元生态之"土壤"）

> 相对于微信、电话、邮件、语音、视频等交流方式，"见面沟通"是信息交流最充分、情感联系最直接的一种方式。哪怕是陌生人，若能经常见面交流，也很容易构建起强信任关系，"见面三分熟"说的就是这个道理。

人际信任与商业信任 / 114
信任的建立与传递 / 117
社群让信任更简单 / 121
信任，幸福与信仰 / 124

目 录

第七章 内容也是生产力

商业元生态之"空气"

内容即产品 / 133
内容的三个层次 / 136
内容：公域与私域 / 141
社群化内容 / 145

> 内容，对于消费者而言，就是在购买决策之前需要了解的关于商家、品牌与商品的各种信息，驱动消费决策的过程就是消除信息不对称的过程，而在这个过程中，内容的传播和交互发挥着无可替代的作用。

第八章 社群参与者

商业元生态之"生物"

> 我们相信，未来必然会出现越来越多的商业生态，"斜杆大C"和"斜杆收入"也必然会不断涌现。在数字化时代里，每一个普通人，经营好自己的信任关系是最重要的事情，没钱、没项目依然有机会在生态赋能下获得成功，若没有信任关系，就什么都干不了了。

流量焦虑无处不在 / 153
大C、小c与代理商 / 156
产品品牌与社群品牌 / 161
"斜杆大C"与"斜杆收入" / 166

第九章 价值共创与财富共享

商业元生态之"水"

合伙人缘起 / 175
合伙人演变 / 178
工者有其股 / 180
大C合伙人 / 185

> 未来，在数字化生态里，人与人之间、社群与社群之间形成了"去中心化"的网络链接，已经没有了上下高低之分，大家几乎都是对等的合伙、合作关系，"自上而下"的管理模式已经不再适用，那靠什么来维系彼此的链接和信任关系呢？唯有财富共生与价值共享。

第十章 数字化"光合作用"

商业元生态之"阳光"

> 社群关系数字化，正是这样一种技术门槛低、操作简单、复制快的方式，适合那些在数字化浪潮中被遗忘的大多数企业和人群，这几乎是他们有机会"逆袭"的唯一方式，甚至可以说，在流量红利消失之后，围绕着用户关系数字化的模式，社群是这个时代里最后一波红利。

数字化的三个阶段 / 196
从典型性到普遍性 / 199
用户关系数字化 / 203
社群关系数字化 / 206

社群觉醒
　　小数据开启商业元生态

社区团购的终局猜想 / 216
商业组织的数据安全 / 221
理念创新的社会意义 / 225
中国特色的商业生态 / 230

第十一章
改变未来商业格局

> 商业元生态，是在数字化时代里，具有中国特色的商业创新，是可以改变未来商业格局的蓬勃力量。倡导人际间相互信任、和谐共处，倡导共生共荣、稳定可持续的新商业文明，倡导价值共创和财富共享，在存量中寻求增长的发展模式，就是高质量的发展模式，在高质量发展中促进共同富裕，是新时代的美好愿景和崇高使命。

前言　社群觉醒的年代

时光流逝如水，倏忽之间，自 2019 年 1 月《小数据战略：新零售如何重构用户关系》①正式出版已三年有余。在这三年多的时间里，中国的商业世界又发生了很多新的变化，也引发了我的诸多思考。在这段时间里，我的工作仍然是跟不同领域的企业家朋友打交道，上上课，做做交流，虽然在形式上没有特别的变化，但能明显感觉到，内容在丰富，节奏在加快。我在天命之年，仍能专注于中国零售行业的创新变革和数字化转型，用自己过去几十年来的所学所知，做一些力所能及的教育、咨询工作，是快乐且满足的。特别是，在新冠肺炎疫情发生之后，中国内地严控严防，政府与民间群策群力，在全球疫情泛滥成灾、疯狂肆虐之下，竟神奇地构筑了一个安全的幸福港湾。2020 年，中国是全球经济中唯一保持正增长的经济体，人们的生活和工作几乎不受影响，我可以随时安排去各地讲课参会、调研学习，考察了很多企业，结交了很多新朋友。每每与海外朋友、同人的茫然和无奈相比较，我都觉得自己无比幸运，也对未来充满信心与希望。每当夜深人静时，我与家人促膝长谈，发自内心地感恩这个快速崛起、充满活力的国家，感恩这个奇迹迭出、缤纷多彩的大时代。

---

① 周宏明，袁啸云. 小数据战略：新零售如何重构用户关系［M］. 北京：中国经济出版社，2019.

"小数据"的逻辑

三年前，我跟袁老师一起，正式提出"小数据"这一全新的研究视角，用以指代"用户数据"，是基于以下三个核心逻辑。

首先，用户的逻辑。用户很重要，这一点似乎是不言而喻的公理。但能够时时刻刻把用户放在心里的企业家并不多。其原因可能在于，互联网加快了企业发展的速率，用户从一个个活生生的人，慢慢地被"物化"为流量。所以，你会看到一个很奇怪的现象：用户数量、用户活跃度，是所有互联网企业估值的核心指标，但在几乎所有管理者的视野里，有关用户的指标，其重要性都是落后于交易额、利润增长、毛利率等指标的。大家日常交流的核心话题都是如何抓住机会实现增长，如何获得更快的增长速度、更大的规模，说到底，这是工业化思维，是流量逻辑。工业化思维和流量逻辑在特定的历史时期及发展阶段，都很有价值，但回到实践，在今天流量红利消失、存量竞争开始的时候，再做抱残守缺状，显然是不合时宜的。我们主张"小数据"，提倡从"流量思维"转化为"用户思维"，全面回归对用户需求、用户体验和用户反馈等问题的研究上来，这是针对当前发展形势和未来发展趋势的运营理念，是历史发展的必然。当然，"小数据战略"理念看似简单，做法和实践却不容易，企业家朋友们从理念认识到管理实践，再到收获成效，还有一个长期的过程。改变一个人、一个群体的认知是最具挑战性的，既需要我们年年讲、月月讲、天天讲，在不同场合讲，面对不同的人群讲，也需要我们找到更多的企业"小数据"实践案例，按照这一理念做给大家看，树立榜样。

其次，数据的逻辑。近些年，商界、政界、学界，都在谈"大数据"，但事实上，对于广大的企业家朋友、商家朋友来说，大数据很"酷"很"炫"，却容易"大而无当"，宏观视角的大数据在企业管理的微观领域里，确实很难用上；而"小数据"作为"大数据"的一部分，就是从宏观到微观的转化，剥离掉一些关联度不大的数据类型，专门针对与用户相关的各种数据进行观察、研究和管理，在微观视角的用户数据，每个企业都可触及、可管理、可使用。大数据可以关注，小数据需要研究，关键还很有用。因此，我会向企业家朋友反复强调，"专注小数据，必有大作为"。其实，熟悉销售行业的专家都很清楚，工业化时代数百年来，"客户是上帝""用户至上""客户第一"等相似的理念层出不穷，对于用户关系的研究与管理，也有不少典型的做法和优秀的案例。一些商家和从业者很愿意围绕用户做一些行之有效的工作，并取得了一定的效果。关于用户关系的研究，作为"营销理论"的组成部分，显然不像"增长理论""组织理论""定位理论"那么丰富和高调。过去，无论是商家想要与用户建立联系，还是用户想要跟商家建立联系，除了见面之外，唯有电话、邮件等少数几种方式，而且这些方式不稳定、难互动，甚至存在很高的随机性和偶然性，总体来说成本极高，效率极低。从互联网出现发展到现在，智能手机人手一部，数字化的交互工具基本普及，商家和用户建立联系已经完全没有技术门槛，简单易得、成本很低、效果很好。此时此刻，我们提出"小数据"，不是哗众取宠，也不是标新立异，而是结合现实条件，用数据化的方式回归零售本质，重塑零售企业发展的底层逻辑、实现可持续发展的一件大事。

最后，实践的逻辑。马克思说，实践是认识的来源。我们构建的"小数据"，从理念到方法论，不是凭空而来的，而是结合互联网行业的发展，在企业实践中一步步摸索，从经验和教训中总结提炼而来的。说起来，我是一个互联网"老兵"，在互联网行业摸爬滚打了30多年。每一个互联网狂飙突进的发展阶段我几乎都参与并见证了。

我是在30年前，也就是1991年开始做互联网相关工作的。当时，我刚从美国纽约大学毕业，获得计算机科学硕士学位，应聘进入美国最大的运营商微波通信公司（MCI，后被美国世通公司收购），负责企业互联网建置方案规划。在那段时间，我参与了很多具体项目，看到了互联网技术在商业上的应用。三年后（1994 年）我开始创业，连续开办了几家互联网公司，业务类型有门户网站、旅游网站、金融投资网站、社交网站、电商平台和手机 WAP 软件开发等，因为把握住了好的发展趋势和时机，这些企业都运作得不错，有些是卖给了上市公司，我也完成了个人的专业经验积累。

在互联网行业的第一个十年（1991—2001 年），基于互联网行业的工作经历和创业经验，我相信互联网完全可以取代过去传统的线下商业。因为，当时的互联网在很大程度上解决了两方面问题：空间成本和时间成本。现在回想起来，过去的认识还是有些片面的。虽然当时互联网技术可以帮助企业与用户节省时间成本、空间成本，但是忽视了"人"的部分，忽视了用户与企业的关系——而用户体验和用户关系才是商业的"核心"。

到了 2002 年以后，我开始尝试把互联网技术运用到服务企业经营中，这涵盖了零售业、连锁行业和金融行业。比如，我们做了加密邮件服务器、销售管理系统（SFA）、商品导购网站等；同时，我也积极参与购物中心和连锁店的线下与线上整合经营管理，也就是今天大家在讲的"新零售"。在这期间，我开始思考如何用互联网技术赋能传统企业，也想着怎样才能更接近消费者。比如，我在线下门店做了很多数字化工具，解决总部与门店、门店与门店间的调货问题；也开始在手机端做了协助店长管理和导购服务的应用。

经过第二个十年（2001—2011 年），我对线上和线下商业有了更深层的认识，互联网（技术）不应取代而应赋能线下商业，它和线下商业并不是对立关系，它可以做到与线下商业互为补充。在这个过程中，我还有了一种体会，那就是用户数据的重要性。过去，我们常认为只有线上商业才需要讲数据，直到我亲自参与购物中心和连锁店管理，才发现其实很多用户数据已经在线下沉淀，只是企业不知道如何运用互联网技术使数据发挥作用，员工不懂得如何去收集与分析用户数据，如何利用用户数据更好地协助门店管理和服务客户。2011年之后，伴随着智能手机的普及，手机成为连接用户更好的数字化工具，通过手机去做客户联系和服务，也让行为数据、交易数据、服务数据可以真正且更好地助力线下门店去服务客户。

后来，进入第三个十年（2011—2021年），我从一个创业者变成一个观察者、研究者。我在上海交通大学向很多企业家朋友讲数字化和互联网转型的专题课，我在阿里集团的淘宝大学向网商朋友讲企业战略布局的课程，我在海尔、联想、苏宁、百联、新世界、顶新、华润、海康等大企业做新零售专题培训，还为哈森、赫基、绿瘦、百草味、酷乐潮玩、享佳、涵碧楼、庄泰等公司做数字化转型的顾问。利用近距离观察企业的机会，我不断思考用户数据与企业经营的关系。用户数据可以成为一种战略模式，去协助公司转型，"数据驱动商业"这句口号就是我对于公司商业模式的重新定位。在授课、做咨询顾问和做企业教练的时候，我是很多企业数字化转型的参与者，我看到用户数据是能够真正地去改变一家企业的，能够成为企业转型的关键点，帮助企业定义新的商业模式。

基于用户、基于数据、基于实践，我们在三年前系统地提出"小数据"理念：用数据的方式重构与用户的信任关系，提出可以指导用户关系运营的"5CM"方法论（或称"伍厘米理论"①），并就零售的未来发展方向进行了预测，物联网的下一代是人联网时代，人与人之间的信任关系成了驱动商业发展的第一动力，最理想的零售模式是"自零

---

① "伍厘米理论"中的"伍"字，我们特别选用了包含人字旁的字形，表明人的作用至关重要。

售"，消费者成为销售者，驱动存量用户关系进行"老带新"的增长裂变，实现可持续增长。

亲历互联网浪潮的30年，我有两个深刻的印象。第一个是数据可以驱动商业转型，我用多年的研究成果提炼成的"5CM"方法论，其可以有效指引企业寻找新的商业模式。第二个是我认为未来的商业趋势会围绕商业社群展开，因为智能手机变成了一个连接的工具，一方面它让销售者与商品、消费者间更容易连接起来；另一方面使消费者和消费者间的沟通变得更容易了，智能手机这个物联网设备让互联网时代进化为人联网时代，人们因为手机而相互联结在了一起。

"小数据"的认知迭代

"周老师，小数据有什么用？"——这是三年来我被问得最多的问题，说明在这个万物生长的零售行业里，大家依然很务实、很直接，任何创新的理念与研究，仍需凭借作用和效果来接受评判。中国的经济活力，大部分是依靠实用主义的哲学和思考逻辑支撑起来的。这一点都不奇怪，哪怕是伟大的中国共产党，在战火纷飞的年代里为号召劳苦大众积极参与革命的宣传工作也没有用高深的大道理，而是依靠"打土豪、分田地"这样简单直接又深入人心的大白话。

"小数据，就是用数字化的工具和手段，与用户建立链接，加强信任关系，把用户留下来，培育成超级用户，帮你做品牌代言，甚至帮你介绍新用户……这是有大用的啊。"这么给大家解释，可能显得有点绕，让人抓不住重点。我越来越觉得还不如直接说"小数据赚大钱"这句话来得动听。事实上，从现实需求出发，"用户增长"和"利润增长"是每一个企业掌门人最核心的管理目标，而这两点，恰恰都可以在"小数据"的方法论中逐步实现。

近年来，数字化是所有企业家朋友都比较关心的问题，企业进行数字化转型也逐渐成为行业共识，数字化成了传统企业和现代企业的分水岭。然而，大部分企业的数字化首先是从财务、办公、采购、制造、物流等生产环节开始的，这些制造环节和管理流程上的"信息化""数据化"虽然可以大幅度提升生产效率，降低管理成本，但是对新零售行业的品牌来说，却不是最核心也不是最有效的数字化。新零售品牌企业要真正实现数字化转型，其核心是完成用户关系的数据化——那些用户关系完全依赖于互联网平台的企业，尤其如此。

十几年前，互联网平台上出现了电子商务的模式，通过打破时间、空间的局限，压缩供应环节降低成本，向用户提供方便快捷、高质低价的购物体验，吸引用户注册和留存。这是一个零售模式的伟大创新，潮流之上，传统的生产者、品牌商、零售商都争先恐后地"上网"，快速完成了销售端的数字化。当需求被"物化"为流量之后，互联网头部平台成为流量分配者，所有品牌企业要实现销售成交，必须交付流量购买费用。2016 年开始的新零售，头部平台以技术和场景创新为手段，进一步向线下传统零售模式渗透，把线上流量和线下流量融合在一起。这时候，流量进一步集中，少数头部平台已经成了至高无上的流量垄断者。

没有绝对的真理。可以说，在为期十年左右的流量红利期里，新兴的互联网品牌和传统品牌在电子商务平台上进行了一场渠道数字化的竞争；只有当时间进入 2018 年，流量红利逐渐消失、流量成本急剧攀升的时候，很多企业才意识到，不能被渠道裹挟，只有自建数字化渠道，通过数字化的工具直面用户（Direct To Customer，DTC），才是唯一的出路。于是，在过去的三年时间里，我们看到越来越多的品牌企业开始从公域转向私域，试图建立自己的数字化渠道（场），这个时候，实践小数据战略与方法论，将是最好的出路。

从实践而来的案例总是最有说服力的。我深度参与了广州绿瘦这家企业数字化转型的全过程，从2012年第一次参与绿瘦的经营算起，我担任绿瘦的首席顾问至今已经十年了。绿瘦是一家以减肥代餐食品切入体重管理这一增量市场的企业。这个行业竞争激烈，除了曲美、碧生源等强势头部品牌之外，仅代餐食品这个细分赛道，直接参与竞争的对手就有十多个。绿瘦作为后来者，通过报纸分类广告、邮政广告和呼叫中心等方式，完成了一定的财富积累。当时，绿瘦创始人皮涛涛先生与我结缘，交流之间，我得知他在积极寻找绿瘦进一步发展的具体方向，而我也有意将自己经过多年思考的用户数据战略（小数据战略）付诸实施，双方一拍即合，随即在2012年开始了一场惊心动魄的"小数据"实验。短短几年间，通过数据管理平台的建构，沉淀了过千万用户的数据信息，包括地域、性别、年龄、兴趣、健康状况、日常生活习惯和消费能力等，这种对用户数据的分类和标签化，构建了丰富而细腻的数据模型，支撑了每年好几亿元增长的销售收入。而且，更重要的是，有了这个基础数据库，绿瘦不仅数据规模在持续扩大，数据精度也持续提高，数千名健康顾问在与用户日常交互中产生的所有关键信息，都可以成为企业决策的依据。

近三年，我们在绿瘦进行了用户需求挖掘的各种试验。基于用户需求的痛点，开拓出运动跑鞋、塑身衣、运动手环、体脂秤等跨界品牌联名的产品，在没有额外市场推广费用的条件下，一款新产品在绿瘦体系里单品销售额过千万元是常事，而且大部分是定制化生产，先收钱再定制发货。针对男性用户的健康痛点，2020年绿瘦还专门成立了一家新的大健康公司，新品牌、新产品一上线就拥有了几亿元的基础销量。如果没有数据化的用户关系，这些五花八门的用户需求，怎么能够被企业探测和获知？如果没有小数据，如何形成规模化的需求，实现智能、柔性的定制商品和服务？回顾过去，曾经在瘦身行业叱咤风云的曲美已消失不见，威风凛凛的碧生源也归于沉寂，在体重管理领域里，绿瘦已经是毫无争议的领导者，而且在积极布局具有更大想象空间的大健康领域。利用小数据方法论，绿瘦完成了从产品公司、服务公司向数据公司的转型，在竞争中始终立于不败之地。

如果从更加苛刻的理论层面来看，绿瘦所实行的小数据战略，也仅仅完成了"5CM"中的前四个"CM"，即用户画像管理（Customer Management）、用户精准营销（Customer Marketing）、用户需求挖掘（Customer Mining）、品牌洞察（Customer Measurement），理论上的第五个"CM"即自零售（Customer Gets Member）仍在布局和探索中，即便如此，这家企业也已经走在了时代的前列，把同行和对手远远地抛在后边。

问题来了，我们在理论层面推导的第五个"CM"究竟能否实现？"人联网"究竟是一张什么样的网？超级用户怎么转化成自零售人？自零售究竟怎么实现用户裂变？……这些年，我们一直苦苦寻找这样或那样的实践案例，期待用实践来验证我们的理论和判断。然而，我们发现，一些案例只能部分地满足我们所勾勒的商业模式和方法论，特别是对于"自零售"，我们依然找不到完整的实践案例。

一个偶然的机会，杭州康恩贝集团董树祥先生看到《小数据战略：新零售如何重构用户关系》一书，并把它推荐给了南京庄泰集团创始人邵世海先生，对他说，"你看，你正在实践的商业模式，这本书里写了很多"。邵世海先生看完书，大呼过瘾，主动联系我们。经过几次沟通和深度调研，我们发现，庄泰集团依托直销模式起家，已经在线下社群、社区营销深耕多年，与用户建立了极强的信任关系，构建了私域，并采用了一些数字化的营销工具，如小程序、短视频、直播电商等，销售额每年都在稳定增长。不过，在用户数据体系的打造、如何实现用户裂变等问题上，仍存在短板。一方是实践摸索，另一方是理论研究，当邵世海先生愿意把庄泰集团全面开放给我们进行调研的时候，事实上是从实践的层面弥补了我们的理论缺角。我们把研究思考沉淀成文字，也就有了诸君看到的这本新书。

小c、大C与社群

我们要重新定义"小c"。c指的是customer，消费者，小c就是普通消费者。我们认为，改变思维，不妨从改变称呼开始。常用的"消费者""用户""会员"都是总量概念，跟"流量"差不多，只有把流量中的一串串代码和数字，还原成活生生的人，还原成小c，才有机会真正去了解他们的所思所想、消费偏好和情绪变化，才是真正的"用户第一"。

我们要重新定义"大C"。C依然是Customer，消费者，大C就是发挥了较大作用的消费者，不仅自己消费，还帮忙推荐和销售产品，大C就是我们曾经提及的"自零售人"。在商业社会中，大C是直接面对小c的那群人，其可以是公司销售顾问、门店销售员，也可以是公司品牌代理商、经销商、加盟商等合作伙伴。他们大都是"工具人"，依附于公司总部存在，只有把他们也还原成活生生、有思想的人，还原成大C，才有机会形成社群、传递信任和实现裂变。

我们要重新定义"社群"。所谓"物以类聚，人以群分"，人是社会性动物，社会交往是人的天性，基于人际关系的各类型社区组织、社群组织古已有之。互联网用十几年时间匆匆忙忙把社群组织进行了数字化，而信任关系跟不上，结果就出现问题了。我们认为，社群，一定是基于信任关系组织起来的"群"，常态化、可持续、强信任关系的数字化社群大都源于社区文化。事实上，每个人手机里都有很多"僵尸群"，人们虽处于一个数字化的群空间里，却依然是陌生人，可能从来不见面、生活也没有交集，相互也没有交流的必要。过去几年，有诸多所谓"社群运营"的经验，都是教人们如何在无数的陌生群中，去忽悠、拉新和转化，层层过滤出愿意交钱的"韭菜"，一把收割就万事大吉。我们认为，数字化社群已被流量模式玩坏，难以为继，之后必然回归用户信任的模式中。如今，时代车轮滚滚向前，已经到了激浊扬清、正本清源之时。

回到我们熟悉的"自零售的漏斗模型"，这个模型中，一些专家在帮助企业拓宽新会员进口，一些专家在帮助企业提升转化率增加留存，这些都很好，都值得做，而我们致力于老用户的运营，通过自零售的方式，把漏斗的底部完全打开，在存量时代中寻求增量，真正实现裂变式增长模式，进入另一番天地。直观的理解是，在品牌企业的用户体系里，通过小数据方法论，一些小 c 慢慢长大了，成了超级用户（Super Customer），或者关键消费者（KOC），他们对品牌有很高的忠诚度，不仅能够持续复购不离不弃，还愿意主动向亲人朋友进行推荐——我们认为，那些有社交影响力、建立了强信任关系的用户，通过一定的方法论，可以进行培养和转化，成为"消销合一"的大 C。

自零售大 C 最关键的作用是，把信任关系进行有效传递，这种传递的最佳模式是数字化社群。于是，我们看到，自零售的销售逻辑就变成了"品牌—大 C—小 c"，品牌与大 C 之间是强信任关系，大 C 与小 c 之间是强信任关系，大 C 就是这个社群的关键角色，如意见领袖、群主、团长等，他们发挥着"一个人服务一群人，一个人影响一群人"的作用，这群人中间的一些小 c，持续信任、持续成长，最终可以变为大 C，从而实现社群裂变，层层递进，生生不息。

事实上，在数字化社群模式里，品牌与小 c 之间可以不是直接的强关系，"品牌—小 c"维持一个弱关系或者微关系即可，品牌的重要作用是服务和赋能大 C，哪怕有数字化工具和能力，我们也不建议品牌直接穿透到小 c。因为一旦穿透，大 C 就变成了"工具人"，没有了安全感，强信任关系也被破坏，结果就是社群瓦解，回归中心化的流量逻辑。这样的故事，我们在无数的商业实践中看到过。

小 c 的回归，大 C 的崛起，社群的觉醒，把我们的思考串联在一起，也把小数据的方法论升维了。进一步，我们可以看到一个商业模式迭代进化的路线。

第一层：点思维。所有点都是互相割裂的，片段式的、碎片化的，是没有关系的，用户流量是一个个需求点，人、货、场也都拥有很多创新点，但如果不去研究其中的关系、逻辑联系，而是简单、割裂地去看，就容易陷入无效的困境。

第二层：线思维。点与点连成线，点与点之间，若能基于时间、空间、逻辑等建立联系，就构成了线。小数据就是基于线思维，对用户关系的重构提出了一、二、三、四、五"CM"的方法论，围绕增强用户信任，让用户关系从陌生变为熟悉，从弱关系变为强关系。

第三层：面思维。无数个两点之间的联系，构成了一对多、多对一的社群关系，关键节点大C的崛起，就完成了由线到面的升维，从基于强关系用户连接的"伍厘米理论"来看，线只是单向延伸，而面可以无限拓展。

第四层：体思维。当社群之间按照一定的游戏规则，围绕在某个品牌周围时，这个品牌就拥有了可持续的稳定性，这是一个弱中心，但不是无中心，若能更进一步，增加品类，增加品牌，增加供应商，增加不同社群间的能量交换，则可完全构建出一个全新的商业文明，一个全新的商业经济体将蔚然成风。

我们把它定义为：商业元生态。这是一个数字化社群零售生态，是一种前所未见的全新的商业生态，基于数字化的社交工具和基础理念，品牌商、零售商、合伙人、供应商、大C、小c以不同程度的信任关系，紧密相连。它是弱中心或者多中心的，每一个中心都在自己的社群和社区里发挥作用，具体到每一个节点，每一组关系，都是事实上的强信任关系，通过信任关系在整个生态中，品牌、商品、价值和能量可以自由流动和交换，按照用户需求进行合理配置。商业元生态的参与者，完全可以凭借自己拥有的"信任值"参与分工协作，开展自己力所能及的交易或服务工作，并获得等价的回报。在这个体系中，竞争变成了合作，人与人之间、社群与社群之间，都是相互依存和共生共享的，能量与价值的流动基于信任关系，是自发的甚至是自觉的，任何破坏信任关系的动作，都不会被允许。这是一个基于数字化社群和强信任关系构建出来的共享经济体。

此时，零售回归信任这一本质，交易成本近乎为零，这不就是我们所追求的商业理想国？当我把这个思路跟庄泰集团创始人邵世海先生交流的时候，他兴奋不已，他说，这就是他要把庄泰带去的美丽新世界。

小数据是一把钥匙

创新也是有风险的。大家看到《小数据战略：新零售如何重构用户关系》，很容易将这本书看作工程类图书而不是财经管理类图书，这也是这本书过去三年不温不火的主要原因。诚然，这本书的"慢热"，并非出自我们本意。当然，我们也曾希望这本书能够一下子成为"爆款"，让更多企业家朋友看到"小数据"方法论，少做无用功、少走弯路、少花冤枉钱。然而，"小数据"这个新词本身就意味着在没有强势营销资源投入的条件下，无法按照流量模式去运作，就不会成为一个"爆品"。不少朋友批评我们说，从商界到学界、从政府到民间，所有人都在谈论"大数据"，你们偏偏要跳出来谈什么"小数据"，说得好听点是别出心裁、标新立异，说得难听点就是哗众取宠、故作姿态。对于这些批评，我们照单全收。改变一个人的理念和认识，是有很大挑战的。"小数据"这个名词的提出，从概念到内涵、从理念到方法论，都是全新的，读者需要慢慢明白、市场需要慢慢接受，都是从零到一逐步认识的过程。不过，我们也相信，创新需要勇气，创新也需要耐得住寂寞。我们唯有持续创新，才能静待花开。

三年间，我们欣喜地发现，在书里基于理论分析做出的很多预判，也正在一点点地变为现实。越来越多的企业家朋友在看了"小数据"之后，结合形势变化和自身实践，也开始说"终于看懂了"。事实上，来自出版社老师的消息也称，2021年上半年该书销量迎来了可喜的反弹曲线。对于一本三年前的图书来说，这是莫大的荣耀。

如今，越来越明显的事实是，无论线上还是线下，零售行业的各种玩家都面临流量焦虑。事实上，获取流量变得越来越昂贵、越来越困难，传统一对多的营销方式收效甚微，越来越多的企业开始冷静下来沉思：时代真的变了，我该怎么办？何以解忧？唯有小数据。通过小数据的理念和方法论，从流量思维转变成用户思维，重构用户关系，增加用户信任。

近两年，流量红利消失、形势紧迫之时，不少企业家朋友"病急乱投医"，不仅私域流量作为流量困境的万能解药备受推崇，而且流行于欧美的DTC模式也被积极地介绍进来，成为寻求出路的重要方案。

私域流量，可以说是在流量思维体系中的升级，把用户集中在自己手里，可以更加精准地进行服务和营销，这固然是可喜的进步。不过，私域流量依然是流量思维，并没有真正与用户建立强信任关系，诸多的商业实践也表明，私域流量费时费力却不讨好，就是这个原因。我们认为，从"公域"走向"私域"是必然的结果，必然还会从"私域"到"私有"，只有到达"用户私有化"的境界，用户才不会离开。

DTC是指企业直接触达用户，专注用户体验，重构用户关系。DTC模式可以让企业更直接地与用户互动，通过数字化工具更好地研究和分析用户行为习惯，将用户数据转化为企业自身的数字资产，可以帮助企业在生产、传播、销售等方面做出更精准的决策。不过，一切才刚刚开始，作为"舶来品"的DTC模式如何落地，什么样的企业适合DTC，依然是值得深入研究和探讨的一大课题。我们建议，把作为商业模式的

DTC 和作为商业理念的 DTC 进行区分。

海外的一些 DTC 模式催生的品牌，都号称自己是"互联网直销品牌"，它们深谙社交媒体营销规律，采用"短平快"的轻资产模式，完全绕开实体销售渠道和平台电商，以"新奇特"的消费体验与高性价比的产品去获得消费者的认可，作为一种创新的商业模式，有其可取之处。在中国市场上，DTC 更多是作为一种新的理念而存在，除了阿迪达斯、耐克、安踏等一些大公司发布的 DTC 战略之外，我们还没有看到 DTC 品牌的出现。事实上，在数字化时代中我们有无数种方式、工具跟消费者建立连接，"非不能也，是不为也"。因此，DTC 作为一种理念，跟小数据理念几乎是完全一致的，值得大力提倡。

不过，小数据理念与 DTC 理念仍有一些细微差别，特别是当我们把用户分成小 c 和大 C 之后，DTC 也形成了两种完全不同的理念和模式。

（一）DTC 之"DT 小 c"

DTC 之"DT 小 c"是 DTC 理念常规的理解，小 c 是终端消费者，DTC 理念就应该直接面对他们。企业能够跟消费者建立较好的沟通渠道，无论是品牌 App 还是社交软件，都在不断加强与消费者的联系，与消费者成为朋友，从而能够更加准确地把握用户的显性需求，甚至挖掘到用户的隐性需求。我们在《小数据战略：新零售如何重构用户关系》一书中，把"DT 小 c"的逻辑和方法论，体系化地研究了一遍，如何重构用户关系，如何通过用户画像、精准营销、需求挖掘和品牌洞察等方式，让用户数据成为帮助企业更好地了解市场、管理库存和实现最大利润的重要工具，利用数据驱动商业发展，与用户实现更好的情感交互，提高用户的转化率和忠诚度。

（二）DTC 之"DT 大 C"

DTC 之"DT 大 C"是对 DTC 理念的迭代和升维，是"直面超级用户"。在小 c 与企业之间存在一个大 C（超级用户，群主、团长或导购），他们是桥梁一般的存在，为企业和用户之间建立了一种基于信任关系的深度连接。每个大 C 都服务着一定数量的小 c，而企业数据平台为大 C 提供品牌、数据、内容、供应链资源，赋能大 C 更好地服务小 c。每个大 C 都拥有若干个基于信任关系形成的商业社群（Commerce Community，CC），若干个大 C 就构成了一个商业元生态——这，就是本书要讲述的逻辑和故事。

一个不容忽视的事实是，越来越多的企业开始意识到必须利用数字化工具来建立自己的私域流量和私有用户体系，建立与用户直接沟通的通路。DTC 理念的优势在于可以直接地与用户互动，但在中国的商业实践中，绝大部分的企业仍不具备与用户直接互动的能力，这些企业依然任重道远。

简单归纳一下，关于 DTC 理念的异同点见表 0-1。

表 0-1 关于 DTC 理念的异同点

理念	含义	运营模式	逻辑结构	延展性	适用范围
DTC模式	直面用户	互联网直销	中心化/平台	私域流量，无延展	创意/轻资产
DT小c	直面终端用户	"5CM"方法论	中心化/平台	用户私域化，可延展	有技术和资源门槛
DT大C	直面超级用户	商业化社群	分布式/生态	用户私有化，可裂变	无门槛，普适性

小数据是一把钥匙，无意间开启了一扇通往新世界的大门。无论是 DT 小 c 还是 DT 大 C，它们都是移动互联网时代的解决方案，都要依赖小数据理念和方法论持续迭代，虽说两种商业模式侧重点有所不同，但在一些大众品牌体系里，它们可以同时存在，原因是这两种商业模式的本质都是以用户为中心。

商业元生态与"五元素"

在过去的数字化浪潮中，围绕着"货"和"场"的数字化得到了大规模的推进，而我们致力于推进的用户关系数据化，说到底是"人"的数据化。这个过程的核心逻辑是，把被物化的流量重新人格化，还原成一个活生生、有情绪、有想法的人。因此，我们认为，用户关系的数据化，最大的挑战不是技术，而是需要创新的理念和足够的耐心。只有具备了创新的理念和足够的耐心，才能在纷繁复杂的人际关系间，时时刻刻把握人性变化的理念，再通过数字化的工具去管理、研究和挖掘，相比之下，人性多变、需求随机，这恐怕也是最为复杂的数字化。一般的零售企业，从零开始的话，大概都需要一个较长的周期。对于大多数需要转型的企业来说，是否拥有时间和耐心，是目前唯一的门槛了。我们预计，用户关系的数据化将会是"三年落地、五年小成、十年大成"，十年以后，几乎就可以一劳永逸地"躺赢"了。

得益于互联网技术的迭代和智能手机的应用，"人、货、场"瞬间拉近了距离，品牌与用户间的信任关系才得以低成本地建立和巩固。这个信任关系很重要，今天的消费者很聪明，不会企业说什么就信什么，也不再轻易相信广告推销，他们更想听听自己所信任的朋友的意见，更喜欢看看品牌的用户在互联网平台说了什么，他们会根据商品的口碑决定是否购买。如果品牌是不被信任的，那么无论采用什么模式，再好的产品也很难卖出去。通过数字化社交工具，越来越多具有相同兴趣爱好、相同专业标签的用户会自发地在线上聚集，相互交流并相互影响。因此，任何时候，任何有损于品牌口碑和有损于用户信任的事情，都不应在任何环节里出现。这需要品牌企业建立足够严格的约束力，甚至是文化力、价值观与品牌信仰。

对我们来说，庄泰集团是一个很好的研究样本，对庄泰集团来说，

社群觉醒
小数据开启商业元生态

小数据模式里蕴含的数字化和用户关系，都是有利于明确方向和提升实践效率的，这既是一个望远镜，也是一个加速器。我认为，庄泰集团具备了以下两个独特的条件，让它与众不同，在数字化工具和模式之下，它很可能会以开拓者的身份，最先完成人联网的构建和自零售的裂变。

其一，强用户关系。在庄泰集团的销售体系里，无论卖什么产品，通过什么渠道，在什么地区，都保持了用户强关系。通过会销、旅游积累的用户黏性极高，通过口碑传播、"老带新"的用户也拥有强信任度，很多用户把销售员当作朋友甚至家人，早就超越了一般的商业交换关系。还有，很多用户通过品牌门店、社群团购、知识直播等方式加入进来，销售员也都会通过邀约或拜访的形式，构建与用户"一对一"的信任关系。基本上，与用户有关的数据信息，都通过计算机系统或者人力记录在案：某个用户是谁负责的；他的健康问题和核心需求是什么；首次购买了什么产品，是通过谁推荐进来的；他在体系里购买了哪些产品，有没有打折或买赠；哪些产品或服务更适合他；他又推荐和转介绍了哪些用户……通过这样的强关系，很多用户十几年如一日地信任和购买产品，这是庄泰集团能持续创造利润、十余年来持续保持每年增长30%的核心秘密。

其二，分钱的文化。在中国的商业世界里，有各种各样的企业和组织，不同的管理模型、组织关系，在市场上充分竞争，而最终胜出的无一例外地属于那些敢于分权、善于分钱的企业家和组织。邵世海先生认为，做企业最核心的就是"分钱"两个字，只要把钱分好了，公司的管理和文化都不会出现问题。他不仅自己这样做，还要求公司的高管都这样做，让更多的利益惠及基层团队和一线员工，惠及供应商和合作伙伴。这种敢于分钱、善于分钱的文化和机制决定了庄泰集团的发展是与大家高度相关的，是价值共享、共同富裕的商业模式，是大家值得为之付出努力、奋斗不息的事业。同时，通过"分钱"，也实现了真正的"分权"和"分责"，激发了每个人的主观能动性，各司其职、各负其责，客观上也真正降低了管理难度。

庄泰集团正在实践的商业模式很有价值，它在用户关系的连接和信任的传递上，为我们深入研究自零售打开了一扇窗：强用户关系决定了用户间的信任是可持续和可传递的，实现自零售成为可能；若它能在数字化的路径上再上一层楼，把人与人的信任关系数字化，与分钱和分权、分责联系在一起，就能让去中心化的人联网模式实现，我们在理论上勾勒的"在存量中寻找增量""裂变式增长"的增长模型，最终就能在商业实践中真正出现。

元，始也，一元复始，万象更新。

商业元生态，这是从无到有的一个新商业模式。我们也叫它"数字化社群零售生态"，它有三个显著的特点：一是数字化，这是首要条件和最显著的特征，只有在数字化时代才会出现；二是社群，只有拥有足够多的大C和社群之后，才有机会构建生态式的经济体；三是零售生态，它是基于零售而不是采购、生产、研究等环节构建起来的，生产的模式可能还是需要规模化、平台化，只有零售模式，可以分布式去中心化，可以按照生态的模式去构建。

当然，我们也会反复指出，对当下的商业世界来说，这个新生态并不是革命者和颠覆者，而是在原有的商业运营逻辑里，多一条可能有效的路径，是一个有益的补充。就目前而言，在实践层面，我们仅仅看到一些运营逻辑上接近，或者在某个环节有类似做法的商业案例，在我们的研究视野里，还没有看到这个生态完整地在实践中呈现出来。比如，理念上接近于商业元生态的庄泰集团，在数字化进化的道路上，仍有不少的功课要做。

在生态体系的实践中，能够自我循环、自己生长的土壤、水、空气、阳光和生物，是生态不可或缺的五个要素，它们一起构成了能够实现能量循环的生态系统，我们称为"生态五元素"，具体形象化的类比如下。

(1) 土壤：信任。这是整个生态体系的基础，如果没有它，生态就不会存在。如果有的地方信任多，有的地方信任少，那么信任多的地方，土壤会更加肥沃，更有利于生物的生存和发展，有利于生物繁衍生息，更加生机勃勃。

(2) 空气：内容。信任关系得以维系和可持续的最大原因——有好的、专业化的内容，生态中的参与者，都要有内容作为支撑。

(3) 生物：参与者。大C和小c像是动物，品牌和商品像是植物，还有微生物，都是在生态中生活和成长起来的，依托于生态的土壤、阳光、空气和水，构建一个可持续的能量交换与价值交换体系。

(4) 水：财富。在生态体系中，水利万物而不争，所有参与者都可以获得水的滋养，细水长流、润物无声，唯有价值共享，生态才能共生。

(5) 阳光：数字化。万物生长靠太阳，没有太阳，生态系统便无从谈起，唯有数字化能够驱动生态里的各种参与者持续生长，实现正常稳定的能量交换。

于是，我们会看到商业元生态的一幅壮丽图景：土壤（信任）是生态的基础，空气（内容）和水（财富）是生态中的参与者能存活与发展所必需的，植物、动物、微生物各司其职，阳光（数字化）虽然不是必需的，却能够通过光合作用提升效率，让植物更快成长，让动物生活得更好，加速生态参与者的能量交换。也许从研究的角度，这样的类比未必很准确，但是方便我们理解和传播。我们想强调的一点是，一切都刚刚开始，商业元生态的出现，仅仅是让无所适从的小动物，多了一个栖息之地，远远没有达到替代谁、颠覆谁的地步。

这个新生态还有一个重要特点：一定是开放的，谁都可以进来，谁都可以离开。特别地，对于诸多的参与者而言，完全可以在不影响现有存量生活和工作中，寻求增量突破。在我们的设想中，一大批的大C完全可以通过兼职的方式参与进来，我们把他们称为"斜杆大C"，他们通过自己在新生态中的贡献，获得"斜杆收入"。这些"斜杆收入"完全是数字化带来的增量收入，可以加快改善个人和家庭的生活品质。

我们试图从数字化与用户关系的历史演变逻辑里观察零售的进化和生态的出现。最早，在传统的农业社会里，人与人之间也有很纯朴稳定的信任关系，但是大家日出而作、日落而息，仅仅能够安享于自给自足的生活，也没有信息沟通的桥梁，信任关系的传递很难实现，连最基本的信息对称都无法实现，更别说能够构建出什么商业模式来；后来，工业社会里，生产快速扩大，产品极大丰富，但人与人的信任关系被商业和交易替代并打破，信息与内容传播被集中化控制，销售环节出现了一个"黑盒子"，人们又用品牌（商品品牌和渠道品牌）去重建用户的信任关系；接着，电子商务的出现，标志着零售行业数字化时代的开始，线上零售平台部分取代线下渠道，成为销售行业的主流，流量分配和变现模式大行其道，而线上社交工具的出现，也为重建用户关系埋下了伏笔；如今，平台模式难以为继，流量人格化趋势得到加强，流量从公域走向私域，继续走向私有，品牌企业主动重建用户关系，纷纷向DTC模式转型；最后，进入人联网模式，自零售大C快速出现和崛起，社群部分取代平台和渠道，人与人之间的交易关系重新回归以信任为基础。

我们无意间看到了一个新的商业文明：这是一段经历了数千年进化的商业故事，这是一个对人际信任关系的历史致敬和价值回归，在数字化的时代里，我们将重新回到"物以类聚、人以群分"的模式，我们将重新回到"先有交情、再有交易"的逻辑，我们将重新回到和谐、有序、分享、开放的商业世界。

  诸君眼前的这本书，是我们用三年的时间思考，理论联系实际后呈现给大家的研究成果。我们最终定名为《社群觉醒：小数据开启商业元生态》，更多的是想呼吁，一个全新的时代即将来临，过往的理念和方法都要更新迭代了。本书与三年前的《小数据战略：新零售时代如何重构用户关系》一脉相传，可以作为姊妹篇一起阅读。

  我们庆幸自己生在这个伟大的国家，经济的体量与创新发展是我们研究的基础，让我们能够站在用户研究细分领域的最前沿，去回顾历史的脉络，去观察创新的逻辑，去探寻真理的奥秘。当然，"实践是检验真理的唯一标准"，我们在书中仍有不少理论判断是基于历史研究和经验分析做出的，在没有得到具体实践检验之前，仍不能说完全正确，一切的一切，仍需要时间、需要实践去证明。如果，今天或以后，书中有任何观点或者理念让您觉得有所收获，这就是我们最大的成就。

第一章

零售的新变化

第一章 零售的新变化

中国的改革开放至今已有40多年，在中国这样一个具有超长历史纵深、国土面积幅员辽阔、人口总量世界第一、经济总量越来越大的统一的多民族国家和经济体中，任何改革都不是一蹴而就、一劳永逸的。站在21世纪的今天，回望过去，中国零售行业源远流长，拥有数千年的发展历程，与中国经济同频共振，曾经在漫长的农业时代里领先世界，在工业化时代被反超，有过挫折和低谷，有过彷徨和纠结，但在新中国，特别是改革开放之后迎来了创新与变革，中国零售业重新崛起。

如今，中国已经成为仅次于美国的全球第二大经济体，中国特色的社会主义政治与经济制度的红利，及其单一消费市场所展现出来的巨大需求和发展潜力，给零售的进化提供了最好的创新土壤、变革空间和资源条件。由此，无数基于技术、场景和体验的零售创新案例都是开创性的，是经典的商业史和商学院教科书里所没有的。

2020年，一场突如其来的新冠肺炎疫情给人类的商业世界按下了大半年的暂停键，中国是全球范围内唯一正增长的经济体，当年GDP约为101.6万亿元人民币，人均GDP超1.10万美元，十分接近人均1.25万美元的高收入国家门槛。到2021年，新冠疫苗出现，全球经济渐次复苏，一切逐步重启之时，人们才发现，现实商业世界里一切都发生了变化。拉动中国经济增长的传统逻辑发生了根本性变化，曾经驱动我们快速发展的制度红利、人口红利、环境红利、技术红利等，已经渐次消失，越来越多的经济现象表明，我们已经全面进入存量经济时代。尽管中国疫情防控做得最严密，商业活动恢复得最早，社会经济最具活力和潜力，但是对于零售行业的各类型品牌企业来说，面对这样或那样的具体困难，如何找到新的增长点，依然迫在眉睫、困难重重。

我们首先要研究的是，在后疫情时代里，中国商业社会和零售创新的进程究竟有哪些新的变化？或者说，这些变化背后的商业逻辑和商业机会是什么，我们应该怎样去研究与把握？

消费新变化

站在历史的十字路口，万事熙攘，新旧交替。

根据国家统计局数据，2020年受新冠肺炎疫情影响，社会消费品零售总额为39.2万亿元，同比下滑3.9%。其中，网络零售保持稳健增长，在社会消费品零售总额中占比达30%。从2020年网络零售分品牌交易额来看，服装鞋帽类、日用品类、家用电器和音响器材分别以22.3%、14.5%、10.8%的份额位列前三。因此，2020年是零售依然热闹的一年，基于大数据及新技术，零售行业持续进化，各类渠道进一步融合，向数字化、智能化转型。而这些动作，在疫情得到基本控制的2021年，所有人"接着奏乐，接着舞"，零售加快复苏，风景这边独好。

我们不妨花一点点时间，回顾和简述一下这两三年来，大家看到的消费新变化。

第一，直播电商快速兴起。混杂着新旧血液的直播电商行业，在2019年的受关注度飙升，也因为新冠肺炎疫情的发生，这种热度在2020年初蹿升到顶点，几乎到了"万物皆可播"的境地。不管是出于尝鲜、好奇，还是责任、道义原因，网红、意见领袖、知名企业家、政府官员都纷纷出现在手机里，通过淘宝、抖音、快手等平台直接面对消费者，介绍和推销各种产品。直播的核心逻辑是，消费者对人（主播）的信任关系，在视频形态下，实现渠道和场景"人格化"的一个创新。主播通常是各个领域的意见领袖（KOL），通过手机屏幕向消费者传递商品消息，更具场景感和体验感，超越了明星或专家的空洞品牌代言。在传统模式下，一个产品从出厂到销售，要经历很多环节，出厂、运输、代理商、分销商、商店或者大卖场，最后才能到消费者手里。无论是通过头部网红带货，还是品牌方自播，品牌都通过手机屏幕与消费者实现了更直接、更生动、更紧密的链接，压缩了成本，提升了效率。然而，热度持续两三年来，一些阵痛和困局也相继出现。直播电商把销售的"场"搬进了直播间，其本质上依然是流量分配和带货变现的模型。直播电商重要的发起者和参与者，MCN机构、视频平台、主播团队，它们之间的关系微妙而复杂，既有协作也有博弈。头部主播在流量分配中获得了更多的权重，可以跟平台进行一定范围的谈判和博弈；而平台却不愿意看到"一家独大"，它们希望培育出更多的"腰部网红"，进行价值和权益分流。而无论是主播还是平台，他们都充当和强化了"场"的功能，品牌连接和消费者关系，反而被弱化。直播电商会不会像网红经济一样，其兴也勃焉，其亡也忽焉？我们看到，淘宝直播开始强化内容，抖音开始推"兴趣电商"，快手开始传播"老铁文化"，它们都在试图通过内容的力量加强和固化消费者关系，但效果仍有待于进一步观察。事实上，创新的模式，只要依然在流量红利期，发展就会掩盖一切问题，就直播电商而言，至少在目前，我们仍有一定的时间与空间，去观察和研究。头部直播如何实现可持续发展，消费者关系如何重建，直播电商会进化成什么样子？这些问题，平台、机构和网红主播都在积极考虑和求解，我们将会在后续的分析中进行探讨。

第二，社区团购向下渗透。在疫情中逆势崛起的社区团购，是消费下沉的典型。由于餐厅、菜市场和农贸市场在疫情期间停业，生鲜超市成了保障居民日常餐饮为数不多的选择。疫情是一场大型"网上买菜"推广活动，催生出高频交易的"社区团购"。社区团购，是真实居住在社区内居民团体的一种互联网线上、线下购物消费行为，是依托真实社区的一种区域化、小众化、本地化、网络化的团购形式，它是依托社区和团长社交关系实现生鲜商品流通的新零售模式。从理论上来看，成本低（没有自建实体店负担+自提降低物流成本）、损耗低（预售模式降低库存压力）、流量支出低（由团长线下招揽顾客）、使用方便（微信小程序、品牌App）、利益分配好（能够大幅度提升团长的收入）等优势，让社区团购成了互联网巨头重金投入的阵地，包括兴盛优选、美团优选、多多买菜等模式，一年多的时间里，快速在全国范围内布局，抢占流量时代里最后一波红利。2020年，社区团购公开融资事件达19起，披露融资金额高达171.7亿元，同比增长356.3%，创下了历史新高，阿里巴巴、腾讯、美团、拼多多、同程、滴滴、京东，这些互联网巨头几乎全部参与其间。社区团购的本质也是信任，社区居民对便利店、团长的强信任关系，在数字化场景下转化成可持续的消费力，资本和平台的入局，加快了这一进程。但问题在于，消费服务看起来下沉了，消费者关系是否得到了重建和重视？至少从目前来看，由资本和平台驱动的社区团购模式，并没有在消费端构建强关系，甚至对原有的社区关系和商业文化都产生了破坏。平台与团长之间，是简单粗暴的商业合作，相互之间没有信任关系，一个店主可以同时身兼数个平台"团长"，一旦销售补贴停止，团长无论切换平台还是彻底离开，都不会有任何障碍；平台与消费者、店主与消费者之间，依然是弱关系，消费结束，关系也随之切断，甚至原有线下社区关系都被销售补贴打破而难以重建。社区团购的商业模式，像是一个美丽的肥皂泡，拥有短暂的美丽与天然的缺陷，资本和平台即使烧再多的钱，也注定只是一个自我陶醉的资本故事。从实践上来看，一些曾经重要的参与者陆续陷入困境，也在逐步验证我们的判断。2021年7月，社区团购早期创业玩家之一"食享会"宣布破产的消息，为这个模式的发展前景蒙上了一层阴影。事实上，这一切才刚刚开始。

  第三，新消费开始强势崛起。在阿里巴巴的盒马鲜生、永辉超级物种等新零售试验折戟沉沙的时候，以文和友、喜茶、墨茉点心局、遇见小面、元气森林等新兴品牌快速崛起，获得各路资本的极力追捧。仅2020年，互联网巨头就发起新消费赛道的投资超过200起，其中，投资过亿元的新消费项目就达到28个。而2021年前8个月，仅腾讯一家出手就达到164次，超过上年全年127次的总和，热度不断攀升。新消费的崛起，意味着中国消费市场全面走向精细化、多元化和个性化时代，不断成熟的"95后""00后"逐渐成长为消费新势力，年轻人已经逐步成为消费主力军，引领消费的潮流。新生代消费人群有着不同的消费观和价值观，崇尚自由、个性等，主张自我表达和价值认同，为新品牌的诞生提供了市场需求。如果说，新零售是对"货"与"场"进行数字化改造，那么，新消费就是对"人"的消费体验进行数字化改造。快手、抖音、小红书、淘宝直播、拼多多、小程序等社交媒体、新渠道聚集了大量的年轻用户，为新品牌的爆发提供了用户流量。传统品牌、传统打法越来越难以取悦消费者，而这些新兴品牌，是完全年轻化的打法，借助互联网思维在商品、品牌、营销、服务、商业模式等方面不断创新，满足了新消费时代下的消费者新需求。消费者对品牌的信任源于全新消费体验。在消费体验中增加情绪表达、价值认同、社交分享等，从某种意义上来说会比强调性价比、品质好等传统方式更能俘获消费者的心。新消费倡导围绕消费者需求和信任关系进行创新，是理念和观念的一次重大进步，然而，我们也看到，资本在参与进来之后，很多事情因为急功近利走了样。一些普通的线下连锁门店，在资本给它们披上了"新消费"的外衣后，一面对媒体就鼓吹得天花乱坠。事实上，价格翻番上涨不说，在产品品质和服务上还偷工减料，这样的"骚"操作，是新消费的"害群之马"，很快就会被聪明的消费者所唾弃。新消费是让大家站在消费者体验的角度，对零售商业模式的一次检验，无论什么品类、什么模式，用户关系的重建都是重中之重。

第四，私域运营成为"关键能力"。我们在三年前就预测，随着平台流量红利的消失，更多企业会重新关注用户关系，关注用户的"小数据"，从公域运营转到私域运营，从流量思维转化为用户思维。从这两年来看，这一发展趋势在实践中得到持续验证。已经有越来越多的企业把营销重心从公域流量转移到私域流量上，从"流量思维"转型为"用户思维"的共识也基本达成。如果说在前几年，品牌对于私域运营还持有试一试的保守态度，那么在今天平台流量达到瓶颈增长乏力的时候，通过私域运营做用户存量、用户复购，从而促进持续增长，是事关生死的"关键能力"。我们认为，正确的做法是，不仅要从公域到私域，还要从私域到私有，品牌企业要善于运用数字化的工具，与用户建立双向、交互的关系，倾听用户的声音，精细化运营，挖掘用户的终身价值，甚至让用户实现老带新。不过，这对于大多数企业来说，仍是一条荆棘丛生的艰难之路。如今，我们看到的所谓"私域流量""私域运营"的做法，仍然充满着浮躁和喧嚣，把用户关系和用户利益置于脑后，无非在所谓"私域"里重新做一遍"流量"收割而已。私域看上去门槛很低，谁都能做，很简单，可真正有理念、有魄力并最终获得成功的，依然少之又少。私域的发展趋势，符合我们研究的方向，我们会在本书的后续内容对这些问题进行深度分析，并给出可以指导具体实操的方法论。

这些消费变化，以及我们没有来得及回顾的那些变化，其背后都指向一个核心逻辑：互联网时代的流量红利已经消失。中国互联网络信息中心（CNNIC）数据显示，2016—2020 年中国网民规模及移动网民规模逐年递增。截至 2020 年末，中国互联网用户量高达 9.89 亿人，网民渗透率为 70.4%；移动网民规模高达 9.86 亿人，渗透率为 70.2%。这也意味着，除去无法上网的老年人和小孩，有机会、有条件上网的人群基本完成了覆盖。

基于场景和技术的创新也到了一个新的高度，基于消费体验的变革已经到来。在后疫情时代，世界局势风云变幻，中国经济率先复苏，走上正增长的轨道，中国零售行业新生态创新大幕徐徐拉开，资本、渠道、平台、品牌、消费者均参与其间，形势政策日新月异，业态模式层出不穷，你方唱罢我登场。创新浪潮方兴未艾，我们依然面对诸多不确定性，只有把握现象背后的本质，才能立于不败之地。我们要苦口婆心地、反反复复地提醒，万变不离其宗，无论什么行业，何种模式，重建消费者关系都会越来越重要。日月兴替，万象更新，何以解忧？唯有用户，"得用户者得天下"。

就零售领域而言，互联网的增量时代结束，在"下半场"更加激烈的存量竞争中，要看谁能够快速彻底地进行数字化改造，看谁能够实现对存量用户信任关系的重构，达成用户增量的终极目标。从流量思维到用户思维、从公域到私域、从大数据到小数据（用户数据），这样的转变在深刻地影响着品牌企业的选择，也加速了零售行业的变革。

零售进化的逻辑

零售是一个古老的行业，与经济的发展和人们的生活息息相关，或者更准确地说，消费是驱动经济增长的"三驾马车"之一，零售行业的发展，本身就是人类社会发展、经济增长与商业进步中最重要的组成部分。我们对商业世界的探求没有穷尽，也不会穷尽。"以史为鉴，可以知兴替"，零售进化的历史和发展脉络可以告诉我们过去发生了什么，但这并不意味着能告诉我们未来会发生什么。我们知道，零售进化的基本逻辑是降低成本、提高效率和提升消费体验,基本表现是"人、货、场"的持续重构。三年前,我们在《小数据战略:新零售时代如何重构用户关系》一书中,站在全球经济的视野和人类文明发展的角度,跨越千年,从整体上对中国零售行业的变革与迭代进行了粗线条的描摹。零售进化的逻辑见表1-1。

表1-1 零售进化的逻辑

时代	零售方式	零售时代	连接
农业	散点式零售	零售1.0	货—人—场
工业	集中式零售	零售2.0	场—货—人
互联网	线上电商	零售3.0	场—人—货
物联网	新零售	零售4.0	人—货—场
人联网	自零售	零售5.0	人—货(人场合一)

古代中国的零售业,很长一段时间里,曾是领先于全球的,以街、坊、市、集为特点的业态,在"重农抑商"政策的限制下,绵延千年而无实质改变。而在工业革命之后,中国全方位落后于欧美国家,完全被隔绝在世界潮流之外。现代零售的基础业态均发源于工业化,这一状况持续数百年。近现代中国零售业,也经历了诸多变化。自中华人民共和国成立至20世纪70年代末改革开放之前,在全国大一统的计划经济管控下,仍以单一的百货商店为主导,市场化驱动的创新业态并无生存空间。从改革开放开始,中国零售业才迎头追赶,进入发展和创新的快车道:20世纪90年代中后期,连锁超市业态从欧美进入中国,取代了百货商店的主导地位;21世纪的前十年,在互联网技术驱动下,电子商务以席卷一切的颠覆者姿态,冲击了连锁超市的主导地位;自2016年起,互联网平台发起了以线上、线下融合的"新零售""新消费"的创新大潮,再次成为社会主流。

如今，零售行业持续进化，无论是平台还是商家，都在全面拥抱数字化转型，各路资金积极入局鏖战正酣，物联网、大数据和人工智能等技术已得到普遍应用，为精准洞察消费者需求提供了支撑，也为新一轮零售革命——人联网和自零售的出现，准备了基础的技术条件，而这一次，中国零售变革后发先至，已经站在了世界潮流的最前沿。

中国拥有14亿人口、9亿劳动力、4亿以上中产人群，形成了世界上独一无二的国内大市场，拥有超大规模市场优势，已成为全球第二大消费市场、第一贸易大国。2020年，虽有新冠肺炎疫情影响，但中国社会消费品零售总额仍持续增长，消费已连续六年成为我国经济增长的第一推动力；此外，从世界各国经验来看，当人均GDP达到7000~10000美元时，消费水平将显著提升。目前，中国的人均GDP正处于这一区间，消费规模显著扩大也符合这一规律。在中国经济持续增长的支撑下，一个集聚了超大规模人群、拥有超高购买力和超强创新力的新兴市场，已经拥有无穷无尽的创新思路和源泉，也必将孕育出超越历史的创新之举。

我们曾指出，在不同的发展阶段，"人、货、场"的优先级和重要性依次轮换。从"人、货、场"的角度来看，零售行业从"产品为王"到"渠道为王"，从"流量为王"再到"用户为王"的发展路径也清晰可见。

第一阶段，"产品为王"。古人云，"酒香不怕巷子深"，好产品自己会说话。在前工业化时代里，人与人之间的信任关系影响着购买决策，产品口碑最重要。当时的好产品也是被人格化的，无论国内还是国外，诸多以人名或姓氏命名的品牌都历经数百年，传承至今。

第二阶段，"渠道为王"。随着社会化大生产，产品规模快速扩大，媒体平台和商场超市等中间渠道，在一定程度上成了主导者，媒体上的广告讲什么，消费者就信什么；超市货架上放什么，消费者就买什么。

渠道商可以根据消费者的购买路径，反过来对产品供应商提要求。

第三阶段，"流量为王"。互联网把消费需求变成了流量，把销售渠道变成了平台，在抹平了时间和地域差别之后，互联网电商平台拥有了至高无上的流量分配权，而流量思维也成为几乎所有从业者必须遵循的运营法则，如今"得流量者得天下"依然刻骨铭心。

第四阶段，"内容为王"。这个内容既包括产品与服务，也包括品牌口碑与用户体验。用户因内容而连接，因不同内容主题组成不同的社群，用户与用户之间通过内容传递信任，包括品牌信息、故事与价值主张等在内的所有内容，都可以在销售生态和环节中发挥重要作用。

第五阶段，"用户为王"。数字技术的迭代，人联网成形，零售行业数字化转型，重构消费者关系，让消费者主权崛起。用户的喜怒哀乐可以第一时间传递给企业，企业也可以直接面对消费者，做到"没有中间商赚差价"。

这五个阶段恰好与零售1.0到零售5.0的各阶段一一对应。在用户私域化甚至用户私有化的基础上，我们对于零售进化的研究与认识仍在深化，希望能够指出不同发展阶段的驱动力，以及"人、货、场"依次轮换的内在逻辑和因由。

在此，我们将更进一步，建立起统一的研究框架，对零售行业过去、现在以及未来的发展脉络和进程进行定位。我们把研究领域聚焦在零售行业，一些热门的行业如房地产、金融、制造业等不在研究范围之内。当然，从"大零售"范畴来看，一些生产型企业最终也需要销售来变现，属于零售关联行业。

在研究零售的进化脉络中，我们找到了两个关键因素，以其作为我们的视角和出发点。

其一，数字技术（Digital Technology）。历史经验表明，技术革命可能带来科学革命，也可能带来产业革命。工业革命、电力革命、信息革

数字技术
消费场景升级
线上线下相融

DT：数字技术
（Digital Technology）

CR：消费者关系
（Customer Relationship）

消费者关系
用户关系圈层
实时在线与交互

图 1-1 研究现实商业世界的两条基本商业逻辑

命、新能源革命等的产生，都是源于蒸汽机技术、电力技术、计算机及互联网技术、新能源技术的变革。因此，无论哪一次社会进步，从根本上来看都离不开科技进步。当技术革命发生时，所有的生产要素都面临调整、创新与颠覆，社会及商业的发展和迭代也就随之而来。技术还有个重要特点：技术革命导致的社会进步，在大历史的时间框架里，与历史发展脉络一致，而且，技术创新有叠加效应，像时间一样，是不可逆转的。我们以技术革命驱动社会进步的时间轴，来审视与研究零售行业的进化和变迁，是很有意思的。我们认为，数字技术是对零售行业实践和商业模式具有根本颠覆性的技术，基于互联网基础上的数字技术、信息技术对"人、货、场"重构的影响将会超出我们的想象（如图 1-1 所示）。至今，数字革命对零售行业的驱动仍在进行时，从最初的"信息化""互联网化"，到如今的"数字化""数智化"，其都有着完全不同的创新逻辑和做法。数字技术是消费者关系重建的前提和基础，我们将始终围绕"数字化"进程，对零售商业模式的迭代和进化，以及消费者关系重建的每一个步骤，展开重点阐述。

其二，消费者关系（Customer Relationship）。这是指品牌企业及其产品和服务的现实与潜在消费者之间所结成的社会联系。关系之所以能持续不断，其根本原因在于信任和互利，即企业与消费者先建立链接，再获取信任。连接源于信任、信任加强连接，经典营销理论把消费者关系分成消费者"知情""接纳""满意""忠诚"四个层次，通过营销管理使关系进阶。我们从关系连接本身出发，基于消费者关系"有无连接""单向还是双向""互动强弱"等特性，把消费者关系区分为"无关系""微关系""弱关系""强关系"等类型，若要对应起来，消费者满意就达到了我们定义的"强关系"，"忠诚"则应该是"超强关系"。当然，下文中我们还会经常使用"用户关系"一词，其含义跟"消费者关系"基本相同，差异点在于，用户是事实上已经购买过产品或享受过服务的消费者。基于消费者信任所建立起来的关系，在零售行业的实践中，也因社会进步和技术创新发生着各种变化。不过，与技术革命的不同点在于，用户关系是多元化的、多变的，也是可远可近的。事实上，我们看到，在零售行业从小到大的整个历史阶段，用户关系也经历着一个从"由近及远"到"由远及近"的过程。

由此，基于这两个关键因素，我们以数字技术（DT）为横轴、以消费者关系（CR）为纵轴，构建了一个"DTCR 分析模型"。横轴的 DT 线，是科学技术的进化，特别是数字技术的进化，也是事实上的历史线、时间线，我们通过 A、B、C、D、E 五个时间点，把 DT 分为六个阶段：游牧时代、农业时代、工业时代、互联网时代、物联网时代、人联网时代。纵轴的 CR 线，是消费者关系，从弱到强也有几类：无关系、微关系、弱关系、强关系等。这几类关系理解起来很简单，关系信任度是可逆的，强关系和弱关系也是可以互相转化的，企业需要考虑的是如何增强关系，让无关系变成有关系，让弱关系变成强关系。

通过这个分析模型，我们不仅可以把零售 1.0 进化到零售 5.0 的全过程以形象化的方式展示出来，而且更直观、更易于理解和接受，我们在模型分析中还发现了一些很有意思的现象，用户关系忽远忽近所带来的对称关系，让我们对于零售进化的核心逻辑有了更深刻的理解。

ⓒ 向上开口的"微笑曲线"

如图 1-2 所示，基于用户关系视角去看零售行业的进化逻辑，实际上就是一条平滑转化、向上开口的抛物线，很像我们熟知的"微笑曲线"，这一变化蕴含的商业逻辑非常重要，我们沿着 DT 线从左向右看一看。

A 点左侧，在农业文明之前，人类（智人）群居，还处于狩猎时代，这个阶段持续了几万年时间，这个时候是真正的"人以群分"，离开族群，个人根本无法生存，个人对于族群是高度依赖关系，事关生死的无条件信任。族长拥有至高无上的权力，可以分配物品，可以支配成员，也存在一些物物交换，但商业没有正式出现，零售也没有成为行业，一切仍在酝酿中，若要"苛刻"地对应起来，可以将其视为零售 0.0 阶段。这个时候，"消费者关系"，如果有且可以这么称呼的话，一定是非常紧密的，消费者信任值也处于很高的位置。

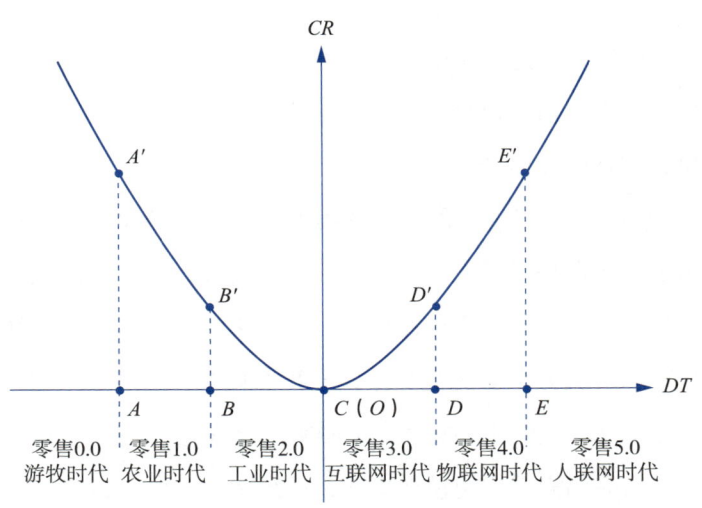

图 1-2 向上开口的"微笑曲线"

从 A 点开始，整个 AB 阶段，是持续了数千年的农业文明。随着人类定居并开始农耕的生活方式，人类文明进入农业时代，村镇与城市陆续出现，货币出现，市、集、坊、街、圩成了零售的渠道，散点式零售（也称"分布式零售"）成为常态，亦即我们定义的零售1.0阶段。此时，信任关系依然很重要，人们采用物物交换，面对面交易。货币出现后，交易的产生通常是在熟人之间，先有信任再有交易，买卖之间都是知根知底，街、坊、市、集散见于中华大地。专业贸易商的出现在一定程度上降低了信任度，疏远了消费者与生产者的信任关系。当时的社会共识是以农为本，"重农抑商"在很长时间里是执政者的常规思路，其背后的一个原因在于，专注于货品贸易的商人很难获得信任关系。在没有信任度而又不得不购买的情形下，"无商不奸"之类抱怨的言语便流行起来。于是我们看到，信任度在整个 AB 发展阶段的进程曲线是由高到低的。整个历史阶段，主要的零售方式——散点式零售依托人缘、地缘关系开展，成规模的、跨区域的贸易较少出现。如今北方流行的"老街坊"一词，就是很熟悉的朋友、邻居的意思。很明显，消费者关系的信任值在这个阶段是逐步下降的，商业社会中建立的契约关系、交易关系部分冲淡了大家通过血缘、地缘关系建立的信任值，但在相当长的一段时间里，信任值依然处于比较高的位置。

从 B 点开始，整个 BC 段，是持续了数百年的工业文明。随着工业革命的出现，机器替代工人，生产效率大大提升，大城市出现，城市人群的生产生活需求，可以支撑社会化、规模化的零售方式，各种类型的商场、超市陆续成为零售的主要方式，我们称为"集中式零售"，即我们定义的零售2.0。此时，技术革新加速社会进化，人口开始聚集在大城市，对于商品的需求成规模地出现，产品制造开始细化分工，生产商与销售商（贸易商、渠道商）开始分离，商场、超市出现，消费者对于商品生产者的信任关系被分流，生产者不再直面消费者。大城市中区位优势取代了人缘、地缘成为信任关系的缘起，商场、超市、购物中心等新兴的、集中的零售模式开始出现，并逐渐掌握了流量分配的话语权，渠道做得好，商品才能卖得好，"渠道为王"成为零售行业流行的游戏规则。渠道的出现，让消费者关系发生由近及远、由强变弱，再由弱变微，甚至变成无关系，信任值持续降低，直至为零。

值得一提的是，品牌的出现也是社会化大生产的结果。在散点式零售模式中，生产者直面消费者，品牌是被高度人格化的，通常都附上了生产者的姓氏或名字，以便把自己的产品与其他产品区别开来。从某种意义上来看，品牌是依附于消费者对生产者的信任关系而存在的，这是自然生长的结果。到了工业化时代，社会化大生产导致分工，现代意义上的品牌才开始脱离个人、脱离生产商甚至可以脱离生产环节而存在，成为商品的独立标签。此时，消费者对品牌的信任，可以是源于品牌的传播理念、价值主张、品牌代言人，而完全不需要知道产品是谁、花了多少时间以及是怎样制造的。可以说，品牌的出现既是零售社会化分工的结果，又是在效率和成本考量之下零售驱动社会进步的表现。在过去的几百年间，品牌管理的理念已经深入人心，在商业社会被广泛接受，进入数字化阶段后依然有很强的生命力。因此，为了符合商业规范表达，也为了分析方便，我们不再严格区分生产商和品牌商在价值立场上的细微差别，在下文表达中，当没有特别指出时，消费者关系指的是品牌与消费者的关系，用户信任关系，默认的是用户对品牌的信任关系。

两次工业革命（蒸汽技术、电子技术革命）极大地释放了人类社会的生产力，人类在200年左右的时间里所创造的财富远远超出过去2000年所创造的财富。社会化分工和协作大范围地出现，让每一个品牌没有可能也没有必要直接面对消费者。商品种类多了，销售端的竞争也越来越激烈。古人说"酒香不怕巷子深"，后来随着社会化大生产，商业竞争加剧，变成了"酒香也怕巷子深"。这个时候，媒体可以主导社会舆论和关注度，广告可以培育甚至改变消费者的认知，所有人都在关心如何尽快地把产品生产出来，然后费尽心机广而告之，摆上货架尽快卖出去，至于是谁买走了，买了多少，用得怎么样，没有人愿意花时间去关心。此时，用户关系变得不再重要，用户信任与否不再被关心。特别是，在一些供不应求的行业里，消费者能买到产品已属幸运，又有谁会去重视建立用户关系呢？这个时候，消费者关系是不存在的，或者即使存在，也是无关紧要和不受重视的，其信任值几乎为零。

在 C 点，消费者关系降至冰点，并开始逆转，触底反弹。冰点即"原点"，数值为零的点，其含义在于，品牌和用户可以不用建立关系，用户的购买决策受媒体、渠道的左右，需求很感性，购买很随机，买完即止，既没有售后交流，也没有体验反馈。当我们与一些企业家朋友交流的时候，有一种观点值得重视，一些人认为，"冰点"只是表达了一种理想化的关系，如果考虑商业道德等因素，冰点以下还有一定"负值"，可以定义为"负关系"。

一些不良商人或品牌商，由于隔着媒体和渠道，不用直接面对消费者，为了牟取暴利，费尽心机，不惜在产品上偷工减料、主动造假，再通过媒体夸大宣传，进行"洗脑式"营销，专门去欺骗和"收割"消费者。消费者在购买、使用产品后不满意，也无处投诉，只能自认倒霉，这个时候，消费者对于产品或服务是有愤怒和怨恨的，甚至期待行政力量介入，把这种市场中的"害群之马"揪出来，绳之以法，这种关系可以视为"逆关系"。在市场经济无序发展和竞争的时候，类似的事情，无论是在国内还是国外，都曾经大范围地出现过。因此，我们也修正了 DTCR 分析模型，如图 1-3 所示，图中坐标轴 O 左边的虚线部分，就是我们定义的"负关系"，或称作"无关系"（为表达方便，下文统一称为"无关系"），在此状况下，消费者对此类品牌是排斥的、抗拒的，不可能建立起任何信任。

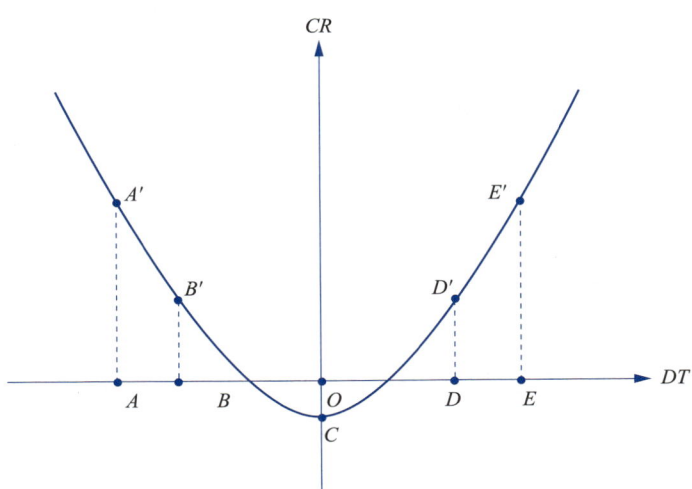

图 1-3 转折点是如何产生的

那么，事情是起了什么样的变化？"冰点"以下毫无信任的"无关系"又是如何触底反弹的呢？答案是数字技术和互联网。数字技术和互联网的出现，使商品的流通领域发生了变化，电子商务部分取代了线下批发零售的模式，解放了零售行业的时空限制，提升了货品周转效率和消费体验，各类型的电子商务平台开始登上零售舞台。这一时期，"线上电商"一度成为零售发力的主流。

互联网让商品销售的时间和空间都发生了颠覆。在时间上，无论商场还是超市，过去都是有固定营业时间的，关门之后，消费者就无法实现购买了，而电子商务网站可以 24 小时不间断地提供产品上架、展示和交易服务；在空间上，每个线下门店都有自己的区位优势，覆盖周边 3~5 公里的步行人群和 10 公里左右的驾车人群，距离再远就很难了，而互联网可以完全消除区域的差距，无论在世界的任何地方，只要打开网页，得到的购物体验都是一样的。而且，相对于线下零售，电子商务成本更低、效率更高，甚至完全高出几个量级。每个产品的展示在后台就是一个数据链，每个用户的点击只是一个流量。从纯技术视角来看，无论多少人来访问，有多少商品，都容纳得下，在当时看来，这几乎是对线下零售方式的毁灭性打击。

在C点之前，线下零售模式里，消费者若是想与品牌建立联系，需要越过中间隔着的渠道商，不仅沟通成本很高，效率很低，而且很多品牌本身就抗拒这一点，认为消费者找上门，无非要退货退款，唯恐避之不及。互联网出现后，企业都纷纷建立自己的官网，一些社交平台和交互工具的出现，使品牌与用户建立一定的联系，既有可能性，也有必要性。消费者可以很方便地关注品牌的官网、微博号，只要其愿意，就一定可以取得联系；消费者对于产品使用的体验和意见，在过去很难传达到品牌方，如今可以很便利地发表在各类型的社交平台上，并且很容易被搜索引擎关注到，品牌也必须放下身段倾听用户的声音。过去，一些品牌坑蒙拐骗，"不讲武德"收割了消费者，换个新的城市，可以继续套路，而现在，互联网消除了地域差距，这类企业一定会被网络曝光和传播，很容易被绳之以法，互联网对其发挥了正向约束作用，从此，"无关系"得到抑制和改善，信任值也触底反弹。

特别是，在移动互联网出现后，微信的出现让社交化交互成为常态，社交化媒体取代传统媒体，成为影响消费决策的关键因素，每个人做出购买决策前，在网络上"搜一搜、看一看、比一比"已经成为习惯动作，那些曾给消费者带来不良消费体验的品牌已经毫无藏身之处。另外，品牌公众号、品牌微信小程序以及品牌自己的App都可以成为高效率的数字化工具，让品牌实现直面消费者。因此，品牌方才开始有意向和动力，去重构消费者关系。

在C点以后，CD段正式进入互联网时代，这一阶段已经持续了几十年。消费者需求被物化为"流量"，基于流量分析、流量分配和流量变现的模式，成了零售行业所向披靡的主流模式。以阿里巴巴、腾讯为引领者的互联网头部公司，在收获巨大流量红利的同时，早已经构建起了包括社交、游戏、物流、金融、数据等多元商业生态，其触角早已超越了零售行业本身。由于在成本和效率方面的巨大优势，互联网头部平台"流量集中"的模式，使其拥有至高无上的"流量分配"权，对于品牌商的控制力达到登峰造极的地步，甚至比"集中式零售"有过之无不及。此时，虽然品牌与消费者建立了联系，但是大部分联系是依托平台公司来实现的，离开了平台公司，品牌与消费者就不再有关系。从线下渠道到线上平台，看起来是简单的场的转移，实际上消费者关系发生了根本性的转折。数字化技术让大家有机会用很低的成本、很高的效率建立起社交关系，品牌开始有机会与消费者建立实时的、互动的关系，重建消费者关系，重获信任。因此，这一阶段，消费者关系的信任值由负转正，并持续提高。

从 D 点开始的 DE 段，零售行业到了我们所熟悉的现在进行时，已经持续了数年，我们定义这个阶段为"物联网时代"，即零售 4.0。移动互联和物联技术的出现，让线上电商和线下零售相互融合成为可能，创新的实践主要体现在零售场景创新和技术创新，新零售方兴未艾，新消费后来居上。在智能手机普及之后，移动互联网、物联网、大数据、云计算等技术全面深刻地影响着零售的每个环节，创新产品与品牌，构建和改造场景，提升消费体验。从 D 点进入物联网时代的标志是O2O模式的大范围出现，线上与线下流量互补，模式融合。在此前的历史阶段，中国曾在农业文明时代里遥遥领先，也曾在工业文明时代里远远落后，进入当下，此时此刻的中国商业市场终于有机会与全球市场同步发展，甚至很有可能实现赶超。

与欧美发达经济体的市场相比较，在零售 1.0 时代里，中国市场可能有部分阶段领先，但到了工业革命驱动的零售 2.0 时代、零售 3.0 时代，中国市场都是处于落后和努力追赶阶段的。改革开放之后，中国才有了现代意义上的商业发展，商场、超市、便利店等零售业态陆续出现，产品供不应求的状况得到改善之后，零售行业开始蓬勃发展。从20世纪90年代开始，互联网和电子商务从硅谷传入中国，经过阿里巴巴、腾讯等头部公司的本土化实践，中国很快在建设零售行业技术基础设施方面实现全球同步，甚至部分赶超。零售4.0物联网时代，拥有全球单一最大消费人群的中国市场，成了新零售和新消费最大、最新和最全的创新实验场，几乎所有可能的零售模式，都能在这里看到。

2016年，"新零售"像一场运动般地席卷而来，所有互联网平台都在思索如何打通从线上到线下的路径，为线下商业赋能；所有的线下门店，也积极向新技术、新模式靠拢，以实现零售业不同环节的数字化改造。围绕着新技术在零售行业的运用，新零售场景改造和产品创新的潮流在短短几年里一波接着一波，你方唱罢我登场。新零售，以市场的方式，对消费者、零售商和品牌商，在全社会范围内进行了一场深刻的市场教育。技术变革与场景迭代固然重要，若仍以"流量收割"为目的，而忽视了用户体验，那么这样的模式必然难以持续，事实上，我们也看到，短短几年之后，其中的一些又归于沉寂。

2020年，一场席卷全球的新冠肺炎疫情，让事情发生了新的变化，新零售沉寂，新消费取而代之，并快速崛起。人们发现，更多的创新还是需要围绕提升消费者的体验来开展。新零售是站在品牌和供应商角度的，通过充分运用互联网的各种工具，在降低成本、提升效率之后，消费体验的提升是自然而然的事情；而新消费是直接从消费者的需求端来看的，要想获得更好的消费体验，应该怎么去做。这背后都体现了消费需求的新变化，在注重商品品质、性价比之外，消费的感性体验，如品味、调性、方便快捷程度、社交功能和价值认同也缺一不可。比如，直播电商的崛起使平台流量快速分化，从原来的平台主导型变成了个人IP型，大量消费者可以为兴趣和爱好买单；又如，以社区团购为模式的消费下沉是对三、四线城市的消费需求进行更加精准的挖掘和匹配，消费行为与社区生活、社交活动融为一体。如今，疫情在国外仍然汹涌，在国内稍显稳定，围绕消费者体验进行创新的模式层出不穷，新消费像曾经的新零售一样，又成了所有人关注的热点。

进入零售4.0时代，我们最明显的感受是，消费者关系的信任值持续上升，重构用户关系不仅具有可行性，而且越来越具有必要性。智能手机是人的数字化"器官"，每一个消费者都可以实时在线，所谓的基于社交的、本地的、移动的（SoLoMo）数字化技术，让消费者的需求变得更明显，可预测、可分析和可挖掘，在依然是崇尚"流量为王"的时代里，已经有一批积极重构用户关系的先行者获得了巨大成功。

在我们看来，"新消费"是零售4.0向零售5.0进化的一个过渡环节，从图1中横轴上的E点开始我们进入零售的下一个时代：零售5.0人联网时代。从流量思维转化为用户思维，从关注技术升级、场景升级到关注人的消费体验，把互联网平台眼中的"流量"重新转化为一个个活生生的消费者。我们认为，零售数字化不仅有"货"与"场"的数字化，还有"人"的数字化，让人与人的信任关系，变成数字化的连接，形成一个"去中心化"、分布式的"人联网"，这时候，基于信任关系，"消销合一"成为可能，我们称为"自零售"，也是零售模式的最高级阶段。

零售5.0，是面向未来的人联网时代的零售模式，这可能是现阶段我们能够想象到的最理想的零售模式。在数字化技术的支持下，品牌全面重构用户信任，建立双向、交互的连接关系。品牌不用通过渠道、媒体、平台等中间环节，可以直接与消费者进行沟通；消费者成为品牌用户之后，也可以持续创造价值迭代，进而成为超级用户，甚至可以为品牌代言，在自己的社交关系中推荐品牌，实现"老带新"，这就是我们定义的"自零售"。

在这个时代里，"流量"将重新人格化，每一个流量背后，都是一个活生生的人，每一群流量背后，都是一群有思想、有立场、有追求的社会群体。消费者关系的信任值重新回归很高的阶段，这是它存在的基础。人与人之间，通过一段又一段的信任关系进行连接，按照不同行业、不同兴趣、不同认知等标签，自然而然地分成无数的数字化社群和不同的社会圈层，各类型商品的内容与信息在不同的社群与圈层中被体验、评价、分享。从一定意义上来看，人与人的社交关系就是一个新的数字化渠道和销售的"场"，传统渠道和电商平台可能依然存在，但它们的巅峰时代早已经过去，消费需求被分流，其功能被部分取代。

这是一个全新的商业生态，数字化程度很高，消费者关系信任度也很高，代表着我们所有人努力奋斗的星辰大海。由于每一个品牌都可以重建自己的消费关系，每一个消费者都拥有自己的社交和圈层，都可以影响一群人，流量不再集中于某一个或少数几个平台，集中式的平台模式被打破，分布式的数字化社群成为自零售的主流方式。历史潮流浩浩荡荡，发展规律不可违背，不可阻挡。虽然新商业生态的全貌至今没有完全显现，我们只是试图从一些迹象去推测和勾勒，但哪怕只是从实践的一些细节和片段中窥见它的一些秘密，就已经让我们兴奋不已，迫不及待地想分享给大家。

第二章

数字化转型

我们曾经在《小数据战略：新零售时代如何重构用户关系》一书中讲过"经营之神"王永庆在中国台湾地区开米店创业，专注于服务用户的精彩故事。无独有偶，另一则真实的小故事值得再次被提起。乔·吉拉德，1928年11月1日出生在美国底特律市的一个贫民家庭。35岁以前，乔·吉拉德都算是个完全的失败者，他学历不高，貌不惊人，住在遍地垃圾的贫民窟，也没有任何有价值的社会关系，得过严重的哮喘病，还患有相当严重的口吃。16岁离开学校之后，他做过锅炉工、建筑师，也在赌场工作过，甚至去偷窃，他为了生活四处奔波，换过40份工作仍一事无成。

1963年1月，35岁的乔·吉拉德破产了，负债高达6万美元。为了生存下去，他走进了一家汽车经销店，谋得了一份汽车销售员的工作。没有人脉、没有退路的乔·吉拉德非常珍惜这份来之不易的工作，他靠着一部电话、一支笔和顺手从电话簿上偷偷撕下来的四页信息——作为潜在客户名单，去积极拓展业务。要知道，那并不是一个卖车的好时候，1964年，越南战争爆发，美国受战事拖累，持续数年经济环境不景气，后又碰上1973年开始的石油危机，汽车销量连年下滑。然而，乔·吉拉德逆势崛起，仅仅3年时间，乔·吉拉德就用一年销售1425辆汽车的成绩打破了当时汽车销售的吉尼斯世界纪录。这个人在15年的汽车推销生涯中共卖出了13001辆汽车，平均每天销售6辆，而且全部是一对一销售给个人的，"世界上最伟大的推销员"名副其实。

社群觉醒
小数据开启商业元生态

这些传奇的经历和故事，在乔·吉拉德功成名就之后，被他写在自己撰写的《将任何东西卖给任何人》《怎样成交每一单》等图书里，并在一段时间内前往包括中国在内的各个国家进行巡回演讲。大多数人惊叹于他的人生逆袭，把他当作励志的榜样，而我们，还看到了他的方法论，也就是他卖车的窍门：客户档案。

乔·吉拉德的所有动作，都围绕着跟客户建立关系展开。在电话陌拜的时候，只要有人接电话，他就用笔一一记录下对方的职业、癖好、买车需求等细节，将这些信息积累成自己的用户档案，并实实在在地管理和运用起来。有的客户在电话中以"半年后再买"之类的话来搪塞他，他真的过了半年准时打给这位客户；有的客户五年后才需要买车，他真的耐心地等了五年；有的客户两年后才需要送车给大学毕业的小孩当礼物，他也提前帮客户安排好……乔·吉拉德会按照一定节奏打电话追踪客户，一年12个月更是不间断地寄出不同花样设计，但上面永远印有"I like you!"的卡片给客户，最高纪录为每月寄出16000张这样的卡片。

乔·吉拉德认为，在每位顾客的背后，都站着大约250个人，这是与他关系比较亲近的人：同事、邻居、亲戚、朋友——这后来被总结为"250定律"。这个"250"当然是一个概数，也没有人用统计或调查去验证过，但它说明了一个浅显易懂的道理，用户口碑至关重要，在任何情况下，都不要得罪任何一位顾客。同时，乔·吉拉德还特别发明了"猎犬计划"：鼓励老客户带来新客户，如果老客户介绍别人来买车，成交之后，每辆车老客户会得到25美元的酬劳，而这笔钱是乔·吉拉德从自己的售车佣金里特别支付的。"猎犬计划"效果很好，带来了很多次的成交，在一些年份里，"老带新"甚至占据了他年销量的1/3。

当我们以现在的眼光去审视乔·吉拉德时，会发现他凭一己之力，在独特的场域和行业里，摸索出了一套行之有效的营销方法论。在没有互联网的时代里，乔·吉拉德就是"销售之神"，他的故事与案例更是凤毛麟角，很难被准确模仿和快速复制。如今有了互联网，有了各种数字化的工具，我们可以用更科学和更有效的方法论，在各行各业中培育出更多的乔·吉拉德，这就是数字化转型的价值和魅力。

数字化是"自变量"

经过了最初的游牧时代，从农业时代开始，零售行业的商业进化从零售1.0进化到零售5.0，每个阶段都各有特色，而下一阶段的零售模式与此前的模式相比，或许在效率、成本和体验上有优势，却不是完全彻底的颠覆，而是有条件的替代。虽然从图形上来看，每个阶段的长度差不多，但实际上，每个阶段都是加速完成的：游牧时代最长，持续数万年；农业时代次之，持续数千年；工业时代持续数百年；互联网时代持续数十年；物联网时代数年间就看到了；在当下的创新实践中，人联网基础技术的沉淀已经完成，理念和文化仍在准备，相信很快也能够实现。

事实上，每个阶段的主流零售模式都还存在，农耕时代的街坊、工业时代的商场超市、互联网时代的电商平台，以及如今层出不穷的新零售、新消费模式，整体形成了一个传统的和新兴的、线上和线下多样化零售模式互补融合、共存共生的局面。特别是，互联网的出现也是数字化的"起点"，互联网开始让零售世界进行全面重构，从线下的零售，开始走向数字化的零售。因此，我们也把它定义为横轴和纵轴的交叉点，作为我们研究数字化（Digitalization）的"原点"。

把数字化作为研究视角，也是我们"关联实践"的做法，因为目前所有的零售实践，无论是新零售还是新消费，无论是降本增效还是提高体验，都围绕着数字化这一核心环节来操作。我们知道，零售行业主要是针对商品流通的环节，如何通过一种商业模式，让物流、货币流、人流量更快、更有效,是零售行业转型升级的主要课题,而事实上,从零售1.0到零售5.0的进化,都是围绕这个核心逻辑来展开的。

在数字化之前,人类社会已经经历过工业化和电气化两轮技术革命,这些技术革命曾经对人类社会的商业演进发挥过巨大的作用;在数字化之后,我们可能还会经历诸如人工智能、虚拟现实、低碳经济等技术进步的影响甚至是冲击,零售的进化和消费者关系也可能迎来更多的变化,那应该是未来我们可以去研究的另一个故事了。现阶段,在这本书里,我们试图围绕数字化这一核心逻辑展开,讲清楚数字化在零售和消费者关系的演变逻辑与进化故事中扮演的角色。

零售行业的数字化是从销售端的电子商务开始的,进一步来讲,就是加大对数字技术的研发力度来降低企业的推广成本、渠道成本、人力成本和管理成本,使零售行业都有机会变成技术驱动的现代行业。马云在一次演讲中指出,数字化的进程本来可能需要三五十年才能完成,现在却被大大地加速,这个过程很可能缩短到一二十年,"数字化是这个不确定时代里最确定的一件事",任何行业都没有例外。

需要指出的是,在我们反复提及的DTCR模型中,数字化是"自变量",即会自然而然发生变化的指标,而且这样的变化是由少到多,是不可逆的。数字化是技术进步、社会进步导致的必然趋势,具体到零售行业,过去的互联网技术带来的电子商务是必然趋势,如今移动互联网、物联网技术带来的新零售和新消费也是必然趋势,未来人联网带来的自零售还是必然趋势。因此,数字化必然经历的三个阶段(互联网、物联网和人联网),归根结底,都是人类社会新一轮的信息技术革命所带来的。

相对而言,消费者关系是"因变量",即它是随着自变量(数字化)的变化而变化的指标,简单地说,它的数值可大可小,会因数字化程度的高低而发生变化。在数字化之前,数字技术的评估数值依然为负，依然是工业化和规模化在主导着商品零售与流通，消费者关系的变化方式是由近及远、由强变弱，甚至进入负数值（虚线部分）；进入数字化之后，数字技术的评估数值由负转正，此时，数字化取代工业化，开始在零售行业发挥作用，消费者关系的变化方式也开始逆转，由负转正、由远及近、由弱变强，数字化程度越高，用户关系也变得越来越好。因此，可以说，数字化是重构消费者关系的前提和基础，只有做好了数字化，才有机会实现健康可持续的消费者关系。

此外，自变量和因变量在数学研究领域，还有另一层含义，自变量是在实验条件下可以人为调整和变化的，因变量会随着自变量的变化而变化。当我们用数字化的趋势去看整个人类社会发展进程的时候，自变量当然是无法被人为调整变化的，其变化过程是线性的、渐进的，也是因技术条件而既定的；当我们具体到某些区域、某些行业，乃至某些企业来看的时候，这个模型中的自变量，数字化进程的快与慢，就可以被人为地干预和调整变化了。所以，从这个意义上来看，我们借用数学领域的两个变量来分析数字化和消费者关系，并不会发生概念上、理解上的冲突和矛盾。事实上，人们对于数字化的认识有高有低，一些企业家可能产生紧迫感和危机感，在资源投入和强力推行下，可以更快速地进行数字化改造，实现商业模式跃迁；另一些企业家可能认为数字化既然知易行难，不如就先放一放、看一看，这并不影响他们在原有的商业逻辑里寻找创新的机会。因此，数字化这一"自变量"，是企业家自己觉得需要变化的时候，才会发生变化的指标，诚如所言。

在传统零售行业的具体商业实践中，也有一种情况，在没有数字化、忽略数字化的条件下，一些企业或者个人试图去重构消费者关系，这样可能出现两种结果。

其一，销售天才型。通过"人盯人"的方式，去构建消费者的信任关系，可能在某个时间段、某些局部地区或凭借某个能力强的销售人员，就可以实现良性互动，把有效的信任关系延续下来，创造出个别的、偶然的销售奇迹，但这样的方式，仅适合历史上个别的销售天才——如上文所列举的乔·吉拉德就是其中的佼佼者——他们把关系营销奉为圭臬，并且乐在其中，但对于机构和企业来说，与单个消费者建立关系很难，且后续的服务成本和交易成本很高，无法成为通用的商业模式，无法实现规模化快速复制。

其二，深度捆绑型。由于人与人之间建立联系和信任费时费力，直接成本太高，因此必须用销售强激励来驱动。在没有数字化的前提下，建立消费者关系，实现一对一的销售，就是我们所说的直销模式。直销实际上是将产品的部分利润从代理商、分销商、广告商、分销渠道处转移给直销员的一种经营形式，强化了人在销售中的作用。但是，直销的发展也会带来这样或那样的问题，层层分级、层层分利的模式被人诟病，夸大宣传、欺骗、误导消费者的事情也屡屡发生，甚至有很多非法商人，打着直销的名义，干着传销的勾当。行政力量对传销的依法打击，又事实上波及和遏制了直销的发展。因此，直销在中国市场一直不温不火，没有什么存在感。

因此，无论是哪种类型，其结果都说明在人与人信任关系的重建和如何维持其健康可持续上，是多么的知易行难、费时费力，是不可能一蹴而就的。而如今，在互联网时代里，我们通过数字化的工具可以降低成本、加速过程，人际信任关系的重建迎来一个全新的局面。

ⓒ 信任关系的进化

回到 DTCR 模型中，我们来看看纵轴上消费者关系（CR）的变化，从下到上消费者关系紧密程度值依次加强，按照 C 点、O 点、H 点和 M 点把消费者关系分为四个阶段，依次是无关系、微关系、弱关系和强关系，如图 2-1 所示。

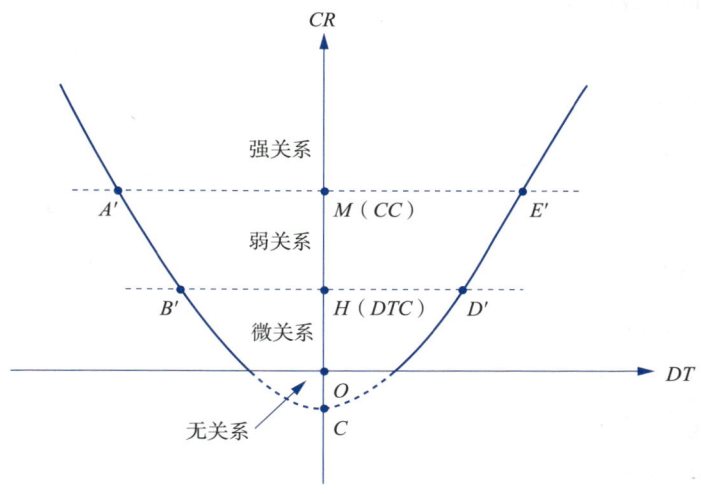

图 2-1 信任关系的进化

（1）无关系：对应在 CO 线段，完全没关系。O 点以下，关系紧密程度值为负，表明品牌与消费者完全没有关系，相互之间不知道更不了解，也没有动力去改变。造成这种与消费者毫无关系的情形，既可能是因为原有的关系被剪断或退化，也有可能是客观现实使然。原有的关系被剪断，这很好理解，就是在消费行为发生之后，因为过度的广告承诺，或者因为价格、品质、服务等，消费者很不满意，有些甚至对品牌也产生了反感，头也不回地主动离开，寻求替代品，再次见到也会绕道而行，从此不再联系。另外，每个品牌都有自己的目标客群，没有任何一个品牌可以"包打天下"，可以让所有人都消费和满意。根据地域特点、社会阶层、社交习惯、消费能力等，每一个消费者会很自然地被划分为各种不同的圈层，在个人没有实现"跨圈""破圈"的情况下，很难与别的圈层发生消费关系。比如，月薪数千元的普通白领，不会去关注爱马仕年度发布了什么限量款包包。又如，在杭州生活了一辈子的老大爷，不需要知道广州高端餐馆里的下午茶有什么新花样。因此，品牌不需要也不可能跟所有人都建立链接，很多人注定跟品牌没有关系，但这并不意味着品牌可以跟所有人都"无关系"。事实上，处于"无关系"的品牌没有生存空间，基本上是不存在的。按照仍在不断发展和进化的商业环境，可能还存在一些品牌通过伤害消费者、"割韭菜"的方式牟利，但它们是完全不可持续的。

（2）微关系：对应在 OH 线段，偶尔链接的关系。从原点开始，消费者关系紧密程度值为正，消费者知道品牌但不够了解，不主动关注，更谈不上忠诚。此时，品牌通过第三方渠道和各类型媒体平台与消费者建立的关系，有一定的随机性、偶然性、市场化、标准化、规模化程度较高的品类居多。比如，旅行的年轻人在路口的便利店随便买了一瓶水，喝完就把瓶子扔了，根本不用在乎，也记不住是什么品牌、什么价格；又如，某位阿姨在超市中逛了逛，顺便拎了一箱牛奶回家，因为牛奶正在做促销，价格很实惠，至于是什么牌子的，不重要。微关系的本质就在于，这个关系随着消费需求的产生而产生，随着消费需求得到满足而结束。微关系的产生，也是社会分工和效率提升的结果。在供不应求的时代里，社会化大生产和规模化才是技术进步的核心内容，一些人专注于产品生产，一些人专注于商品流通，一些人专注于品牌塑造，不同环节分工协作，消费者让渡了一些选择的权利，品牌商让渡了一些交互的权利，消费者与品牌商这种若有若无的微关系，换来的是快速发展的商品流通渠道和价值体系。在微关系领域里，媒体和渠道对品牌至关重要，媒体对于品牌的宣传推广，决定着消费者需求产生的时候，能够第一时间想到它；渠道决定着消费者需求产生的时候，能够第一时间获得它。因此，在这期间，如何占领消费者心智、如何占据流量高地就成了所有人重点关注和研究的课题。

（3）弱关系：对应 HM 线段，有链接但弱交互的关系。消费者与品牌的信任度很低，虽有链接但弱交互，对品牌有关注和了解，但互动少、活跃度低。此时，品牌开始主动采用各种工具，与消费者建立链接。这个时候，消费者在选择产品时开始有了品牌意识，也会接受和了解品牌故事，但很有可能消费者在某一类商品上，可以同时接受多个品牌，可以按照心情、需求、价格随意切换，单个品牌忠诚度不够，活动参与度低，复购率低。比如，新家装修要买家电，小夫妻去网上和实体店都看了看，空调是选"美的"还是选"格力"没差别，厨具油烟机是选"方太"还是"老板"也没差别，就看哪家有促销优惠，哪家能服务到家、安装到位。相对于微关系来说，弱关系是与消费者建立了真实的链接，消费者很大概率也是付费使用过产品或者服务的，这种链接不依赖于某个第三方的渠道或平台而存在。特别地，"弱关系"虽有链接但弱交互，信任度很低，其原因是：对于消费者而言，这种链接是被动的而非主动的，是聊胜于无的，消费者选择替代品的可能性很大；对于品牌而言，这种链接是盲目的、机械的，品牌方并没有做好研究消费者和重构信任关系的准备，并不知道消费者的需求变化，不知道哪些消费者是可以培养、哪些人是应当放弃的。因此，关系双方还处在不同的频道，不具备做信息交换、内容交互和加强信任感的共同前提及内在驱动力。当然，出现这种进退两难的局面，主要责任在品牌方。品牌应该主动发生变化，按照用户理念和方法论，想方设法培养与增进消费者的信任关系。

（4）**强关系**：对应着 M 点上方的部分，有链接、有交互、有信任。进入强关系领域，消费者主动关注品牌并注册为会员，用一次又一次的购买行为表明对品牌的忠诚度，熟悉品牌发展故事和价值主张，围绕品牌的社群和圈层开始出现，用户积极参与活动且相互影响，对品牌有认同感、归属感甚至荣誉感。强关系的要求是，既有链接也有交互，企业能找到用户，用户也能找到企业。构建强关系的前提并非品牌的势能有多高，投入有多大，或者提供的产品和服务有多完美。恰恰相反，用户思维的理念和方法论更为重要，这无关资本、行业和领域。我们看到张多消费者强关系的品牌，其依然是小众的、不知名的、区域化的品牌，它们的产品或服务也谈不上非常完美，但用户得到了尊重，有参与感和归属感，就愿意围绕着它，甚至想方设法用实际行动帮它发展壮大。用户会深度参与到产品体验反馈环节，甚至是产品设计制造环节，一旦有任何的问题，用户就会第一时间反馈，品牌方也可以在第一时间进行解决和处理。在强关系的信任条件下，消费者的购买选择直接而有效，产品的价格失去了弹性，甚至产品本身的功能、品质都容易被忽略。比如，耐克近万元一双的限量款运动鞋只要上线就被粉丝们抢购一空；又如，乔布斯的狂热拥趸从来不会在意苹果手机、计算机、手表等新品的价格，只要有发布都会在第一时间抢购，毫不犹豫。

以上是我们对几段关系的简要阐述，为了便于理解，我们做一个不大恰当的类比："无关系"就是陌生人，彼此不认识，完全没关系；"微关系"像是"一面之缘"，片刻之后说再见，不再联系；"弱关系"像男女朋友，有卿卿我我和亲密无间，也会分手，一拍两散；"强关系"像夫妻，彼此信任，甚至已经结成利益共同体。从无关系到微观系，从弱关系到强关系，在一定的条件下，关系的强弱和远近是可以转化的。更具体一点，强关系还可以分为依赖关系和共生关系。如果消费者和某个品牌形成强关系，他就是"超级用户"，不会轻易离开，事实上他对品牌产生了依赖（如图2-2所示），我们认为员工也应该是超级用户，他对企业产生依赖，把自己的职业前途与企业发展绑定在一起；如果消费者不仅自己购买，还推荐朋友购买，"消销合一"，他就是"自零售者"，内化成品牌的一分子，形成了共生关系。无论是依赖关系还是共生关系，都是所有品牌企业梦寐以求的关系，我们曾经在《小数据战略：新零售时代如何重构用户关系》一书中，对如何让消费者关系迭代和进化，如何培养超级用户并养成依赖关系的方法论有过系统的阐述。

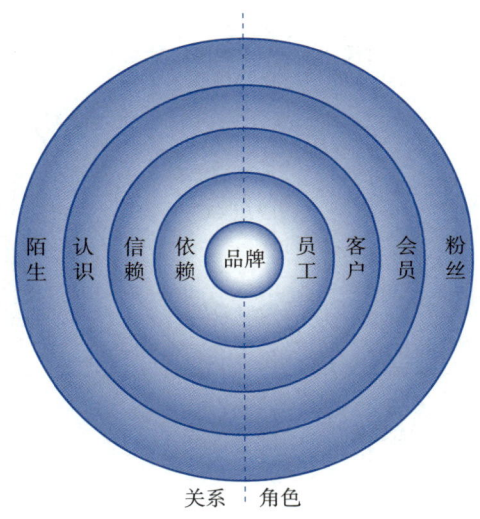

图 2-2　品牌与消费者之间关系的强弱变化

我们用上面的文字定义了不同的关系类型并分析了关系强弱转化的过程，但这些关系能否投射在零售行业发展的历史进程中，具体又是怎么表现的，每一个关系转化的节点又有什么含义？

关键的投射点对每一个品牌商和从业者来说，消费者关系强弱的变化很容易区分与理解。我们在此不厌其烦地描摹，其实是想进一步看看强弱关系变化背后的商业逻辑。通过数字化与否的原点 O 以及延伸出来的 CR 线，我们可以把零售发展分成左、右两片区域：左边的传统零售时代和右边的数字化零售时代。当我们把这种由远及近的消费者关系，通过 H 点和 M 点投射在零售行业进化的逻辑线上，就会发现一些很有意思的现象。

我们先来看看纵轴左边的区域，在传统零售模式里，虽然没有达到数字化的程度，但科技进步依然是推动社会前进和零售进化的核心逻辑，因此，零售进化从左往右不断发展和迭代的路径，与人类历史发展的脉络一样，都是不可逆的。我们在消费者关系（CR）轴上定义的 H

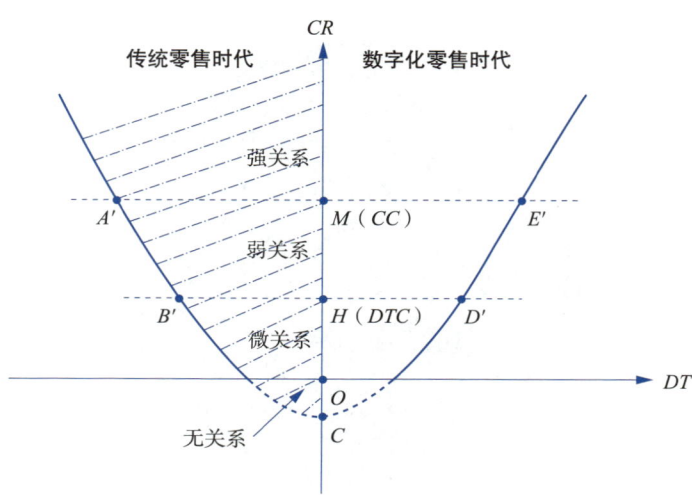

图 2-3 零售从传统到数字化的发展与迭代

点和 M 点,与原点 O 一起,定义了不同的强弱关系,那么 O 点、H 点、M 点分别向左投射的点,也恰好可以区分了零售发展的不同阶段:零售 2.0、零售 1.0 和零售 0.0,分别对应着微关系、弱关系和强关系(如图 2-3 所示)。

当原点 O 向左投射,也就是纵轴与零售进化路径的交叉点,消费者与品牌之间从"微关系"变成了"无关系"。这个变化源于过度工业化导致过度重视流量收割,产品和服务让消费者不满,使其主动剪断关系,原有的虽然是细微的关系变成无关系(或负关系),消费者关系被一一剪断之后,品牌也必将走向没落。

当 H 点向左投射,是零售 1.0 进入零售 2.0 的关键点。这很好理解,当时,工业革命带来了社会化大生产,越来越多的人聚集在一起,现代城市开始出现,商品出现供不应求的局面,必须通过社会分工提升效率。从此,有人专门负责产品生产,有人专门负责商品流通,也有人专门负责品牌打造。于是,商品通过各种类型的渠道去触达消费者,完成销售转化,这些渠道就包括我们反复提及的商场、超市、连锁店、便利店等。因此，在这个过程中，直接的消费者关系，被间接的渠道所替代，实际上是完成了由近及远、由强变弱的变化。或者，更准确地说，在漫长的农业时代里，消费者关系已经减弱，进入工业化后，其实际上是由弱关系降为微关系。

当 M 点向左投射时，出现了一个关键点，这又意味着什么呢？在延续数千年的农业时代里，消费者关系强弱到底是如何转换的？数千年来，人类的商业社会从无到有、由小变大，我们才有机会研究"消费者关系"，而在 M 点的投射点附近，很可能连商业都仍处于不发达的阶段。这个时候，我们需要把"消费者关系"还原成"人与人的关系"才能继续分析。我们试图给出一种解释：受人缘、血缘、地缘影响的族群、社群，依然是强关系，若脱离了族群、社群则变成了弱关系。这样的社群和族群，在农业时代里有很多，他们之间知根知底，族长按照传统的宗教礼法，结合本地本族特色对社群成员进行管理和约束，彼此在社会生活生产中拥有很强的归属、认同甚至是依附的信任关系，也是实际上的共生共荣关系。而且，时间越早，经济越不发达，因血缘和地缘而来的亲密关系、依赖关系会越紧密，这种关系甚至事关生死，对日常消费起着决定性的作用。当然，那时商业经济仍然很落后，无论从规模还是利益上，都仅停留在局部的、自给自足的农业经济时代。因此，M 点向左的投射点，事实上是从社群模式向非社群模式的转化点，也是零售 1.0 阶段的起点，而传统农业社会中的社群，又以血缘、地缘关系的链接最为典型。传统的社群都是由德高望重的族长进行组织，也有约定俗成的各种行为规范，对于社群内的族人来说，是一种强约束。而一旦社群被冲击、被解散，强关系就转化成了弱关系。传统族群、社群的组织形式是值得研究和关注的，我们会看到，在新的历史条件下，可能会产生巨大的作用。

相应地，如果把 O 点、H 点和 M 点向右投射到数字化领域里零售进化的逻辑线上，也恰好可以区分数字化零售的三个阶段：互联网时代（零售3.0）、物联网时代（零售4.0）和人联网时代（零售5.0），这三个阶段分别对应微关系、弱关系和强关系。数字化技术所带来的新时代，不仅让消费者关系彻底逆转，而且随着数字化的程度提高，消费者关系还能逐步改善。

当原点 O 向右投射时，得到的是从"无关系"到"微关系"的关键点，由于数字化工具的广泛使用，消费者获得品牌信息也变得更加快捷和及时，社交化媒体与信息传播打破了传统媒体中心化和可控制的局面，让绝大部分企业家重视用户的口碑，不敢再为所欲为。从传统零售模式到数字化零售模式，就完成了从零售2.0到零售3.0的进化，而原点 O 向上的投射点，则是在零售3.0范畴内，消费者关系由负转正的关键点。

当 H 点向右投射时，得到零售3.0到零售4.0的关键点，曾经的电子商务红利期结束，渠道和平台的流量成本高企，数字技术运用的范围不只包括线上互联网平台，还包括广大的线下零售渠道，特别是移动互联网技术和物联网技术（IoT）的广泛运用，线上与线下相互融合，创新出各种全新的消费场景。而此时，品牌也可以用很低的成本与消费者建立链接，一些品牌开始主动连接消费者，重构消费者的信任关系，把流量集中起来，构建自己随时可触达的私域，从平台运营的"微关系"升级到自己运营的"弱关系"。

当 M 点向右投射时，得到零售4.0到零售5.0的关键点，依托人联网所构筑的消费者关系，是一种可交互、可持续的强关系。从弱关系向强关系进阶，最大的不同点是：强关系链接的背后，不是机械化的、无足轻重的数据流量，而是一个个活生生的、有情绪的人。消费者关系由弱变强的原因，从品牌的角度来看，是分级、分类贴标签，通过使用数字化工具，可以将消费者更加精准地匹配到细分社群和圈层；从消费者的角度来看，则是消费者的态度从被动转为主动，积极参与到品牌社群活动中，寻求认同感、归属感和价值感。在数字化技术的支持下，通过强关系构建起来的零售模式，就是我们所追求的一种全新的商业生态。在这种商业生态下，可能孕育出前所未见甚至超过我们想象的"去中心化"、共生共荣的商业文明。

零售进化的脉络

行文至此，我们已经完整地展示了 DTCR 模型的全貌。在这个分析框架中，我们围绕零售的进化逻辑和演绎过程进行了阐述，但我们觉得，仍有必要对该模型的几个前提条件做一些补充说明。

其一，这不是一个严格意义上的数学模型。我们拟出的这条"向上开口的微笑曲线"，并不是经过调查统计的实证研究得来的，而是完全基于经验主义，通过历史发展脉络中的若干个历史片段，联系我们基础的分析框架，做出的一种形象化的定性描述，或者也可以称为"推断"或"假说"。因此，在现阶段，也允许这种"假说"存在不够严密的地方。比如，在零售 1.0 向零售 5.0 的迭代过程中，转化的具体时间点都显得不够具体和明确。那么，究竟是什么时候，因为哪个人物，通过什么历史事件让零售发生了从量变到质变的"惊险一跃"？又如，目前，零售的进化逻辑线被我们描述成一条平滑的曲线，而在历史实践中，这样的进化由于涉及不同利益集团间的斗争和博弈，很可能是曲折的、往复的，中间也可能出现断点和断层。按照数学模型的规范性，可能任何一个问题我们都无法给出合理的解释。期待在未来，我们可以在此基础上，继续深化下去，特别是进行一些具有统计意义的实证研究，为模型给出更准确、更量化和更规范的表达。因此，我们提出的分析框架，一定不是严格意义上的数学模型，只是现阶段能够满足我们对商业模式迭代定性分析的阶段性研究成果。值得强调的是，在我们的研究视野里，至今没有专家学者从这个角度，依托数字化和消费者关系进行类似的研究及描述，我们期待更多的同人、研究者与实践者，可以在这个方向上一起携手前进。

其二，这个进化逻辑所得到的结论并不新鲜。我们曾经在《小数据战略：新零售时代如何重构用户关系》一书中就零售进化的逻辑阐述了自己的观点，今天再次用可视化的图形进行分析，并没有得出更高级或者完全不同的结论。事实上，零售1.0到零售5.0的整体进化逻辑，与此前的结论并无二致，所得到的结论并不新鲜。那些熟读过我们第一本书的读者，甚至可以将这部分阐述看个大概就可以了然于胸。那么，我们为什么还要花费大量的时间和精力去构筑这么一个形象化的分析模型呢？因为这个分析模型可以将我们过去围绕小数据的实践、理念、经验与观点体系化，并且在理念上不断升维，演化出更有价值和更有意思的结论。通过这个分析模型，我们看到了一个商业模式迭代进化的路线。

第一层，点思维。所有点都是互相割裂的，片段式的、碎片化的，是没有关系的，用户流量是一个个需求点，"人、货、场"都拥有很多创新点，但如果不去研究其中的关系——逻辑联系，而是简单、割裂地去看，就容易陷入无效的困境。

第二层，线思维。点与点连成线，点与点之间，基于时间、空间、逻辑等建立联系，就构成了线。小数据战略就是基于"线思维"，对用户关系的重构提出"5CM"的方法论，围绕增强用户信任，让用户关系从陌生到熟悉，从弱关系到强关系。

第三层，面思维。无数个两点之间的联系，构成了"一对多""多对一"的社群关系，就完成了由线到面的升维，数字化区分的上、下两面，向右开口的抛物线所勾勒的不同场域和平面，从基于强关系用户链接来看，线只是单向延伸，而面可以无限拓展。

第四层，体思维。当社群之间按照一定的游戏规则，围绕在某个品牌周围，品牌就有了可持续发展的前提，进一步地，通过"去中心化"，网络关键节点快速崛起，不同社群之间进行能量交换，无数个社群构成一个全新的商业经济体。

于是，我们的研究视角将由点及线、由面到体实现逐步升维，提出的理念、总结的经验和以此形成的方法论，不仅在理论和逻辑上能够自圆其说，在实践中也更加具有指导意义。可以说，虽然结论并不新鲜，但是经过可视化分析模型的构建，"小数据"的战略和方法论得到了升华，这就是它的核心要义。

其三，这个进化逻辑在微观层面会更有价值。我们目前所看到的模型图，上、下两段逻辑线几乎是对称的，而事实上，哪怕我们去掉时间的因素，仅以展现其商业模式变更为研究目的，很可能也并不存在严格意义上的对称关系。列宁说，"人的认识不是直线，而是无限地近似于一串圆圈、近似于螺旋式的曲线"。事物自身的发展，其基本方向、总趋势是前进的、上升的，是一个螺旋式或波浪式曲折前进的过程，人的认识是对客观事物的反映，也是螺旋式发展的。因此，从严格意义上来讲，我们认为的这个进化逻辑，对称关系出现的概率很低。诚然，由于历史的和现实的原因，我们无法从宏观上的历史层面去量化和验证这一"假说"的准确性，但在微观层面，针对某个地区、某个企业而言，这样的分析框架是可能得到统计数据支持和实践检验的。就具体到某个企业来看，通常的看法是，数字化技术和消费者关系看起来是完全没有关系的两件事情，如果按照我们的分析逻辑进行数据采集与分析，很可能会得到意想不到的效果。事实上，从数学模型上来看，向上开口的抛物线可以用代数式来做量化表达，并通过焦点、准线、准焦距、焦半径等数值的研究，做一一精准量化，从而控制抛物线进化路线的快与慢。这些工作都有待于现实商业世界里更多的实践者参与进来，并总结出经验和教训。

其四，以数字化为核心指标之一，是关照现实的表现。如同我们分析过的，在不同的社会发展时期里按照不同的约束条件，消费者关系是变化的。我们选择以数字化为核心指标，是从人类社会发展至今的几次重大技术革命导致的社会进步，如工业化、电气化、数字化中，特别抽象出来的，这么做有两个显而易见的目的：①数字化与人类技术进步的方向完全相同，可以完全代表人类技术进步的历史方向；②数字化是现实，是当下，是进行时，是如今商业社会中人们最关心的课题，也是如今零售行业最重要的创新和变革内容。因此，用数字化作为分析指标，可以很直观地把问题表达清楚，和另一个关键指标消费者关系结合起来，就能得到一个与历史方向相同的、向右开口的抛物线。如果我们以工业化为关键指标，与消费者关系结合起来看，很可能会得到刚好相反的结论，即一条向下开口的抛物线，如果是那样的话，很多逻辑和理念就会发生变化，那就是另一个历史故事了。

虽然分析模型图很简单，也有种种不足之处，但是我们依然在这个分析模型中看到了很多有价值的信息。比如，如今看到的有关零售创新和变革的核心逻辑，是在数字化的条件下，对历史上人们关于信任，关于社群、族群的一次致敬和回归：在数字化之前，人们为了提升效率和降低成本，付出了消费者关系弱化、微化甚至丧失关系的代价；而数字化以后，人们依然在效率、成本和体验的指挥棒下，让销售的本质向人与人之间的信任持续回归。又如，我们可以很直观地看到，线下与线上的发展逻辑有相似之处，很多理念、方法和工具是可以相互借鉴的。我们相信，那些在历史上曾经发生过的，如王永庆、乔·吉拉德一样围绕"用户档案"创造销售奇迹的故事，依然有机会在数字化时代重新大范围出现，并发挥更重要的作用。

第三章

用户私有化

2021 年 9 月 23 日，在杭州举行的天猫新品牌战略发布会上，阿里巴巴集团宣布下一阶段天猫战略在于助力企业"双轮驱动"：从电商全域营销走向企业全域 DTC 模式，从人群运营走向全域的消费者与货品生命周期管理。然而，稍有研究的人都知道，DTC 理念的核心逻辑就是"去中介"，绕开亚马逊、天猫这类平台的控制，直达消费者。这一表态的背后，天猫管理层复杂且微妙的情绪，颇值得细品。

DTC，也写成 D2C，意味着企业直接面对用户。短短几年间，以 All birds 运动鞋、Warby Parker 眼镜、Casper 床垫、Dollar Shave Club 剃须刀等品类为代表的所谓"DTC 品牌"的崛起，这些号称"互联网直销品牌"的成功创业案例，让整个欧美创投圈对 DTC 概念趋之若鹜。有数据显示，美国已经有超过 400 家 DTC 创业公司，融资超过 30 亿美元。

其实，DTC 作为营销理论很早就被提出，它主要是从营销角度，采用多种方式去触达消费者，包括任何以终端消费者为目标而进行的传播活动，与传统媒体如电视广告等的传播方式相比，其优势主要体现在更接近消费者，更关注消费行为的研究，更重视消费者生活形态的把握。但作为创业模式的 DTC，却是在不断进化的数字化时代快速崛起时才引起人们的重视。

随着互联网的普及，消费者逐渐形成了线上购物的习惯，而人类社会科技发展是 DTC 模式出现并兴起的根本原因。这个科技，包括数据技术、供应链技术、与电商配套的物流和基础设施，以及媒体传播技术。甚至亚马逊公司及其他互联网平台的出现与发展，都让品牌在资源的获取上变得更快、更便宜。

DTC 模式意味着品牌不与中间商合作，独立完成营销、销售、出货的整个流程。这些品牌自建电商渠道，不依附于平台级电商巨头，消费者可以直接在官网预订，由品牌商直接向消费者寄送。由于没有中间商，DTC 品牌产品的售价往往低于市场价格。在降低价格的同时，DTC 品牌还会在产品上做优化或者创新，使其质量远高于市场上的同类产品。

换言之，DTC 模式是互联网直销模式，DTC 品牌就是互联网直销品牌。欧美地区的创业实践证明，与以往的平台电商和线下格子铺相比，DTC 品牌提供了更多的购物优势，如更高的质量、更低的价格、更多的选择、更快的交货时间和更宽容的退货条件等。事实上，DTC 公司已经将电子商务中大部分低效率的步骤去掉，消费者可以更省钱。这看起来是帕累托改进，参与各方都能从中受益。然而，在中国商业市场上，DTC 模式能够成长起来吗？

Ⓒ DTC 是什么

相对于作为创业模式和新兴品牌，更值得我们重视的是一些大品牌、好品牌也纷纷启动了所谓的"品牌 DTC 战略"，据不完全统计，包括联合利华、宝洁、欧莱雅等巨头在内，都在极力推动自己的 DTC 品牌，耐克和 Adidas 也一前一后启动"品牌 DTC 战略"。

2019 年 3 月，耐克集团的 CFO 表示："我们的 Consumer Direct Offense 战略表现非常出色，我们将继续在关键领域进行投资，推动耐克的数字化转型。"该战略主要内容包括：专注线上销售，优化供应链，加快新品上架速度等。

2021年3月10日，Adidas在"投资人&媒体日"上，宣布下一个五年（2021—2025年）战略重中之重，就是"DTC策略"，它们内部称为"掌控全场"（Own The Game），并且预期在2025年，Adidas的DTC部分业务将贡献全集团50%左右的营业额，引领超过80%的营收增长。

这个时候，DTC实际上是作为一种理念而出现的。对于DTC，大家的看法和定义仍有不同，有些人认为它是创业模式，也有人把它归为营销手段。我们建议，要把作为模式的DTC和作为理念的DTC做严格区分，我们对于DTC模式能否在中国市场上成长起来抱有谨慎态度，但对于DTC理念，跟我们所提倡的"小数据"战略完全一致，我们也一直把它看作发展趋势和战略方向。从数年前的研究开始，我们就一直呼吁，每个品牌商都可以通过数字化工具和方法论，重构用户关系，重新获得用户的信任，从此不再被渠道和流量平台裹挟。因此，DTC理念原本就是我们一直孜孜以求的目标，而且，DTC理念是一个关键的过渡阶段，是新零售、新消费完成之后的下一个阶段，唯有在DTC理念的基础上，才有机会实现"自零售"。

如今，就连天猫这样的头部平台，都表态要积极融入DTC战略，要帮助"品牌和商家直接面向全域消费者"，毫不在意DTC原本就是冲着它来的，说明这个趋势正在被越来越多人所接受和认可，也说明在DTC理念中，蕴含着巨大的商业机会。

DTC到底是什么？从字面意思来看，DTC模式是直接面对消费者的模式，或称"直面用户"的商业模式，对这个来自美国的新概念，大家生发出各种不同的理念和玩法。我们以为，任何观点只要能自圆其说，能指导实践，就值得点赞，大家兼收并蓄、求同存异即可。

很直观地理解，DTC模式可以是一种私域运营的方式，它首先是作为美国的新型创业模式而被大家熟知和推崇的，我们先看两个具体的案例。

美国有一个叫 Atoms 的做鞋子的 DTC 品牌，增长很快。Atoms 一年只设计一款鞋子。打开其官网，基础款的单品只有 7 种颜色，鞋面上没有任何 Logo，很显然又是一个走极简主义的品牌，但 Atoms 最大的亮点在于对鞋子尺码的贴心分层。一般非运动类鞋子只有整码，一些大品牌的运动鞋会有半码，而 Atoms 将鞋码精准到 1/4 码，并且如果用户订购了 9 码的鞋，Atoms 会给用户寄出 8.75 码、9 码、9.25 码三个码数的三双鞋，用户可以留下其中最合脚的任意两只，左右脚可以是不同尺码，用户只需要将剩下的四只免费寄回即可。鞋子不合脚是大多数人的困扰，人的左右脚怎么可能完全一样呢？很多人在试鞋的时候都会有一只"习惯脚"，因为这只脚可能更大或更宽，虽然最后能买到穿得上的鞋子，却往往有一只鞋长一点或者宽一点，Atoms 正是注意到了这一需求痛点。

同样，美国的 DTC 品牌 Tea Drops 的创始人 Sashee 的父母分别来自斯里兰卡和中国，她从小受到茶文化的熏陶。她意识到传统的喝茶方式中用热水泡茶的不便之处，不过她没有像大多数企业一样做茶包，而是将茶叶和配料研磨、压制，做成茶块，每个茶块也刚好是一杯茶的量。比起茶包，茶块更好地保存了茶叶的品质，这是一个卖点；同时，Tea Drops 没有选择去做传统的茶叶品种，而是去做调和型茶，例如，薄荷甜茶、巧克力姜饼茶，甚至奶茶，Tea Drops 还把茶块做成不同形状，这些小巧思也吸引了不少年轻群体。Tea Drops 让品茶成为便捷又普适的行为。

由此可知，这些 DTC 品牌迎合了消费者的喜好，并且品牌或产品本身通过社交媒体获得流量，对广告营销的依赖较小。如今是产品过剩的时代，各类产品层出不穷，商品同质化严重，DTC 品牌从用户需求的

"痛点"出发，对现有品类进行细分，在细节中寻找到创业机会。它们通常利用爆款产品实现单点突破，并快速获取用户，在同一类别用户需求的基础上，做产品品类的拓展。

具体到中国的商业环境，情况也类似。消费者无论是从年龄、性别、人种或是地域这种自然差异上，还是从喜好、习惯等文化差异上，都可以被划分成不同群体，新创立的品牌在确立目标受众时，不必求广求全，如果能在某一类群体内，寻找某一个具体的突破点，获得转化率高且生命周期长的客户，就可能实现稳定增长。

互联网技术的进步、社交媒体的发展，以及全球化生产和供应链的日益成熟稳定，这些都是新品牌得以快速成长的客观条件。据统计，在美国的电商市场里，有近1000个DTC品牌，它们的增长速度远超一般电商品牌，是后者的两倍到三倍。美国DTC品牌的发展也呈现出清晰的脉络：2007年到2017年快速成长，之后逐渐放缓节奏，近期的特点则是出现了专门为DTC品牌建立的购物中心，以及一些DTC品牌开始到购物中心开店。

移动智能设备和互联网的普及让消费者的生活便捷性获得了质的飞跃，通过互联网，消费者看到了更多的选择也对产品有了更多期待。而品牌商借助数字化的力量，与消费者建立直接联系，重构信任，更准确地把握消费者偏好，对消费者需求进行精细化的科学管理，才是DTC模式的应有之义。

从实践层面来看，受美国DTC创业热潮的影响，中国开始迎来继互联网创业风潮之后的DTC品牌的创业热潮。实际上，中、美两国在互联网、人口规模、物流配货等基础条件的水平上并不一样，这导致中国的DTC品牌一直有些"水土不服"，直到近几年随着社交媒体的增多才发展起来。只要能够在天猫、微博、微信、抖音、B站、小红书上全渠道地跟用户建立直接联系、直接卖货的，都算得上是DTC品牌，以洗护品牌"植观"、彩妆品牌"完美日记"、护肤品牌"HFP"为代表，中国的 DTC 模式很难绕开渠道和平台，其模式的可行性与合理性仍在探索，虽然可能蕴含着很大的发展潜力，但是依然需要等待机会，远远没有到爆发之时。

需要特别指出的是，在中国用 DTC 模式去创业，并非最好的选择。中国发展很快，在短短几十年里建构了整个工业生产体系，建构了全国物流体系，现在这么多电商零售平台都起来了，还有直播平台和渠道，其实这对品牌来说是好事，可以有很多选择。同时，社交电商平台也起来了，品牌又多了一个渠道。品牌如果好好做，利用好现有的渠道与平台，成功的机会和可能性反而更大，照抄照搬欧美的 DTC 模式去创业，反而是舍近求远，得不偿失。

ⓒ DTC 与私域

当然，DTC 作为一种理念，依然是值得大力推崇的。回到我们上文所展示的 DTCR 模型，由 H 点开始向上，品牌就正式走上 DTC 商业模式，因此，H 点也是从公域运营到私域运营的转折点。不过，我们所提出的 DTC 理念，是品牌应该采用的、围绕用户运营的一整套商业理念，其含义和价值远远超过营销环节本身。如今，跨过 H 点，仍是大多数品牌企业摆脱流量束缚的必由之路。DTC 在当下仍有其必要性和可行性，在短期内仍可以降低成本和提高效率，提升消费者的购物体验，并且为持续进化迭代打下坚实的基础。我们定义的 DTC，则是从重构用户信任关系入手，倒逼企业内部的组织、生产、财务等进行全面数字化升级的商业理念和模式。

因此，作为创业模式的 DTC 固然值得关注，而更具价值的是 DTC 所蕴含的方法论和战略思路，其跟小数据的理念和方法论是完全一致的。在我们看来，DTC 有三个层面的含义。

第一层，产品销售端去除"中间商"。数字化提供了各种便利的方法和工具，让互联网直销成为可能。通过社交媒体、品牌官网等方式，可以与消费者建立直接关系，从社交化品牌信息传播，到线上选品支付，再到产品快递交付，DTC 可以完全不依赖于第三方平台或渠道，直接与消费者建立链接，完成交易。理论上来看，由于"没有中间商赚差价"，这个模式通常会让消费者获得质优而价廉的产品或服务，品牌商也可以获得更高的毛利。但在实践中，模式是否可持续，还是需要进行成本与效率的综合考量。DTC 在某种意义上，部分否定了专业分工和社会协作的模式，实际上是由品牌商自己承担着销售端的所有工作，包括市场推广、流量转化、物流配货等，每新增一个动作都涉及成本增加。因此，DTC 在销售端的替代是否更有效率，对于不同品牌、不同品类可能完全不一样，仍需要具体问题具体分析。

第二层，私域运营的方法论。DTC 的核心在于让品牌直接与消费者建立关系，数字化是其手段，而"去除中间商"只是其表象。如果只是为了"减少中间商赚差价"，将产品直接卖给消费者，购买之后关系结束，消费者离开，而品牌方却并没有借助数字化的优势，把消费者的关系建立并维系起来，那就不是真正理解了 DTC。从这个意义上来说，DTC 可以作为一种私域运营方式，能够部分解决营销成本高的问题。通过社交媒体渠道、品牌社群，把品牌信息和营销推广活动直接触达消费者，免费且可持续，不需要天价的广告费和明星代言费，营销成本能省很多。需要强调的是，DTC 的理念和运营方式，其重心是放在如何增强消费者的信任上，要让消费者关系由弱变强。这与一些私域运营者快速转化、快速收割的模式完全不一样。

第三层，品牌战略和商业模式。只有 DTC 才能直接接触消费者，才能拿到消费者数据。通过社交媒体、社交工具与消费者紧密互动，通过在体验链路上设置跟用户的接触点并采集数据，利用这些数据和用户进行情感上的、价值上的交互，实时获得消费者的数据，同时进一步依靠用户数据和用户反馈来改变产品和服务，才能做出正确决策。这些决策涉及新品研发、价格调整、活动策划、品牌传播、消费者运营等方方面面。现在的品牌商也想越过代理商、越过分销商和零售平台，直接跟消费者对话，和消费者产生更多的情感共鸣，产生更多的链接，甚至品牌和用户共同在一个社群中，形成共同的价值观。只有掌握数据，才能在数字经济时代掌握竞争的主动权。消费者的数据就是企业未来发展的"新能源"，DTC恰恰是提供这种"能源"的一种模式和方法论。

品牌要通过与消费者建立联系，通过DTC让客户产生信任感、为客户创造独特价值，按客户需求进行个性化定制。今天，所有这些都因为技术变得更可能、更可行、更便宜、更快速且更直接。DTC在美国的脉络就是一种品牌服务客户需求的价值回归，在中国它可能不是回归，可能是作为某种技巧被使用，也可能作为一些传统品牌的战略革新思路之一。

从公域到私域

在零售的进化脉络中，我们找到了两个关键因素，即数字化和消费者关系，作为研究视角和出发点。回归社会实践层面，我们看到在全球商业社会中，技术革命的历史进程经过了工业化（18世纪60年代）、电力化（19世纪70年代）、信息化（20世纪40年代）总共三次技术快速迭代和社会进化。如今，信息化的本质就是数字化，信息化的具体内容，包括了互联网（20世纪末）、物联网（21世纪20年代）和人联网（未来20年左右）三个阶段，此时，我们将目光进一步聚焦在零售进化的最新阶段：如何从公域到私域。

"域"，本意是指"在一定疆界内的地方"，泛指某种范围，有"区域""领域"等词。特别地，在社会生活中，"私域与公域"原意是指私人生活领域与国家或社会的公共生活领域。"私域"即私人生活领域，是以个体独立人格为基础的私人或私人间活动界域，是一个他人、社会和国家无权干预的领域；"公域"则刚好相反，是指人们通过交往活动所构成的公共生活领域，在这里，每个参与者都能自由地发表意见。"私域"与"公域"的分化，是社会文明进步的一个显著标志，也是社会由前现代性向现代性转化的一个显著标志。在零售行业里，这一对概念开始与"流量"产生相关性，是在零售进化到数字化阶段才出现的，现在其被广泛运用于互联网零售理论分析和管理实践中。

"流量"，原来是一个物理计量单位，指的是单位时间里流经有效截面的流体量，自互联网出现之后被广泛应用于经济学领域。"网站流量"其实就是用户访问量，是用来描述单位时间访问一个网站的用户数量。"流量思维"指的是在价值链各个环节都要以流量为主去考虑问题。"流量"这个说法是随着互联网的发展而流行的，原来叫"客流"，针对线下门店渠道而言，互联网叫"流量"，但其本质是一回事。

互联网早期，上网人口数量剧增，新增流量很大，各类平台用户持续增加，流量可复制、可购买，且成本低廉，流量思维在当时是一种效果显著的运营方式。如今，虽然互联网流量红利消失，互联网公司全面进入存量竞争时代，但是如何引流拉新，如何拓展新的流量入口等，依然是品牌营销的重点。

与"流量"相对的，是"存量"，指在一定时期内留存的用户数量。存量和流量，两者都是变量，即在一定时间内其大小可以计算的数值。流量代表新客户的获取和转化，存量代表老客户的留存和维系，因此，在我们看来，流量固然重要，但存量则更是核心。

更通俗的表达就是，我们所说的"流量"是消费者的消费需求，这些需求可以表达出来并得到满足的地方，就是"域"。比如，消费者想买一个保温杯，他可以去网上搜一搜，看看有什么品牌、什么价格，也可以去超市碰碰运气，看看有没有心仪的商品。无论他在哪里产生购买，保温杯这个需求都能得到满足，此时"流量"的概念消失，转化为"存量"。然而，他下一次什么时候还会有保温杯的需求，以及会有什么别的消费需求，都需要针对存量，用科学的方法进行需求分析、挖掘和预测。

我们把注意力聚焦于图 1-3 的第一象限（DT、CR 均为正值），我们得到一个公域与私域的商业生态图，如图 3-1 所示。由 CR 线上的 O、H、M 三点及其在象限中的投射线，将第一象限分隔成的几个区域，线段上的无关系、微关系、弱关系和强关系，分别对应着空域、公域、私域和私有。

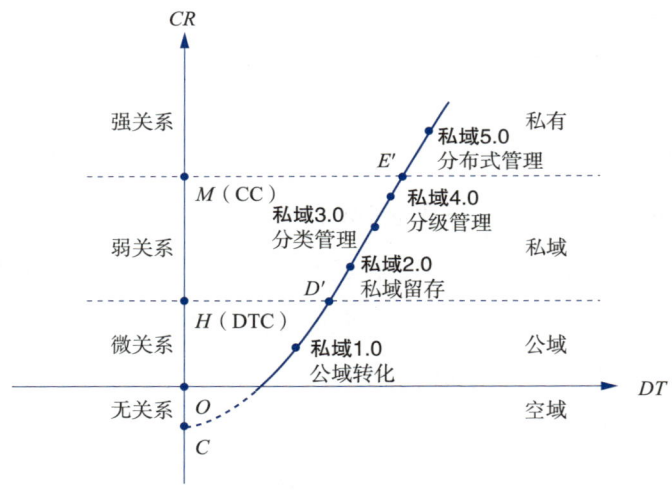

图 3-1 公域与私域的商业生态

公域与私域的商业生态空域位于 O 点下边，消费者关系值小于零，代表消费者与品牌毫无关系，在这个领域中，通常有不良商家混迹其中，消费者只要被骗过，就会剪断一切联系，并诉诸法律、行政等外部力量来维护自身权利。但是，因为中国市场足够大，仍然有不少不良商家抱着侥幸心理，留在这里随机"收割"，"打一枪换一个地方"。对于有志于打造品牌的企业来说，如果不遵守商业伦理和道德底线，那么任何运营动作都将是无效的，所以必须尽快远离"空域"，无论是平台还是品牌，留在这里都没有任何出路。

（1）公域。位于 O 点与 H 点投射之间的区域，消费者关系值转正，但依然是微关系。各种电商平台，每天都有很多用户访问进入，这些都是平台的用户。品牌如果想获得这些用户，就不得不付出一定的流量费用。某个品牌，要去线上商城开店，开店可能免费，但要买广告位、开直通车、付平台佣金等，这些钱就是购买流量的费用。消费者通过关键词搜索、平台推荐等方式进入店铺，实现下单转化。特别地，在"6·18""双 11"这样的大型促销活动之际，品牌需配合电商平台，做力度较大的折扣、满减等促销活动，做大平台交易规模。在这里，渠道和平台掌握着流量分配权，消费者通过平台去选购产品，与平台形成强链接，与品牌形成弱链接。在通常情况下，交易结束，需求满足，与品牌的链接也就结束。品牌想要再次建立链接，就再次支付流量费用，周而复始。当流量成本较低的时候，专注于打造产品，依托于大平台也能实现快速成长。然而，经过十多年的野蛮生长，现在的流量成本越来越高，不少企业在平台上"赚了吆喝却不赚钱"。

公域的核心逻辑是企业与平台的分工协作，是企业运营之初打新获客的重要一环。品牌企业可以专注于产品设计、制作和品质管理，各类平台的公域进行流量分配，完成销售。迄今为止，我们也认为，有一些品牌是没有必要做私域的。那些品牌势能高、规模化要求高的，工业化、标准化程度很高，消费者使用体验与竞品差别不大，以及低值易耗品的产品品类，如一些白酒品牌、家电品牌、手机品牌，瓶装矿泉水、纸巾、一次性用品、百元以内的新奇特小商品、工艺品，等等，可能更适合公域模式，它们应该专注产品端的设计创新，把销售端交给渠道和平台即可；那些品牌力很强的产品，如茅台、宝洁、恒安、安踏、农夫山泉等，也可以把更多的精力放在品牌创新和产品迭代上，没有必要花费大量资源和人力去做私域。当然，如果有品牌延展、品类扩张打算的除外。

公域的概念源于数字化，但其内容在工业化时代早已出现。那时候，商场、超市、商业街这些客流量密集的地方可以说是公域，电视、电台、报纸、杂志等受到较高关注的媒介也是公域，品牌在商业街租用门面，或者在商场租用柜台，或者在电视上广而告之，相当于付费获得流量，它们都试图与消费者建立联系。当然，大部分的联系，由于没有数字化的手段，在交易结束之后，通常就剪断了。品牌需要获得新的交易和消费，就必须持续为流量付费。当时各个行业的商业竞争虽然激烈，但是由于地域和时间所限，每个城市的客流量不均衡地分配在商场、超市、商业街、小卖部、菜市场等地方，各种业态都能找到匹配的客群，大家处于错位竞争、和谐共处的局面。互联网的出现，消除了时间和地区的差异，电商平台以革命者和颠覆者的姿态，完全打破了线下商业的平衡，所有线下的流量被集中到头部平台，一度形成寡头垄断的局面。在某一个阶段里，形成了拥有流量分配权的平台的某位普通职员（小二），可以对任何一个商家予取予求，握有生杀予夺大权的夸张局面。这个时候，竞争的激烈程度已经不可同日而语，一大批线下门店在亏损之下难以为继。因此，数字化之后的公域，跟传统意义上的公域完全不同，有其自身的特殊含义。

当然，人世间的万事万物，总有自身运转的规律，物极必反，否极泰来。随着移动网络和智能手机的普及渗透，上网人口规模增速放缓，已经接近天花板。这意味着，公域流量也已经到了天花板。流量红利消失，各个平台全面进入存量竞争、你争我夺的时代。这个时候，平台本身获取用户的成本也在攀升，导致商家在平台上购买流量的费用水涨船高，使平台和商家不堪重负。因此，不少品牌开始在公域之外，寻求与消费者建立联系的另一条路径。

（2）私域。从 H 点到 M 点投射之间的区域，品牌开始与消费者直接建立联系（前文所说的 DTC 模式），消费者关系由微关系转向弱关系，并持续增强。品牌开始摆脱渠道和平台，试图建立私域并拥有自己的消费者关系。相对于公域漫无目的、不可控的转化率，这是可持续、低成本甚至是免费触达的用户（有过购买行为的消费者）。如前所述，DTC 模式起源于美国，凭借跟消费者更加直接、深度和稳固的关系链接，其受到越来越多零售巨头企业的青睐，随着中国零售理念和社交媒体环境的发展，中国本土零售企业也开始尝试向 DTC 模式转型。我们认为，DTC 与私域的理念基本相同，只是在具体的做法上有所不同。从流量获取转向存量开发，企业思考的重点也从单纯吸引用户注意力，到研究流量的获取、运营、转化效果，再到由产品、营销、经营、渠道构成的全生态运营转化。从流量经营到生意经营是一个长期转型的过程，与公域的打法相比，私域在理念和逻辑上更直接，但在用户运营的分类、研究、分析和挖掘方面，可能更复杂，需要更长时间和更多耐心。品牌商从公域转向私域，如果方法不当，立场不坚定，则容易陷入进退两难的困境。

在我们看来，品牌企业做私域至少面临两大挑战。其一，私域的基础用户从哪里来，私域仍是一个"域"，说到底还是流量概念，缺乏流量达不到规模，就不叫"域"，只能说"点式"和"线状"。所以，如何从公域里通过购买流量进行转化与倒流，仍是关键一环。这一点，很多专家、学者包括实践者都总结和提炼了大量方法论，我们的意见是，所有平台和工具都可以试着用一用，按效果进行理性评估，择优选择主要方式和手段。其二，如何把流量变成"留量"，私域和公域最大的区别，就是要把用户留在这里，持续建立有效的链接，加强信任实现进阶，而不是交易完成就结束和剪断联系。我们此前在《小数据战略：新零售时代如何重构用户关系》一书中，就是围绕着重构用户关系的整体思路详细阐述了"5CM"方法论。每一个企业要把客户留住，必须从粗放的规模扩张转向精细化的用户运营，每一个步骤都要踏踏实实做到位，用信心和耐心去完成每一个细节。说句实话，道理看起来很简单，但是真正把"5CM"方法论落实到实践的过程并不容易，可能需要两三年持续投入，五六年后才能见成效，十年甚至二十年才能有大用。这是一种咬定青山不放松的精神，唯有持之以恒地专注于用户，才能久久为功。在如此浮躁的年代里，能坚持下来的毕竟不多，殊为不易。

"私域"和"公域"也是一组相对的而非绝对的概念。对于品牌商家来说，平台的流量就是公域，但对于平台来说，这却是它的私域。在存量竞争时代里，各个平台都放下身段，来研究如何把流量转化为"留量""存量"，也在研究私域的运营和方法。所以，我们看到一段时间以来，几乎所有的管理者、研究者，只要谈到互联网运营，言必称"私域"。这也使得"私域"成为继"直播电商"之后的一大热词。从我们的研究来看，从品牌商角度出发研究的私域玩法，才是我们所推崇的方向。当然，平台从"变现""收割""转化"等短期理念中解放出来，愿意认真地与消费者建立联系，提供更好的服务，也是商业界的一大幸事，我们也要积极提倡和鼓励。无论是基于什么力量、什么原因，经过平台与商家一起发力，公域和私域一起优化，全面重构消费者关系，重建消费者信任，这实质上都是对于历史的回归。历史潮流浩浩荡荡，社会进步驱动的商业规律正在发挥作用，而且所有的进步都是不以人的意志为转移的，是不可逆转的。

从私域到私有

大部分的研究者，把在 H（DTC）点之上的部分，都统一认为是私域。但其实在我们的研究视角上，私域中依然有可以深耕和进阶的部分。从严格意义上来看，私域运营，很多做法依然是流量的打法，商家通过这种方式能够与消费者初步建立起弱关系，但随着消费者消费能力增强、见识拓展、选择增加等因素，商家又很容易被其他商家替换和取代。所以我们看到很多运营者，他们用户运营的一项重要任务，就是所谓的激活"沉睡用户"。若私域的运营管理者已经让用户在自己的私域里沉沉睡去，那么重新激活很可能是吃力不讨好、事倍功半的事，我们也很少看到品牌通过激活沉睡用户获得成功的。因此，我们的观点是，按照流量的打法虽然可以跟用户建立弱关系，却很难建立起牢不可破、不可取代的强关系。

我们有一个不太恰当但很形象的比喻：微关系，像"一面之缘"，萍水相逢的两个人，可谓素不相识，通过平台撮合，交易完成之后各奔东西可能就此再无关系，老死不相往来，这是公域；弱关系，像"谈恋爱"，两个人知根知底，你侬我侬，相偎相依一段时间，真诚付出过，也收获了幸福和快乐，但移情别恋的风险时时存在，一旦遇到条件更好的，可能会毫不犹豫地切断关系，谁都不能说后悔，这是私域；强关系，像"结婚"，两个人从相识、相知到相爱，认定对方是自己"心中一直等待的那个人"，已经彻底被爱情俘获，谁都离不开谁，一定要相知相守一辈子，这是私有。这个时候，恨不得通过法律方式来固定这种关系，财富与价值共享，相守一生。因此，我们说，私域依然仅仅是"恋爱"的弱关系，只有用户私有化，才是"结婚"之后的强关系。

用户关系由弱到强，就完成了用户从私域到私有的转变。在私域运营和分级分类的管理基础上，我们可以在用户中逐渐发现与重点培养关键消费者（KOC），这群用户的特点是高度认可品牌价值和立场，复购率高、满意度高、价值贡献大。面对这群优质用户，品牌应该更进一步,进行私有化,与用户构建一种牢不可破的"革命友谊"。所谓"私有",字面含义就是"独有""独占",在用户的消费周期甚至生命周期里,使用户关系具有排他性。用户私有化,其含义有三:一是用户认可和满意,用户对品牌的认知和信任已经超越了同类品牌,只要有需求,就会毫不犹豫地下单购买;二是用户代言和推荐,用户愿意向身边的亲朋好友推荐,愿意主动完成"老带新"的动作;三是利益共享,品牌与用户之间不仅是简单的交易关系,还形成了利益共享的关系,有合适的机制来实现与用户的利益共享。因此,能够被私有化的用户,都是所谓的"超级用户",在利益分享机制的驱动下,让这些用户进一步完成"消销合一"的转化,成为自零售人,也是顺理成章的事。

如何让用户真正成为你的用户?这就是从用户私域到用户私有需要解决的问题。

首先,在产品层面,货真价实、品质保证、消费满意等都是基础条件,而要做到持续超越用户期待,仍需要在产品创新上下功夫。其次,在品牌层面,这个时候就不是一个简简单单的标志,而是要能够代表一群人。品牌要有故事、有形象,有立场、有主张,和用户之间的关系已经完全超越了交易关系,包含了更多的互信、认可,更多的参与感、归属感。最后,在机制层面,在用户愿意为品牌代言,愿意向朋友推荐的时候,要超越简单交易关系,与用户形成一种互惠和共享的机制,他们本来就愿意去分享好产品、分享快乐体验,这个时候,稍微做一些激励机制的设计,给予少许商业利益的回报,可以把这种老带新规范化、常态化、可持续化。

从更广泛的视角来看,用户私有化,就是把数字化的用户关系,亦即用户数据,看作品牌企业的私有财产和财富。作为权利人,如果既不重视用户体验,也不关心用户诉求,甚至对新老用户远近亲疏的关系处理麻痹大意，对于伤害用户感情的举措麻木不仁且屡犯不改，就是在透支自己的用户资产，浪费自己的用户财富，起到的唯一作用就是为竞争对手培养潜在用户，把用户持续不断地送给竞争对手，是很不明智的。因此，我们旗帜鲜明地提出用户私有化，是想提醒更多的企业家朋友，在用户关系的处理上，不能听之任之，用户关系其实是关系着品牌生死攸关的大事情。

在用户私有的阶段，每一个小 c 都有可能成长为大 C。依托每一个强关系的小 c 用户，针对有意愿、有能力成为大 C 的那部分，数据平台可以赋能给他们，让他们成长为大 C，协助他们寻找和连接新用户，并把新用户按照社群的方式，进行分类动态管理，实现"品牌—老用户—新用户"的老带新管理结构。这其实是一个分布式的互联网社群，每一个社群的关键节点就是老用户，"老带新，一带多"，自零售的模式得以实现。品牌与老用户是强关系，老用户与新用户是强关系，品牌与新用户可以是弱关系，甚至商家可以把用户管理权限和服务权限层层下放，直接把商品分销对接好就可以。此时，你可以发现，这个分销模式是社群化的，是数字化的，它类似投巨资入局"社区团购"的互联网巨头所追求的"平台—团长—消费者"的模式。然而，我们要说，"形似而神不似"，目前几乎所有平台和团长都是基于"烧钱"补贴、"小恩小惠"的弱关系，大家对于品牌和商品没有认知、没有认可，甚至没有信任，平台间的竞争条件和服务支持几乎无差别，团长可以非常自主地切换平台，完全没有可持续性。只要平台"烧钱"补贴一结束，所有的关系都会被剪断，必然留下"一地鸡毛"。

用户私有化是我们追求的最高境界。其实，回到我们的分析图中上下对称的地方，数千年以前，我们有过这种组织结构，在人类的进程中，也发挥过重要作用。"人以群分"，人是社群动物，这是人的本性，几千年来未曾改变过。试想，在数千年前，人类之所以要群居，就是因为单独生活和行动风险太高，生存都受到影响，结果那些单独生活和行动的人慢慢减少，最后消失不见。人们因什么而结成社群，又用什么来保障社群成员共享共生，持续发展下去呢？这些背后的机制，在今天数字化的时代里，有没有可以借鉴的经验？

第四章

私域的逻辑

近期，社交电商头部玩家贝店"爆雷"，上百家供应商前往总部拉横幅、追讨拖欠钱款，引起媒体和当地政府的广泛关注。据媒体报道，2021年8月上旬，近百位供应商和店主包围贝贝集团杭州总部，追讨货款。一份实名登记信息表显示，被贝店拖欠货款的商家超940户，加上现场手写登记的名单，合计起来超过千家，保证金加上货款总额超过1亿元。仅仅三四年时间，贝店从明星项目到资不抵债，这样的突然转变，也让曾经风光无限的社交电商模式，全面陷入困境和质疑中。

社交电子商务（Social Commerce），是电子商务一种新的衍生模式，它借助社交网站、微博、微信等社交媒介的传播途径，通过社交互动、用户自生内容等手段来辅助商品的购买和销售行为。从模式和理念上来看，通过社交关系进行用户裂变，是传统电商模式的创新，它降低了用户获取的成本，提升了需求沟通效率，如果运作得好，是可以有一番作为的。

在我们看来，社交电商仅仅在流量入口的环节，运用了一些"私域"裂变的方法论，而在流量转为留量，精细化运营方面，则与真正的私域理念大相径庭。社交电商的实践，虽然部分解决了流量入口的问题，但是根本没有解决弱关系和弱需求的问题，实际上都是不可持续的。贝店坚持到今天才"爆雷"，金额也不算大，影响范围也有限，已经是不幸中的万幸了。

在数字化的基础上，随着消费者关系的紧密程度逐渐增加，我们看到从公域到私域、从私域到私有的进化脉络。如今，随着平台流量红利消逝，流量成本急剧增加，越来越多的商家有意摆脱公域的束缚，开始着手构建自己的私域。而无论是理论还是实践，研究私域、关注私域和实践私域的都越来越多了。这是好事，从实践层面验证了我们 DTCR 模型的正确性，不过，硬币的另一面是，诸多以"私域"为名的商业模式，真真假假，良莠不齐。

本章内容，我们将聚焦深层次核心逻辑，以此去审视和分析不同的私域玩法。

社交电商困局

贝店起家于 2014 年创立的贝贝网，是采用"品牌直供+社交分销"的母婴类垂直电商，用户量和商品交易总额（Gross Merchandise Volume，GMV）一度收获高增速。2015 年，贝贝网月活用户超过 1000 万，GMV 破 40 亿元。2016 年，贝贝网交易额过百亿元，超过对手蜜芽和宝宝树，跃升垂直母婴电商第一。同年 7 月，贝店上线，转型社交电商。贝店继承了贝贝网"品牌直供"的低价商品体系，新加入了微信社交裂变，来进行引流和分销。据当时的规则，花费 398 元购买指定商品礼包就可以成为贝店店主。店主不需要囤货，只需通过微信分享产品链接，向熟人圈销售商品以及发展下线即可获得佣金和返利。2019 年，贝店获得 8.6 亿元融资，投资人名单包括高瓴资本、红杉资本、创新工场、高榕资本、今日资本等明星机构。

风光无限之时，隐忧相伴而来。"老带新""拉人头"成为平台发展的重中之重。部分社交电商平台的层层管理架构多达数十级，会员发展下级，可以源源不断地获得返佣，这是典型的传销"金字塔"式拉人头收会费的架构。无论是贝店还是云集，若能真正秉持"社交+电商"的理念，建立并维持好消费者信任关系，是不至于走到今天这个境地的。"社交+电商"的模式对传统电商模式进行创新迭代，用社交关系的转化部分替代了盲目拉新，效率更高，成本更低。然而，其在实践层面却演化为"拉人头"式的用户裂变，也确实是人们始料未及的。很多人把社交电商与私域运营相提并论，是完全的误解。社交电商关注的仍是流量，私域运营则需要重视存量，需要更重视关系。

在社交电商的实践上，几大社交电商平台普遍走偏了，纷纷走上了"重拉新、轻转化、无留存"的流量收割模式。我们对社交电商的实践做个简单分析，有三个基本结论：其一，社交电商是在平台电商模式遭遇普遍的流量增长瓶颈之时，用社交关系和裂变模式增加平台的流量入口，社交关系并未深度介入交易和服务环节；其二，在强激励的裂变模式下，社交电商普遍采用"拉人头+多级分销"的发展模式，虽然用户量增长很快，却都是弱关系和弱需求，交易需求不可预测，信任关系不可持续；其三，社交电商的模式忽略了品牌、产品、服务、体验等最基本的商业要素，披着社交电商的"皮"，实际上还是做微商生意，野蛮生长，行业乱象丛生，屡屡成为监管机构打击的对象。

不仅贝店，几乎所有大的社交电商平台，都曾因多级分销、涉及传销等问题被处罚。2017年5月，云集因涉嫌传销被杭州市滨江区市场管理局处以958万元的罚款；2019年3月，花生日记因涉嫌传销，被广州市工商行政管理局累计罚没7456万元；2019年11月，环球捕手被传"跑路"，而后公司声称财务总监转移公司资产共计2.6亿元，用于个人赌博……据媒体统计，2017年至2019年，有50家社交电商平台被罚，2020年因涉嫌传销而被处罚的社交电商平台也超过20家。

在强监管下，社交电商平台纷纷寻求转型，然而相关策略大都是扬汤止沸，并未触及问题的实质。典型的转型案例是云集，其返佣激励层级设置减少至2~3层，但在平台定位、品牌势能、商品品质、价格竞争和用户体验等方面，都没有进行改变。在全行业流量成本快速增加的背景下，云集走向没落几乎是必然的。2018年以前，云集一直保持着成倍的营收增长，但在2019年以后，营收开始连连下降，目前云集已经连续亏损五年。财报显示，2020年云集营收为55.303亿元，对比2019年的116.720亿元，同比下降52.62%；净亏损从1.238亿元扩大至1.517亿元。自上市以来，云集股价从18.00美元/股的高点，跌至如今的0.74美元/股，前路漫漫，步履维艰。

私域的五种境界

近两年，随着微博、微信、论坛等互联网社群的兴起，商业世界里兴起一种爆火的变现模式，那就是把互联网流量承接到微信企业号、个人号、社群或App里面，然后通过活动、促销、私聊等方式不断地进行关系转化并实现销售，企业采用的这种针对用户群更精细、更科学的运营方式，就是我们现在所说的私域运营。

其实这种玩法并不是这两年才出现的。早期的微商就是这么做的，他们不断在微信上面加人，每天发朋友圈做圈层营销，引导客户进行转化；后来的社交电商，在某种意义上是"微商"的转型和变体，以平台化的方式，把社交关系转化为有效流量。无论微商还是社交电商，他们的理念都是试图与消费者建立关系，但他们的实践都采用了"流量收割""快速变现"的模式，随后纷纷陷入不可持续的困境。

我们研究发现，在数字化的商业生态里，很多以"私域"为名的运营打法，围绕流量做文章，在用户获取、转化、服务、存续和裂变等环节上，采用了不同的运营思路及办法，也产生了完全不同的效率和效果，归纳起来，大致有以下四种方法。

为了更加直观地呈现完整的"私域"商业图景，我们不妨做一个形象的比喻：我们把用户需求比作"鱼"，经营用户关系就是在"养鱼",域是一片"养鱼"的水域,从小到大有"池塘""湖泊""海洋"。于是,对于互联网头部平台来说,用户需求量大,亦即"鱼多",需要一片"海洋";对于垂直类平台来说,"鱼"也不少,可能还得要"湖泊";对于单个企业来说,拥有一片"池塘"就够了。流量,源于消费需求,会有很多的"鱼"在不同的"域"里游来游去;用户需求的管理和转化,就相当于"抓鱼"或"捕鱼",一般发生在"湖泊""海洋"等公域中;而用户关系和信任的建立,甚至是长期维护,则像是"养鱼",一般发生在自家的"池塘"里。因此,从"抓鱼"到"养鱼"的转变就是从公域到私域的转型。我们看到,从公域到私域,有各种各样的运营方式,具体有以下五种呈现方式(如图4-1所示)。

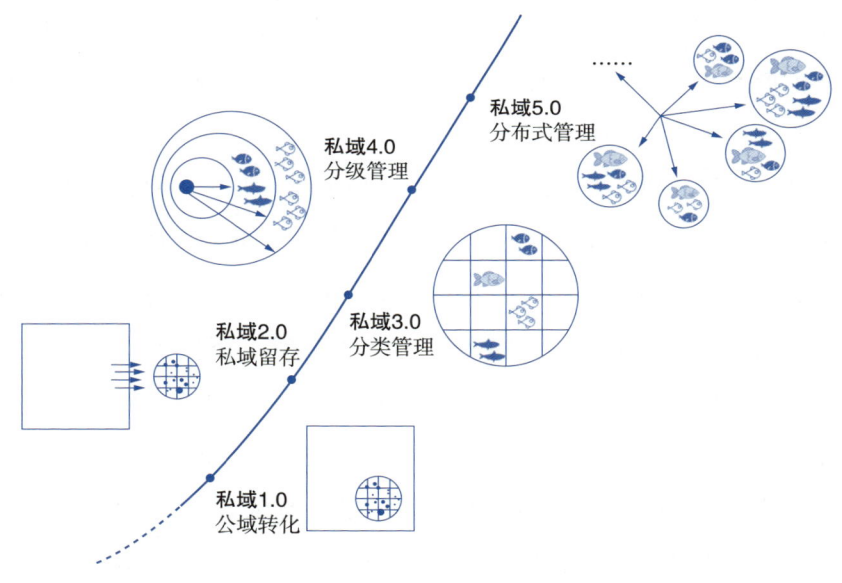

图 4-1 从公域到私域的转型

第一种,私域1.0:公域转化(公域"捞鱼")。对于大多数生产商和品牌商来说,专注于产品的设计、研发、生产、制造等环节就够了,营销的事情可以更多地利用和依赖现有的渠道和平台。特别是,在数字化发展到一定程度后,一些互联网大平台所拥有的流量都可以为我所用，比如，阿里巴巴、腾讯、美团、抖音、京东、百度、拼多多、携程……如何理解这些渠道平台的游戏规则，在平台上获得流量和变现，都有专门的团队或机构在钻研。对于这些平台而言，它们所拥有的用户数据，包括用户属性数据和消费行为数据都是自己的"私域"流量；而对于所有的品牌商和生产商来说，这些地方就是流量的"海洋"，有着巨量规模的消费需求。生产商、品牌商需要通过电商平台变现，它们可以在平台开店、购买平台的流量，这就相当于到"公域"的"大海"里去"抓鱼"。每年的"6·18""双11"等购物节，都是平台为了拉动需求变现，营造出各类节日氛围。过去十多年发生的故事就是，在流量红利期，"鱼"越来越多，商家和平台是利益共同体，都能挣到钱，各类互联网平台占据着主导地位，把更多的流量聚焦和激发出来，吸引更多的商家参与其中，线上、线下融合与联动，交易规模连年攀升，所有人都各取所需，乐此不疲。

如今流量红利消失，新增的"鱼"很少或没有了，商家和平台也陷入了竞争与内卷。这些"海洋"里捞"鱼"的商家，面临的一大问题是，每次"捞鱼"都是一次交易，成交完了之后，这些"鱼"会重新流进海洋里，说到底，这些都是平台的"鱼"，下次再要"捞鱼"，得重新交租金买流量，把所有动作做一遍，同一条"鱼"游回来的概率很低。甚至一些平台本身也面临着"鱼"越来越少的局面，"鱼"越来越珍稀，则"捞鱼"租金必然会越来越高，导致商家也叫苦不迭。

数字化能力强一点的平台，对于自身的用户数据研究也在不断迭代升级。比如，阿里巴巴各个生态所积累的用户数据，正在一点点被开发出来。各种高效的数据工具，可以让品牌商更清晰地认识到，什么样的"鱼"喜欢吃什么样的饵料，去什么地方、用什么方式"下网"才能有更大的收成，等等。

第二种，私域2.0：私域留存（私域"捞鱼"）。"池塘"就是

"流量池",是品牌企业自己的私域流量区。一些品牌企业发现,公域流量的打法费时、费力且收效甚微,流量成本又越来越高,也开始着手于建立自己的私域"流量池"。这些品牌企业建立了一个用户数据的"池塘",在把从公域中千辛万苦捞回来的"鱼",放进自己的"池塘"后,就觉得一劳永逸、万事大吉了。然而,理想很丰满,做起来后遇到的现实情况却很骨感。一般的做法是,找几个数据工程师,把用户数据归总,放进自己的数据库里,然后就闷着头开始跑数据。大部分情况下,这些数据是单向的、是死的,甚至是没有得到用户授权的。这样在"鱼塘"里跑数据的方式,就相当于,从公域里捞回来的"鱼",什么都往"池塘"里扔,草鱼、鲢鱼、黑鱼、螃蟹、虾……各种渠道里捞过来的,不管死的活的,一股脑儿地都扔了进来,美其名曰"私域运营",其实说白了还是"公域"的打法,仍是"割韭菜"的玩法,与真正的用户运营仍有本质的区别。

在这种情况下,用户是被动的、不知情的,甚至是被胁迫的,违背了用户数据运营的初衷,这样的做法是不可持久的。有用户数据,有需求分析,表面上看起来像是私域,实际上则有比较大的欺骗性。这样盲目跑出来的数据,或许能显示出哪些用户比较活跃、比较有钱,给出的决策建议是,应该向这些用户推送更贵的产品和服务。"大数据杀熟"就成了这些企业的理性选择和习惯玩法。于是,偷偷摸摸地,在用户不知情的时候,以"数据智能""千人千面"等方式,对这些原本优质的用户进行简单粗暴的收割,不少互联网平台在这些方面已经屡屡"玩过界",其中的一些做法已经不仅仅是道德问题,甚至突破了法律底线,我们要旗帜鲜明地反对;而且,随着国家数据立法进程的加快,这些不良行为必将得到严格禁止。

第三种,私域3.0:分类管理(分类"养鱼")。不仅会"捞鱼",也会"养鱼"。这个阶段能做好的企业为数不多,属于真正的私域流量玩法了。企业自己有了"池塘",也有了从公域"捞鱼"的办法。把公域"捞"回来的"鱼",放在自己的"池塘"里养起来。怎么"养鱼"?最基本的做法就是"分类分级贴标签",了解用户需求,增强用户信任关系,鼓励用户交互和参与。能否具备"养鱼"的能力,跟用户管理的专业化、精细化、科学化高度相关。不同标签的用户,给出不同的服务方案,精准挖掘其需求,甚至具体到个性化定制。庄子有云:"子非鱼,安知鱼之乐?"意思是,你不是鱼,你又怎么能知道鱼开不开心?如今,我们通过数据分析,要想方设法了解"鱼"的需求变化,只有了解他们的喜怒哀乐,才能精准地满足他们的需求。"养鱼"的具体方法,是"5CM"方法论,我们在《小数据战略:新零售时代如何重构用户关系》一书中有详细论述,感兴趣的读者可以有针对性地研读。从"捞鱼"到"养鱼",使用的数据分析和处理方法虽有所不同,但关键在于理念的转变。到了这个阶段,企业也要认识到,每一个流量、每一条"鱼"背后都是活生生的一个人,不应该被简单粗暴地对待。

数字化的早期阶段,已经把人物化、量化成一个个没有感情的、冷冰冰的"流量",到了数字化的"下半场",一定需要重新把这些"流量"还原成活生生的、有情绪的人。因此,能够好好"养鱼"的前提是,从流量思维转变到用户思维,必须保持长期主义、微利模式的坚韧和耐心。当然,假以时日,"小鱼"变"大鱼"、"大鱼"生"小鱼","养鱼"的商业回报也是非常丰厚的。谁拥有了用户信任的强关系,谁就能在商业竞争中立于不败之地,而商业模式的拓展和持续变现就更是游刃有余。

第四种,私域4.0:分级管理(分级"养鱼")。除了按照用户所在区域、兴趣、爱好、收入等属性进行分类外,更有效、更直接的方式是按照用户关系的亲疏远近来对用户进行分级研究。从无关系、微关系、弱关系到强关系的进阶,用户可以分为陌生人、粉丝、用户、超级用户等几个级别,由此,用户需求的"流量鱼"也可以区分为这几个层次和级别,并根据这些级别制定相应的用户运营策略。其正确的做法是,用户离你越近,你越应该重视,越应该对他好。新用户需要从无到有建立信任关系,有一个市场教育和信任的过程;老用户对于产品和服务有基础的信任感,他们的运营和维护成本其实是很低的。分级管理的目的就在于,让用户关系持续进阶,从粉丝、基础用户中,持续培养更多的超级用户。

道理看起来很简单,做起来却不容易。在商业实践中,很多人很容易舍近求远,在运营策略上,对于无关系的陌生人、微关系的粉丝"大献殷勤",美其名曰"拉新"和"转化";而对于资深的、强关系的老用户则不闻不问,认为他们已经有足够的忠诚度,他们下单购买是理所应当的,没必要过多关注,这其实是本末倒置,大错特错的做法。从公域到私域,从私域到私有,最大的变化是在用户运营逻辑和理念上的变化:从不确定到确定,从不可持续到可持续,从粗放式到精细化,从盲目、博概率、拍脑袋到"用数据说话"。分级"养鱼",就是在确定的信任关系基础上,进行精细化、专业化的用户运营和管理,这是迄今最为高级的集中式私域玩法。

第五种,私域5.0:分布式管理(分人"养鱼")。简言之,让更多人一起来"养鱼"。一些超级用户,愿意为产品代言,愿意向身边的好友推荐产品,以老带新,这些用户既是消费者,也是销售者,"消销合一"之时,他们就是我们定义的"自零售人",也称为"大C"。我们认为,每个自零售人(大C)都可以拥有一个私域的"池塘",把他的强社交关系的亲朋好友(小c)积极地维护起来。从分类"养鱼"到分人"养鱼",不断有大C吸引小c,也不断有小c成长为大C,这就是我们所期待的裂变式增长。当有足够多的大C出现时,一个"去中心化"、分布式社群零售的模式就出现了。对平台而言,需要有刀刃向内自我革命的勇气和魄力，这一迭代的根本路径是放权、让利和"去中心化"，是管理模式的重大突破，我们称为"惊险一跃"。

究竟是通过大 C，还是通过平台去"养鱼"，事实上包含着本质的区别。在平台模式下，你数据能力做到极致，消费者需求预测精准，但在每一个消费者小 c 的具体认知上，带给人的体验都是品牌方的员工、售后服务人员因职务行为跟他建立的关系，只有在大 C"养鱼"的条件下，这种关系才会回归人与人之间的关系上，没有任何其他附加条件。

行文至此，围绕用户私有化这一主题，用户的身份和角色开始有了大 C 和小 c 的区别。

我们要重新定义"小 c"。c 指的是 customer，消费者，小 c 就是普通消费者。我们认为，改变思维，不妨从改变称呼开始。常用的"消费者""用户""会员"都是总量概念，跟"流量"差不多，只有把流量中的一串串数字，还原成活生生的人，还原成小 c，才有机会真正去了解他们的所思所想、消费偏好和情绪变化，才是真正的"用户第一"。

我们要重新定义"大 C"。C 依然是 Customer，消费者，大 C 就是发挥了较大作用的消费者，不仅自己消费，还帮忙推荐和销售，大 C 就是我们曾经熟悉的"自零售人"。在商业社会中，大 C 是直接面对小 c 的那群人，其可以是公司销售顾问、门店销售员，也可以是公司品牌代理商、经销商、加盟商等合作伙伴。他们大都是"工具人"，依附于公司总部而存在，只有把他们也还原成活生生、有思想的人，还原成大 C，才有机会形成社群、传递信任和实现裂变。

事实上，大 C 的出现让 DTC 理念得到了升维。当我们把用户分成小 c 和大 C 之后，直面用户也形成了两种完全不同的理念和模式。

DTC 之"DT 小 c"。这是对 DTC 理念常规的理解，小 c 是终端消费者，DTC 理念就应该直接面对他们。企业能够跟消费者建立较好的沟通渠道，无论是通过专门的 App，还是各类社交软件，它们都在不断加强与消费者的联系，与消费者成为朋友，从而更加准确地把握用户的显性需求，甚至挖掘到用户的隐性需求。我们在《小数据战略：新零售时代如何重构用户关系》一书中，把"DT 小 c"的逻辑和方法论，体系化地研究了一遍，如何重构用户关系，如何通过用户画像、精准营销、需求挖掘和品牌洞察等方式，让用户数据成为帮助企业更好地了解市场、管理库存和实现最大利润的重要工具，利用数据驱动商业发展，与用户实现更好的情感交互，提高用户的转化率和忠诚度。

DTC 之"DT 大 C"。这是对 DTC 理念的迭代和升维，是"直面超级用户"。在小 c 与企业之间存在一个大 C（超级用户，群主、团长或导购），他们就是桥梁一般的存在，为企业和用户之间建立了一种基于信任关系的深度链接。每个大 C 都是服务一定数量的小 c，而企业数据平台为大 C 提供品牌、数据、内容、供应链资源，赋能大 C 更好地服务小 c。每个大 C 都拥有若干个基于信任关系形成的 CC，若干个大 C 就构成了一个商业元生态——这，就是本书要讲述的逻辑和故事。

一个不容忽视的事实是，越来越多的企业开始意识到必须利用数字化工具来建立自己的私域流量与私有用户体系，建立与用户直接沟通的通路。DTC 理念的优势在于可以直接地与用户互动，但在中国的商业实践中，绝大部分企业仍没有具备与用户直接互动的能力，依然任重道远。简单归纳一下，关于 DTC 理念的异同点见表 4-1。

表 4-1 关于 DTC 理念的异同点

理念	含义	运营模式	逻辑结构	延展性	适用范围
DTC模式	直面用户	互联网直销	中心化/平台	私域流量，无延展	创意/轻资产
DT小c	直面终端用户	"5CM"方法论	中心化/平台	用户私域化，可延展	有技术和资源门槛
DT大C	直面超级用户	商业化社群	分布式/生态	用户私有化，可裂变	无门槛，普适性

无论是 DT 小 c 还是 DT 大 C，他们都是移动互联网时代的解决方案，都要依赖小数据理念和方法论持续迭代进阶，虽说两种商业模式侧重点有所不同，但在一些大众品牌体系里，两者可以同时存在，原因是两种商业模式的本质都是以用户为中心。

不同模式的归类

参照这四种方法及其标准，我们可以看到，诸多以"私域"为名的模式，或者并非真正的私域，或者仅仅是私域的一部分。前文已经论述，社交电商仍是流量收割，仍是弱关系快速变现的模式，归属于第二种"捞鱼而不养鱼"的模式，所以，必然会呈现出短期内爆发式增长却后劲不足的局面。

特别地，在诸多以社交电商为名的模式中，唯有拼多多技高一筹。拼多多没有把"社交电商"挂在嘴上，而是通过社交"拼团"模式实现老带新。拼多多不仅能够始终如一地深度绑定微信，获得源源不断的流量裂变机会，还能够在规模化之后快速转型，放弃追求拼团、低价低质的做法，转而用"百亿补贴"支持消费者购买正品，用"支农助农"等策略精准扶贫得到地方政府和广大农民的欢迎，支持无理由退货、退款等措施让用户没有后顾之忧。如此一来，通过社交关系裂变而来的用户，慢慢因为产品品质、性价比、购物体验、服务态度、品牌势能等得到留存和延续，短短几年间，拼多多逆势追赶，成为仅次于阿里巴巴、京东的综合型购物平台。

从模式来看，拼多多也依然是弱关系的裂变与存留。拼多多赖以发家的所谓"拼团"模式也发生了较大的转变，在"发起拼团"或"参加拼团"的几个人之间，并不需要建立真正的社交关系，而一些体验并不好的"帮忙砍价"之类的裂变模式，也被"佛系"地弱化了。发展至今，拼多多的存量用户足够多，新用户的增长并非核心任务，我们看到，它在通过微信引流和避免过度打扰用户的方面也维持着比较好的平衡。今天的拼多多，已然蜕变成一个传统平台电商模式的综合型购物公司，其依然与拥有巨大流量的微信深度绑定，只要在存量用户关系的维护上下功夫，就可以实现基本的增长规模和速度。

从历史发展顺序来看，在社交电商之前，还有微商、直销等模式，在社交电商之后，还有直播电商、社区团购等模式，我们不妨都通过四种私域方法进行一番审视。

其一，微商。微商是数字化时代的产物，完全通过微信的社交关系进行转化变现，有关系就有交易，任何关系都可以用来交易。微商，若要进行模式分类，大致可以归为第一种私域"捞鱼"（私域1.0），"捞鱼"就是变现，并不需要"养鱼"。这种模式在微信兴起之后产生，并经过数次迭代转化，"其兴也勃焉，其亡也忽焉"，起起落落都是短线品牌居多，没能跑出一个可持续发展的案例。微商模式最为人诟病的是，一旦起盘，不管关系远近亲疏，就采用暴力推销、层层压货，要求快速收割、快速回款。一个简单的道理是，既想要依靠用户间的信任关系，又简单粗暴地破坏这种信任关系，这样注定是不可持续的。如今，微商进入"个人IP""微商品牌""微商社群"打造的阶段，一些品牌不再要求批量进货，可接受体验分享和少量预订，一些微商也通过"大会"的形式走到线下，通过见面交流的方式强化信任关系，我们认为他们大致走上了正确的发展道路。

其二，直销。以安利（Amway）为首的直销公司，在线下发展了数十年，构建起了完备的关于社交关系获取、进阶、转化、维护的体系和方法论，然而，进入数字化时代，因其信息透明化、交易简单化而遇到巨大的挑战。传统的直销模式与分人"养鱼"类似，它们根本的区别在于有没有数字化。若要进行分类，可以将其归为"非数字化"的私域3.0，在没有数字化的时代，在通过构建稳定的社交关系来转化并实现商业变现的模式中，直销模式做得是很好的。比如，安利，最为人津津乐道的是用累进的激励政策代替巨额的广告宣传，这样的激励政策讲究先来后到、层层管理，这些都在数字化时代被打散和解构掉了。真正有能力、有资源的人并不会也不愿意通过加入安利来"供养"那么多管理者（上线），真正有需求的消费者对传统直销模式也不再依赖，他们在电商平台就可以轻松地获取安利产品，甚至还有促销和优惠。在我们看来，安利给我们的宝贵经验在于，严格的供应链管理保证了产品质量，销售端也通过强关系转化和激励制度去鼓励消费者体验式分享，在分享中获得价值回报。如今的问题是，安利优质的供应链可以保证它即使转化为公共品牌，在公域中发展也不会出现大问题，而那些产品能力比较弱的直销公司，当原有的销售逻辑和激励方法不再适用时，又该何去何从？我们认为，保持其模式原有社交强关系的长处与优势，快速进行数字化迭代，或许是唯一的出路。

其三，直播电商。这两年直播电商成了新的风口，其外因是新冠肺炎疫情暴发、快速传播和大范围的居家隔离。而其内因则是多方面的，一是技术储备，从4G到5G的移动互联技术，让信息传播主渠道从图文、语音快速迭代为视频；二是平台布局，包括淘宝、京东等在内的传统电商纷纷寻求转型突破，短视频和直播的方式更加形象生动，自然成为布局的重点；三是消费者喜欢，不同类型的直播，如夸张讲演、现场体验、实时互动都让消费场景更加生动有趣，主播的议价能力对于商品成交又有加分，消费者也乐于买单。我们认为，直播电商重构了消费场，拉近了消费者关系，这是它能够爆发式增长的根本原因。具体来看，直播间重构了搜索排序和平台比价，主播替代了客服，让传统平台的微关系进化到弱关系，主播与粉丝之间构建了一种双向的、可持续、可触达的弱关系，然而，这种关系在由弱转强的过程中，必然会经受严峻的挑战。

直播的问题在于，其有三组关系需要重新审视。一是主播与粉丝的关系。主播与粉丝的关系是"一对多"的关系，只有转化为一对一，其信任关系才有可能被强化。对于那些动辄数百万、上千万粉丝的主播来说，通过大数据的方式进行优化管理尚且不易，更不用说"一对一"的小数据，几乎没有可能，反而是百万级粉丝以内，甚至仅有几万、几千粉丝的主播，若能驱动弱关系往强关系方向走，则有可能走出一条突破之路。二是主播与直播平台的关系。主播与平台既是竞争关系，也是合作关系。主播的粉丝，同时也被认为是平台的粉丝，平台决不允许主播把平台粉丝"私有化"，因为粉丝的分流对平台来说是无法容忍的。随着直播电商红利消失，消费者的新鲜感淡化，那些头部主播与平台的关系很难健康持续，心生龃龉是必然趋势。三是商品与消费者的关系。消费者走进直播间，大都是偶然的、凭兴趣的，他们在直播间下单购买，也是冲动的、非理性的。抖音把它定义为"兴趣电商"，快手则称为"老铁文化"，都有一定的道理。消费者对于主播的关注，也是纯线上的、标签化的，并非源于社交和信任。实际上，大部分消费者对于主播在什么时候开播、直播间会播什么、价格多少，并不关心。这就意味着，一旦消费者回归理性，有明确购物需求的时候，他们必然不会在若干个直播间盲目寻找，优先选择的购物方式将依然是传统的模式——电商平台或线下商超。

　　因此，我们认为直播电商虽然在商品呈现和购物体验上大大地强化了人的作用，但它本质上依然是公域流量变现的模式。至少从目前来看，在各大直播平台与头部主播的运作方式中，依然看不到消费者关系由弱转强的任何苗头。在"公域直播"鱼龙混杂、收益递减的时候，反而是一种可以被称为"私域直播"的模式正在壮大。我们看到的景象是，一些已经拥有社群关系和强社交关系的组织，采用"私域直播"这种更加形象生动的方式，增加信息传播的效率，快速实现成交转化，收到了良好的效果；一些直播平台用"帮助企业建立私域关系"的口号，与企业共享流量，鼓励品牌商以企业自播、专业代播等方式参与其中，有可能走出一条"私域直播"的创新路径。这些好的商业模式都值得鼓励，让我们拭目以待。

其四，社区团购。社区团购中出现了一个关键角色——团长，既兼顾了社区的强关系，又拥有团购的效率和性价比。从理论和逻辑上来看，这是最接近私域 5.0 的模式，亦即分人"养鱼"，这个能够"养鱼"的人就是一个个深耕社区的"团长"，我们称为"大 C"。然而在具体的实践中，由于平台占据主导地位，没有理解商业模式中分权让利的必要性，更没有抵抗住"收割"线下流量的冲动，那些区域化的团长（大 C）名存实亡，并没有发挥应有的作用。如今，棋至中盘，各大平台胜负已分。关于社区团购的具体分析，我们将在第五章详细展开。

小结一下，诸多以私域为名的模式，在消费者关系的建立、维护与留存等方面，都采用了不尽相同的逻辑和方法论，在发展成效方面也展现出完全不同的结果。其实，研究这些模式的方法很简单，仅看消费者关系的亲疏远近这一条就够了，结合短期和长期的商业实践，看他们究竟是有益于建立消费者的强信任关系，还是反其道而行之。

一定要做"私域"吗

上文中，我们讲了很多私域的做法和好处，一个基本的规律是，私域更有利于拉近消费者关系，是数字化演进和发展到人联网时代的必然趋势。然而，就现阶段而言，对于大部分商家来说，在具体的商业实践中，私域看起来很美好，做起来却难上加难。一些企业家朋友，在积极尝试之后，无果而终，重新回归公域。具体来看，原因有很多，这里我们主要阐述四个。

第一，私域会颠覆现有品牌逻辑。工业时代的品牌逻辑是通过在公共媒体上投入资源和广告费用，建立品牌认知，占据消费者心智，让消费者一旦有需求首先就能想到品牌并实现成交。这个认知链条和品牌逻辑在数百年的工业化时代里行之有效，在数字化时代下的公域里，各类品牌广告依然发挥着巨大的作用。而在私域的逻辑中，品牌几乎是通过用户的口碑来积累的，并不在传媒的版面上。积累口碑需要长年累月，而口碑的受损可能只在一朝一夕之间。通过用户信任关系建立起来的口碑，一旦被伤害就是不可逆的，任何伤害用户口碑的事情，都不能去做。品牌的建立从广告宣传变成用户口碑，这个转化是颠覆性的，很多商家理解不了、接受不了，也完全没有做好准备。

第二，私域和数字化高度关联。做私域首先要实现数字化，至少在用户关系方面，要有数字化的管理理念和工具。我们在前文反复论证过，没有数字化，消费者关系很难成为一个影响商业实践的关键因素，正是数字化的出现，彻底扭转并优化了消费者关系。数字化转型是品牌商家优化消费者关系、实现私域运营的前置条件。数字化的转型，从财务开始，已经逐渐渗透到采购、设计、制造等方面，数字化对于销售环节的迭代，也经历了平台电商、新零售、新消费等各种浪潮的洗礼。从这个角度来看，数字化时代是所有企业都必然经历的、不可抗拒的。只有通过数字化，才能建立起品牌与消费者的关系。

第三，私域是逆专业分工化的。数百年来，社会化大生产和专业分工极大地提升了生产效率，其也是现代商业世界的基础逻辑。具体到零售行业，生产商、品牌商、销售商分工合作，是习以为常和卓有成效的模式。而我们以为，在如今数字化时代里，生产商、品牌商和销售商之间的分工界限会越来越模糊。比如，我们已经看到诸多生产商不满足于品牌代工，主动建立自有品牌，按照品牌商的运营逻辑来要求自己；我们也看到，销售商在数字化之后演变成强势的互联网平台，一些品牌商不满足于流量成本高企，开始构建自己的线上销售渠道，采用 DTC 模式直接向消费者提供产品和服务。因此，我们认为，品牌企业要做好私域，要拥有生产、品牌、销售等各项能力，特别是如何进行消费者关系的运营和维护，如何持续输出内容并能增进信任，他们在这里都面临着全新的课题。

第四，行业差别与产品属性。私域也有一定的适应性，并非万能良药，究竟能否做好，还要看行业，看产品。有些产品天然适合做私域，有些产品则完全不适合。一般而言，随处可得的、标准化的、高频消费的低值易耗品，如日用品、食品饮料、家用电器、衣帽服饰等，功能简单使用方便，质量稳定价格透明，一旦有需求，门口便利店、商超、平台型电商就可以解决，这些品牌大概率还是可以采用传统高举高打的宣传方式，持续占据或者强化消费者心智。当然，一些私域社群依然通过这些高频低价的消费品进行拉新和引流。相应地，一些标准化程度不高、价格不透明、功能不简单的产品，如农产品、化妆品、保健品等，还有奢侈品、汽车、房产等，可以采用私域的方式进行蓄客转化。

总结一下，由于以上诸多原因，对于商家来说，私域究竟适不适合，要不要做，该怎么做，都需要具体问题具体分析。看到如今人人都在谈私域，就不做区分地一哄而上，这完全没有必要。当然，社会发展瞬息万变，我们的研究在拓展，我们的认知也在进化，也许很快就会有超出我们预测的产品类别，以出乎我们意料的方式实现模式创新。

另外，对于商家来说，究竟要不要做私域，还可以从更直接的成本收益角度，做综合评估。同等收益条件下，在公域中购买流量的成本如果高于在私域中进行用户运营的成本，则应该尽快布局私域；反之，则可以仍专注于公域。还有一些研究者提出"全域"的方法，意思是"成年人不做选择，我全都要"，在资源和资金条件允许的情况下，积极进行全域布局与尝试，当然是很好的。只是，做好一边尚且不易，两边一起如何避免顾此失彼，仍面临巨大考验。

我们需要强调的是，不管做不做私域，消费者关系始终值得研究和关注，哪怕不用专门去做私域，也应该了解用户是谁，用户在想些什么。这是历史发展和技术迭代的趋势，唯有顺势而为，才能在商业竞争中占据优势地位。

第五章

新商业生态

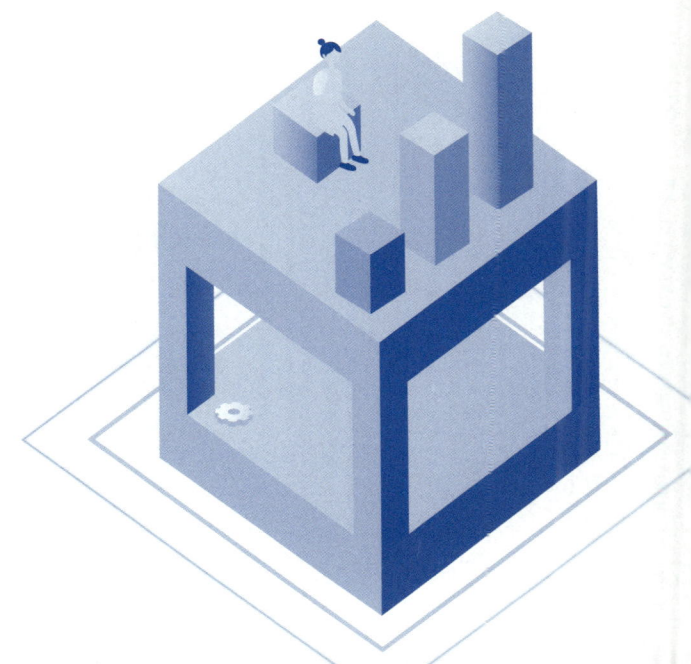

行文至此，我们很容易会去探究"小数据的明天在哪里"。当数字化程度越来越高，消费者关系越来越近时，会发生什么事情呢？人联网、自零售，这些迄今为止我们定义的零售进化的高级状态，身处其中的商业参与者之间会发生何种奇妙的化学反应？平台电商会怎么演变迭代？"人联网"究竟是一张什么样的网？超级用户怎么转化？自零售究竟怎样实现用户裂变？……究竟通过什么方式，才能构建出这种前所未有、理想化的商业模式？

我们可以确定的是，这是一个全新的商业模式，由于在现实世界中并未见过完整的案例，或者仅仅能在不同企业实践的某个环节看到与它相似的影子，当我们想准确描述出它的时候，发现也许只能粗线条地勾勒其轮廓，若要将其内在逻辑和运行机制一一揭示清楚，依然不容易。

我们还可以确定的是，依托人联网的自零售，不再是一个集中式、封闭式管理的平台模式，而是一个"去中心化"、开放共享的生态模式。在互联网经济的大潮中，诞生了天猫、京东、美团、拼多多、抖音、快手等创新的互联网商业平台。这些分布于不同行业和领域的数字化平台，一端连接着生产者，另一端连接着消费者，在工业化、规模化的商业社会中，发挥着巨大的作用，曾经创造了波澜壮阔的商业奇迹。然而，如今在互联网平台上的流量获客成本越来越高，利润空间越来越小，更重要的是，用户、资金、商品的流量高度集中，在平台趋于垄断，且掌握了流量分配权，并从中牟利之时，不只是消费者失去了自由选择权，生产者和从业人员也同样苦不堪言。因此，我们认为，平台经济的发展巅峰已然显现，商业社会呼吁一种新的模式，一种能够对平台经济的固有逻辑进行创新、突破甚至取代的新模式。

一个偶然的机会，杭州康恩贝集团董树祥先生看到《小数据战略：新零售时代如何重构用户关系》一书，并把它推荐给了南京庄泰集团创始人邵世海先生，对他说，"你看，你正在实践的商业模式，这本书里写了很多"。邵世海先生看完书，大呼过瘾，主动联系了我们。邵世海先生对于书中的"小数据"方法论特别认可，认为他们就是在做小数据，一个用户一个用户地积累，一个产品一个产品地打磨，一片区域一片区域地开拓，这就做了十多年。庄泰集团对于用户关系有很深刻的理解，如何建立关系，如何提供超越期望的服务，如何运营好老客户，都有自己的心得体会。

经过几次沟通和深度调研，我们发现，庄泰集团依托直销模式起家，已经在线下社区、社区营销深耕多年，与用户之间建立了极强的信任关系，通过见面、微信、电话、短信等连接方式构建了数万个私域社群，并采用了一些数字化的营销工具，如小程序、短视频、直播电商等，每年销售额都在稳定增长。从庄泰集团的实践中不仅可以看到"强关系"和"用户私有化"的生动实践，也看到"去中心化"和"价值共享"的制度设计，而这都是我们所勾勒的自零售。

"文章本天成，妙手偶得之。"依托于庄泰集团的实践，我们给这个全新的商业生态命名为"数字化社群零售生态"，这也就是我们一直孜孜以求的"自零售生态"，它所展现的参与要素和运营逻辑，也可以一一展现给大家了。

Ⓒ 大 C 的崛起

数字化社群零售生态将采用分布式零售的方式，所有的商品与服务首先是在数字平台与社群之间流动并进行价值交换。分布式销售模型得以成立的关键一环就是网络节点——大 C 开始出现了。

顾名思义，大 C 就是那些信任关系、贡献度与影响力较大的 C，相对于一般的小 c 来说，这是我们在社群生态中为了表达方便，特意赋予的名字。在不同的场合、不同模型中，他们也通常被称为"群主"、"团长"、"自零售人"、"超级用户"、KOL 或 KOC 等。说得通俗点，大 C 是用户在现实或虚拟的社交圈层中具有一定影响力的，可以促使产品和服务信息不断扩散、裂变的共创者，他们是社群中活跃的人，可以自己生产和创造营销内容，或推动内容在其圈层中持续扩散。

通过小数据方法论，一些小 c 慢慢长大了，成了大 C，他们对品牌有很高的忠诚度，不仅能够持续复购、不离不弃，还愿意主动向亲朋好友进行推荐——我们认为，那些有社交影响力、建立了强信任关系的用户，是可以通过一定的方法进行培养和转化，使之变成"消销合一"的大 C。

他们有强烈的分享欲望，喜欢在社群中就某一领域分享具有真实感及生活感的内容，并且注重与其他人之间的互动，在特定圈层中拥有强大的影响力，与圈层内其他消费者之间有更强的信任纽带，更容易影响社群其他用户的消费决策。对普通用户来说，大 C 就是特定领域的专家和购物助手。

在数字化社群生态中，将有无数个大 C 充当网络上的关键节点，每个大 C 都拥有自己的若干个社群。我们认为，大 C 的作用是很大的，主要体现在以下四个方面。

第一，大 C 是信任传递的关键角色。因为有了大 C，信任关系才得以传递，他和更多的小 c 之间建立的信任关系，是可以转化成小 c 对产品和服务的信任关系的。大 C 的最关键作用是把信任关系进行有效传递，这种传递的最佳模式是数字化社群。于是，我们看到，自零售的销售逻辑就变成了"社群平台—大 C—小 c",社群平台与大 C 之间是强关系,大 C 与小 c 之间是强关系。当然,这里的社群平台不是我们通常理解的集中式平台,而是蜕变为充当管理工具的数字化平台。数字化平台承担着信息流、物流、资金流的统计功能,以及高效率地进行社群间结算,但它不是流量平台,没有流量分配权,在社群生态中,无序的流量被精准地分流在每个社群之中,所有的流量都是跟着大 C、跟着信任关系走的。

第二,大 C 是人联网的关键节点。有了无数个大 C,就有了无数个网络节点,把他们连接起来的生态,就是"人联网"。这些大 C 也是分布式销售的关键节点,有了大 C 之后,他们跟数字化平台进行链接,获取商品与服务的各种信息,了解其质量和功能;在他们使用过产品之后,才会向社群成员小 c 推荐,并提供销售服务、交付产品及获得体验反馈。每一个大 C 都充分地行使着自有社群关系的管理权限,每一个社群就是大 C 自己的"私有化"社群,社群成员的购物需求被提前预测,消费体验被及时反馈。由于大 C 与小 c 建立了强关系,大 C 与社群平台拥有价值共享的关系,因此社群平台将在产品利润中与大 C 进行价值分配。

第三,大 C 是数字化社群的销售"场"。在数字化社群零售生态中,"场"的功能真正被"人"取代,"人—场—货"真正变成了"人—人—货","人"通过体验式分享而完成销售,"人"是销售渠道、销售终端。我们曾经讨论过销售的"黑盒子",就是产品从生产到交付,一定会经过一个"黑盒子","黑盒子"可以是社群小店、零售商超,也可以是电商平台、网络直播。如今,在社群生态中,"黑盒子"里出现了"人"。因为信任,小 c 可以持续通过大 C 购买各类商品或服务,大 C 既可以在社群内部发起优惠团购,也可以在社群平台上按照小 c 的需求和偏好进行精准选品。

第四，大 C 是裂变式增长的原点。我们在商业模型中反复勾勒了"粉丝—用户—超级用户"的关系进阶，但是对于如何培养和转换"超级用户"，让他们进入"自零售"阶段，形成社交关系的裂变，始终没有很清楚的认识。如今，大 C 的出现，让这些问题迎刃而解。大 C 与小 c 之间的强信任关系，大 C 带着若干个小 c，而其中有想法、有能力也有资源的小 c，在社群生态中有学习的榜样，有方法、有机会成长为新的大 C，继续带着他社交关系中的若干个小 c，由此，自然就实现了"小鱼变大鱼、大鱼生小鱼"的裂变式增长。在社群零售的模式里，随着小 c 逐渐成长为大 C，将可能出现无数的社群，小 c 和社群、社群和品牌之间，持续进行内容互通与能量交换，实现责任共担与价值共享。强信任的用户关系，一个人影响一群人、服务一群人，这群人中间的一些人，将再次进行社群裂变；层层递进，生生不息。

然而，这个社群生态想要成立和可持续，仍有几组关系需要强调与约定。我们认为，这些原则和标准，看起来很简单，却很可能是社群生态不发生变形走样，可持续发展下去的关键要素。

首先，如何处理社群平台与小 c 的关系。我们拥有了"社群平台—大 C"和"大 C—小 c"这两组强信任关系，由于信任关系可传递，因此很容易得到"社群平台—小 c"这组强信任关系。我们建议，社群平台可以做一些社群品牌内容的传播，但绝不能绕过大 C 直接穿透到小 c，虽然可能与一部分小 c 建立信任关系，但过多与小 c 建立信任关系，会伤害与大 C 的强信任关系。事实上，在诸多社群零售、社区零售的实践中，互联网平台无一例外地采用了"穿透到小 c"的做法，导致大 C 成为事实上的"工具人"。互联网平台认为，流量入口只有抓在手里，才能有分配权和定价权，其结果就是，大 C 的主动性被扼杀，强关系递减为弱关系，在互联网平台仍然有利益可图、"有羊毛可薅"的时候，大 C 依然履行着"工具人"的职能，一旦出现更好的机会，他们就会果断离开。我们在无数的社区团购案例中，看到过这样的失败案例。

其次，如何处理社群中小 c 与小 c 的关系。每一个群都是因人缘、地缘、兴趣、爱好等关系建立起来的，小 c 在社群中，一般属于"潜水"或"投喂"状态，大都没有存在感，这也是"建群容易运营难"的原因，诸多社群三分钟热度一过，就变成不活跃、没活力的"僵尸群"。我们建议，想方设法让社群的小 c 活跃起来，按照共同话题策划一些活动，鼓励大家交流、拍照、晒图，同时，有条件的应创造线下聚会的场合，鼓励小 c 与小 c 之间也建立链接，建立信任关系，共同完成一件事，达成一个目标。这样的积极调动，会让小 c 更有参与感、归属感，甚至是荣誉感。当然，这些活动的组织及参与，都是围绕着社群平台和大 C 来落地的，当"小 c—小 c"这一对对强信任关系建立起来时，"大 C—小 c"的强信任关系将变得牢不可破。

于是，当大 C 崛起之后，我们看到，无数个大 C 连接着无数个商业社群，组成了一个全新的商业生态。社群生态的"去中心化"是"多中心化"而不是"无中心化"，每一个既相互独立又相互连接、相互信任的大 C 就是一个个新的"中心"，无论是信任关系、商品关系、服务关系还是价值关系，他们都应该发挥主观能动性，起到上传下达、下情上达的关键作用，围绕他们共同信任某一个或某几个社群平台，完成商品销售和价值交换，构建起一个个可持续的新商业生态。

ⓒ 从平台到生态

社群生态的出现，对于现有的互联网平台经济模式，既是一种补充，也是一种替代。在销售逻辑中，因为有了强信任关系，销售成本将急剧降低，效率将极大提高。然而，现有互联网平台固有的一些特点，导致很难与消费者建立强信任关系。

一是流量思维根深蒂固。互联网平台之所以成为平台，是因为集聚了巨大的流量。互联网平台模式的基本逻辑就是通过流量分配权，进行收租获利。这种模式在流量红利期，支撑着诸多互联网平台过去十数年的快速发展。虽然如今陷入流量稀缺的年代，但是它们依然按照流量入口逻辑，通过资本并购、双线跨界、消费下沉，以及区域化、本地化等方式，试图扩大流量入口，持续增加流量获取。在它们的眼中，每一个消费者都是被物化的流量数据。它们时刻高举着"用户第一"的旗帜，却在任何时候都没有停止做"流量收割"的行为，它们更多地关注如何拉新、转化和变现，至于流量数据的背后那一个个活生生的人，它们根本顾不上去关注，更不用说去管理、研究和服务了。

二是数据规模太大无暇关注。得益于中国经济体量和人口规模，在中国本土成长起来的互联网公司，游戏、社交、旅游、电商、出行、短视频等，都拥有海量的用户数据。从互联网平台公司来看，面对动辄千万级、亿级的用户数据，能够按照大数据的工具和方法，把它们分门别类地了解清楚就不错了，又如何能够理解数据背后某些人的真实想法？于是，他们只能按照一些简单的逻辑，如搜索关键词、收藏历史、点赞转发等行为，去推断消费者的购物倾向和情绪变化，何其难也。甚至几个平台联合起来，未经消费者同意就进行数据共享，这样获得的标签更多，可以更准确地进行消费者画像。我们只能说，通过大数据方法输出的所谓"数据智能"，如千人千面、智能推送等，可以在部分条件下把握商机，却无法与消费者真正建立强关系。

三是用户服务名不副实。所有互联网平台几乎都会宣称"全心为用户提供服务"，但事实上，在用户购买之前，互联网平台通过各种销售策略拉新和转化，展现了光鲜亮丽的一面，拉高了用户的期望值。当用户购买行为完成之后，产品交付的服务全部下沉给了快递小哥，与消费者面对面的机会，几乎都留给了快递小哥、传达室大爷、快递代收点甚至是智能快递柜等，这些人本身与品牌和平台毫无关系，他们只要不坏事就算尽责，何谈建立信任？再者，所谓的"售后服务"都一言难尽。对于品牌方来说，提供售后服务就是为了解决产品质量问题，安装、退货、换货，全都意味着成本增加；对于平台方来说，提供退款、退货等售后服务可能是为了留住用户，但最终也必须分摊这些新增的成本；对于消费者来说，使用体验无人问津，万一需要退换货，都必须思前想后、考虑周详，万一遇到不认账的商户或平台，就会陷入维权困境。在这种模式下，无论对于谁，过度的用户服务都是增加成本、降低效率之举。因此，我们看到，诸多以用户服务为名的策略，首先考虑的是成本约束，都是不得已而为之，并非真心去建立关系，加强信任。

四是"工具人"现象无法避免。然而，用户服务的职能必不可少，用户的购物体验出现问题，仍可以找到投诉部门，"一对一"地反馈问题，提出申述。几乎所有互联网平台都有售后服务人员，这些人只是在大厂里谋一份差事而已，分配到他们头上的"问题用户"都是随机的，他们在交流上仅限于售后问题和处理方案本身，之前他们不会有交集，之后也不会再遇见。这个时候，用户面对的，仅仅是互联网平台中的一个个戴着工号、工牌和面具的"工具人"，他们只能在工作制度中和职权范围内，对用户的问题进行回答与处理。人都是感情动物，这种一对一的沟通机会是稀缺的，然而却被浪费掉了，没有起到加强信任和建立感情的作用。

我们在商业实践中，通过会员模式提前锁定消费者的购物路径，也许是互联网平台与消费者建立关系的唯一途径了。一些大的平台在推动会员服务，试图把用户运营往更精细化的方向推进，如阿里巴巴有88会员，京东有京东Plus，为了留住用户，它们在会员包里置入了大量的消费权益，消费者按年支付会员费，在消费行为发生时，获得折扣、买赠、包邮等实惠，这是目前运作得最为成功的方式。不过，在这种方式下，消费者都是因为这些权益包留下来的，并非因为信任关系，强关系依然无从谈起。

因此，我们认为，互联网平台只能在微关系、弱关系的层面与消费者相连接，几乎无法与消费者建立强信任关系。要与消费者建立强关系，必须摒弃流量思维、数据量不能太大、不能用"工具人"、用户服务本身能创造收益，而目前来看，满足这些条件的，只有社群生态模式，只有社群大C才可能跟用户建立可持续的、稳定的强关系。

我们要重新定义"社群"。所谓"物以类聚，人以群分"，人是社会性动物，社会交往是人的天性，基于人际关系的各类型的社区组织、社群组织古已有之。十几年来，互联网匆匆忙忙把社群组织进行数字化，而信任关系跟不上，结果就出问题了。我们认为，社群，一定是基于信任关系组织起来的"群"，常态化、可持续、强信任关系的数字化社群大都源于社区文化。

事实上，每个人都参加了各种各样的社群组织，数字化社群伴随着微信、微博早已存在多年，每个人手机里都有很多"僵尸群"，人们虽处于一个数字化的群空间里，却依然是陌生人，可能从来不见面、生活也没有交集，相互之间也没有交流的必要。很多社群也并非天然就拥有大C，拥有强关系，反而在"流量收割"的逻辑下，纷纷陷入微商、社交电商等模式中而名存实亡。过去几年，有诸多所谓的"社群运营"经验，都是教人们如何在无数的陌生群中，去忽悠、拉新和转化，层层过滤出愿意交钱的"韭菜"，一把"收割"就万事大吉。所以，其实所谓的"社群思维"在很长一段时间中，并不能为人所关注、重视和研究，更不用说构建什么生态了。我们认为，数字化社群是被流量模式给玩坏了，已经难以为继，必然要回归用户信任的模式中来。如今，时代的车轮滚滚向前，已经到了激浊扬清、正本清源的时候了。

直到我们发现了庄泰集团的实践，它是我们研究视野中少数几个拥有用户强关系的实践案例。2002年12月，邵世海先生白手起家进入大健康行业，在南京创立庄泰集团。创业伊始，他凭借自己在大健康行业工作多年所积累的丰富经验，创立新品牌独立起盘，面向中老年群体，以"一对一"构建强信任关系的服务模式运营，服务退休生活。早年间其以"陌拜+会销"为主，后来进化到"旅游+旅居"的方式，如今，又增加了线下品牌专卖店、异地授权经销，还增加了线上社群团购、知识直播转化等方式，多头并进，全面开花。庄泰集团创业至今 18 年，每年增长 30%，构建了一个涵盖几十种保健食品、七大销售事业部的社群生态，公司服务网店遍布全国，以江苏南京为大本营，销售触角延伸到福建、广东、甘肃、浙江、山东、四川、北京、上海等地，已经是业内当仁不让的"领头羊"。

我们调研发现，在庄泰集团的销售体系里，无论卖什么产品，通过什么渠道，在什么地区，都保持了用户强关系。通过会销、旅居积累的用户黏性极高，通过口碑传播、"老带新"的用户也拥有强信任度，很多用户把销售员当作朋友甚至家人，早就超越了一般的商业交换关系。还有，很多用户通过品牌门店、社群团购、知识直播等方式加入进来，销售员也都会以邀约或拜访的形式，构建与用户"一对一"的信任关系。基本上，与用户有关的数据信息，都通过计算机系统或者笔头记录在案：某个用户是谁负责的；他的健康问题和核心需求是什么；首次购买了什么产品，是通过谁推荐进来的；他在体系里购买了哪些产品，有没有打折或买赠；哪些产品或服务更适合他；他又推荐和转介绍了哪些用户……通过这样的强关系，很多用户，十几年如一日地信任和购买产品，这是庄泰集团能够持续创造利润、十余年来持续保持稳定增长的核心秘密。

在这个通过信任关系建立起来的稳定体系里，每一个小 c，都可以通过运营社群，逐步成长为大 C，获得体系的价值共享。正如我们在上文中所分析的，这个体系内的大 C 获得了充分的社群管理授权，一些大

C 还因为社群发展壮大，逐渐成为"大 C 合伙人"和"区域代理商"，与整个体系进行了价值交换和共享。庄泰在无意间构建了一个社群平台，而且是多中心、网状结构的生态，包括员工、店长、合伙人、代理商在内的近万名大 C 已经成为驱动生态迭代和进化的中坚力量。

　　这几年，庄泰集团致力于数字化转型，加快构建数字化社群平台的模式，一旦功成，未来将不可限量。数字化社群平台是一个服务大 C 的工具，致力于让每一个大 C 在社群运营管理中，用上更有效的工具。数字社群平台建立起来，对于大 C 的赋能就不是一句空话，这种模式就能快速推广和复制。从线下到线上，庄泰集团在独特的行业里、特定的区域中，构建了一个完全不同于互联网平台的商业生态。如今，庄泰集团体系中，"庄泰总部—代理商—店长—大 C"的合作模式经过实践反复调整之后，已经形成稳定可持续的动态平衡，在任何时候、任何条件下，庄泰集团没有激励、没有理由，也不会穿透到小 c，对大 C 的信任关系造成伤害。

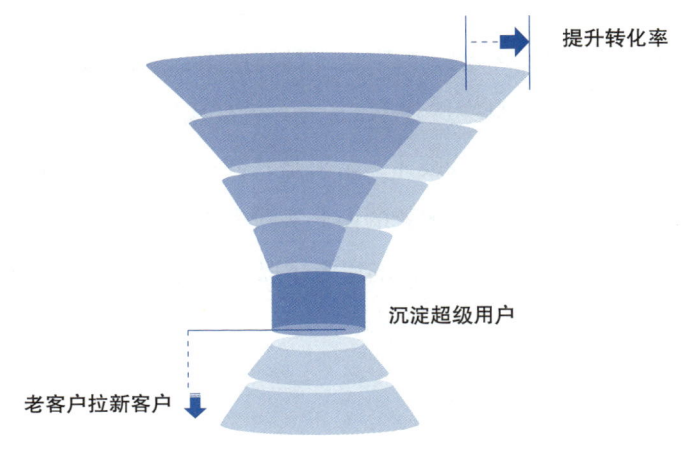

图 5-1　自零售的漏斗模型

　　回到我们熟悉的自零售的漏斗模型（如图 5-1 所示），我们致力于老用户的运营，通过自零售的方式，把漏斗的底部完全打开，在存量时代中寻求增量，真正实现裂变式增长模式，进入另一番天地。直观的理解是，在品牌企业的用户体系里，通过小数据方法论，一些小 c 慢慢长大了，成了超级用户，或者 KOC，他们对品牌有很高的忠诚度，不仅能够持续复购不离不弃，还愿意主动向亲人朋友进行推荐——我们认为，那些有社交影响力、建立了强信任关系的用户，通过一定的方法论，可以进行培养和转化，转化成"消销合一"的大 C。

自零售大 C 最关键的作用是，把信任关系进行有效传递，这种传递的最佳模式是数字化社群。于是，我们看到，自零售的销售逻辑就变成了"品牌—大 C—小 c"，品牌与大 C 之间是强信任关系，大 C 与小 c 之间是强信任关系，大 C 就是这个社群的关键角色，如 KOL、群主、团长等，他们发挥着"一个人服务一群人，一个人影响一群人"的作用，这群人中间的一些小 c，持续信任、持续成长为大 C，从而实现社群裂变，层层递进，生生不息。

事实上，在数字化社群模式里，品牌与小 c 之间可以不是直接的强关系，"品牌—小 c"维持一个弱关系或者微关系即可，品牌的重要作用是服务和赋能大 C，哪怕有数字化工具与能力，我们也不建议品牌直接穿透到小 c。因为一旦穿透到小 c，大 C 就变成了"工具人"，没有了安全感，强信任关系也会被破坏，结果是社群瓦解，回归中心化的流量逻辑。这样的故事，我们在无数的商业实践中看到过。小 c 的回归，大 C 的崛起，社群的觉醒，把我们的思考串联在一起，也把小数据的方法论升维了。

社群平台的功能

近年来，各类型的数字化社群屡见不鲜，"人以群分"在数字化时代里依然存在，每个人都充当了各种社会角色，在社会生活中加入了各种各样的社群。以线上社群为例，微信群是最主要的数字化社群形态，每个人加入了若干个微信群，大部分微信群是因同事、同学、同乡等关系，或者因亲子、旅游、收藏、养生等爱好集聚在一起。这些常规的社群组织有四个特点：一是组织起来比较随意，没有具体的商业目的，仍以沟通信息为主，但凡有人在群里发广告、发产品信息，或者被鄙视，或者被踢出；二是群主或群的管理者也比较随意，他没有跟大家建立起强关系，可以随时被取代；三是除了工作群之外，日常沟通频繁的群少之又少，有事说话，没事则被折叠；四是除了工作群，社群成员之间也很难建立长期、高频、稳定的信任关系，哪怕是同事老乡群，群成员分布在五湖四海，大家难以见上几面，原有的信任关系也会慢慢变淡。

既然在这些社群中随便发个广告、推销都会被鄙视，那么又凭什么认为数字化社群能构建所谓的"新商业生态"呢？我们想说，虽然名称都是"社群"，但是又有根本的不同。首先，消费属性与生俱来。这些社群原本就是以商品推荐和消费关系建立起来的，按照标签化的需求匹配，在群里推荐好物，不仅不会被鄙视，反而能够增加沟通频次，拉近信任关系。其次，强关系的链接。这些群的构建基础就是大C与小c的强信任关系，哪怕在群成立之初，没有强关系，在成立之后也会通过各种线下活动、见面沟通增进感情，加强信任。再次，优质的内容分享。这些社群必须标签化，在共同的消费需求范畴内，要拥有稳定、持续、专业的内容分享，并吸引社群成员参与其中，"独乐乐不如众乐乐"。最后，有社群平台赋能。这些社群并不是单打独斗，它们的背后都有共同的社群平台在支持和赋能，并且通过社群平台实现价值共享。

如果按照这些标准来看，现有的诸多社群，信任关系运营仍未起步，还远远无法形成商业价值的转化。我们在现实的商业世界里，也发现一些"社群思维"专家，在没有任何信任关系的时候，兜售如何用所谓的社群进行引流、拉群、蓄客、转化等策略技巧，都是舍本逐末、缘木求鱼的"小聪明",其效果要么只是短期行为,尽可能地到处拉人头,追求转化率;要么就是陷入微商模式,连哄带骗一级一级分销下去。无论是哪一种,都注定是不可持续的,起盘之日就是其崩盘之始。

按照 DTCR 模型,数字化社群生态位于价值链的"顶端",不仅数字化程度最高,消费者关系的信任值也最大,这就决定了社群生态的运营不是朝夕之间、立竿见影的短期策略,而是必须拥有长期主义、相融共生的生态模型。除了大 C 这个重要节点之外,还有一个重要角色,就是数字化社群平台。

数字化社群平台,承担着商品销售的各类商务工作,它一端连接着诸多大 C,负责为大 C 提供优选商品,对接供应链,为大 C 提供送货服务;另一端连接着诸多供应商,大 B 或小 b,大 B 通常拥有较高品牌势能,负责向社群提供联名品牌的各类型商品,小 b 通常是行业内的隐形冠军,负责为社群生产定制品牌的各种商品,管理各类型商品的品控、供应和物流等事宜的,都是社群平台的商务人员。相较于传统的互联网平台,数字化社群平台在消费者的前端被开放掉了,把流量层层分配给了各种大 C,它的中台与后台,依然管理着商品生产者和供应链,确保社群体系内的商品符合消费者期待,并拥有较强的价格竞争力。同时,这个社群平台还起着为大 C 赋能的功能和作用,精准统计社群体系内的消费行为,进行价值结算与价值共享。

我们在庄泰集团的实践案例中发现,社群平台的两端都可以开放和共享。在一些特定的条件下,大 C 可以成为小 b,代理商可以成为供应商。一些地域性强的农产品,如宁夏枸杞、赣南脐橙、富硒苹果等好产品,就是通过当地的代理商、合作伙伴去选品和筹办的。依托于数据化的社群平台,他们在体系内可以向所有社群定时定量地提供"应季商品",从产地到家门的供应链体系,让价格和品质完全可控,在社群限时团购活动中常常被直接秒光,之后货物被运到大 C 处,由大 C 送货上门并实时了解小 c 的消费体验。从实践经验来看，这类产品质优价廉、屡屡口碑爆棚。

社群平台该如何与大 C 进行价值共享呢？在整个商业生态中，社群平台与大 C 的强关系需要成立，知根知底、相互信任固然是基础，但更主要的在于能够有一种机制，让整个体系内的参与者，包括供应商、代理商、合伙大 C、大 C 甚至小 c 都能够获得价值共享。从理论上设计，价值分配应该重点向大 C 倾斜，因为他们面对小 c，为小 c 提供全方位的销售服务。然而，这种"自上而下"的分配机制的设计何其艰难，相当于让规则制定者"自我革命"，主动放弃轻易能够到手的利益。我们在商业实践中，看到更多的案例是互联网平台占据主动地位，大 C 弱化为平台的"工具人"，依附于平台而存在，于是，他们在价值分配中，必然也处于弱势地位。

幸好，我们看到庄泰集团这个特殊的案例。邵世海先生以身作则，自觉自愿地乐于分钱且善于分钱，这既与他过往的职业经历有关，也与他个人的思想格局有关，是难能可贵的。他在几年的经营实践中，"自上而下"地制定了向销售端倾斜、积极鼓励大 C 的销售政策。在自营团队中，每个销售顾问都是一个大 C，他们的价值贡献就是通过销售额来体现。他们有很多有效的销售制度，在激励大 C 的过程中行之有效。比如，等值双向积分制度，既鼓励了大 C 的销售主动性，也鼓励了老用户的转介绍，而且，庄泰集团借鉴了安利的销售激励政策，但把激励关系压缩为两个层级，既能鼓励销售，也避免了安利模式的金字塔形态，导致先来后到、尾大不掉的分配逻辑；又如，在销售团队建设的过程中，庄泰集团借鉴了传统文化中的"师徒制"，并加以创新，"一拖二"的师徒制，一个师傅带两个徒弟，师傅的级别要往上走，必须把徒弟带出来……几乎每一个管理层级的分配逻辑，都是重点倾向于下级的"三七开"或"二八开"，直接面向小 c 的销售顾问，可以获得包括底薪、销售提成、部门业绩奖、股份分红、年终奖金等在内的各种收益，其积极性也被充分地调动起来。如果积累的强关系用户足够多，他还可以升级成为合伙人、店长，甚至成长为可以与公司总部平起平坐的区域代理商。当然，这些近似于传统会销、直销的销售激励模型，在一些具体的管理细节上，可能会在全面数字化之后进行创新、迭代和优化，但只要向大C倾斜的基本原则不动摇，我们就可以抱有信心。

在如今的中国商业社会中，公司老板几乎个个都会说"合伙""分钱"，然而，能做到真正分钱的又有多少呢？大部分人依旧是"说得多做得少"，哪怕是那些付诸行动真正分了钱的"少数派"，也是"后悔的多，不后悔的少"。像庄泰集团这样"愿意分钱""懂得分钱"，而且"分了钱不后悔"的企业几乎是凤毛麟角，少之又少了。邵世海先生认为，做企业最核心的问题就是"分钱"，只要把钱分好了，公司的管理和文化都不会出现问题。他不仅自己这样做，而且要求公司的高管都这样做，让更多的利益惠及基层团队和一线员工，惠及供应商和合作伙伴。这种"敢于分钱、善于分钱"的文化和机制决定了庄泰集团的发展是与大家高度相关的，是价值共享、共同富裕的商业模式，是大家值得为之付出努力、奋斗不息的事业。同时，通过"分钱"，也实现了真正的"分权"和"分责"，把每一个人的主观能动性都激发出来，各司其职、各负其责，客观上也把管理成本、管理难度真正降低。我们也积极呼吁，不论你做不做私域，不论你做不做社群，期待更多的企业家用分钱、分权的逻辑，让真正的价值创造者获得与其努力相称的权益，让中国的商业世界更加美好。我们也相信，在中国的商业世界里，有各种各样的企业和组织，不同的管理模型、组织关系，在市场上充分竞争，最终胜出的，无一例外地属于那些"敢于分权、善于分钱"的企业家和组织。

需要特别指出的是，社群平台与我们常见的零售平台有着本质的区别。社群平台的职能和作用是赋能大 C，所以，社群平台不仅拥有数据中台、数字化工具，还有商务经理、品牌管理、供应链管理等服务功能，社群平台是开放式平台，各类商品都是通过大 C 来进行流通的。而我们熟知的零售平台，是直接面向小 c，是商品和流量的枢纽，零售平台是集中化平台，它对于供需两端的控制力都是极强的。

全新的商业世界

超级平台之后，万物互联崛起，数字化如火如荼，以人为中心的人联网已经拉开了帷幕，以数字化社群生态的形式从理论走向实践，很快会在未来展现出巨大的能量。强信任关系、"去中心化"、大 C 崛起、社群平台、价值共享——我们在理论上推导的创新理念，开始在商业实践之中一一成为现实，我们似乎已经打开了一扇新世界的大门，窥见了一个全新的商业世界：这是一个经历了数千年进化的商业故事，经由数字化技术与消费者关系驱动，向人际间信任关系的历史致敬和价值回归。

我们知道，在绵延数千年的传统农业社会里，人与人之间也有很纯朴而稳定的信任关系，这种基于人缘、地缘、血缘存在的信任关系，是人类族群繁衍生息、发展壮大的社会基础。当时，大部分人生活在熟人社会里，人们的商业交易行为，也都依附于这种人际信任关系而存在。不承想，在数千年后的数字化时代里，人与人的信任关系再一次成为商业活动最重要的基础逻辑——社群生态之所以存在，就是因为人际间难能可贵的信任关系。

我们试图勾勒的一个新生态，即基于人联网时代的自零售生态，我们愿称为"商业元生态"。元，始也，一元复始，万象更新。商业元生态，这是从无到有的一个新商业模式，我们也叫它"数字化社群零售生态"。它有三个显著的特点。

一是数字化。低成本链接和陌生人之间快速建立信任，只有在数字化时代里才会出现，这是首要条件和最显著的特征，而且，相对于传统商业模式，在数字化时代里，社群规模更大、裂变更快，更有利于形成生态，并能够新老交替维持稳定。数字化的社群平台也是生态健康运转的关键一环，包括品牌赋能、连接供需、统计交易等基础工作，以及能量交换与价值共享，都需要由数据中台来完成。

二是社群。基于强信任关系而构建，是这些社群最重要的特征。社群平台与大 C 之间、大 C 与小 c 之间是否有强信任关系，决定这个社群是否真正有价值，社群成员小 c 之间是否有强信任关系决定这个社群是否可持续；通过足够多的大 C 和强信任关系的社群组建起的商业生态，实际上也是一个价值共享和共生共荣的经济体。

三是零售。至少在我们目前的研究视野里，这仍是基于零售而不是采购、生产、研究等环节构建起来的。研发、设计、生产、供应链各环节可能也存在类似的商业模式或生态，我们将会保持关注和研究。围绕零售模式，人联网时代可以实现"分布式"零售，由一个中心变成多个中心，实现裂变式增长。

我们为什么称之为"生态"？美国学者詹姆斯·F. 穆尔（James F. Moore）在 1996 年出版的《竞争的衰亡：商业生态系统时代的领导与战略》一书中，以生物学中的生态系统类比经济运行和商业竞争，达尔文的自然选择与进化论也持续在商业社会中发生作用。不过，与自然生态系统中食物链不同的是，商业生态价值链各个环节之间不是吃与被吃的关系，而是价值或利益的交换关系，在这种包含了多种参与者的组织形态里，大家更像是共生关系。同时，生态也是对现有平台的颠覆式创新，通过多中心、价值共享等方式，将彻底扭转平台经济赖以生存的"流量收割"逻辑。

当然，我们会反复指出，对于当下的商业实践来说，这个社群生态并不是革命者,而应该是在原有商业运营逻辑里,多一条可能有效的路径,是一个有益的补充。虽然我们围绕着庄泰集团的实践经验展开论述,是期待在实践中提炼和总结出一些具有公共价值的理论逻辑,但这并不意味着仅有少数典型的企业在创新和实践。事实上,我们看到越来越多在运营理念上接近、运营效果显著的商业案例,可能在不远的将来能够更加全面地将社群生态呈现出来。至少在目前,我们仍没有看到这个生态完整地在实践中呈现出来。比如,在理念上接近商业元生态的庄泰集团,在数字化进化的路程上,仍有不少的功课要做(如图5-2所示)。

图5-2 商业元生态的五元素

社群觉醒
小数据开启商业元生态

在生态体系的实践中,能够自我循环、自己生长,土壤、水、空气、阳光和生物,是生态不可或缺的五个要素,它们一起构成了能够实现能量循环的生态系统,我们称为"生态五元素",具体形象化的类比如下。

(1) 土壤:信任。这是整个生态体系的基础,如果没有它,则生态不会存在。如果有的地方信任多,有的地方信任少,那么信任多的地方,土壤更加肥沃,更有利于生物生存和发展,有利于生物繁衍生息,更加生机勃勃。

(2) 空气:内容。信任关系得以维系和可持续的最大原因,是有好的、专业化的内容。生态中的参与者,都要有内容作为支撑。

(3) 生物:参与者。大 C 和小 c 像是动物,品牌和商品像是植物,还有微生物,都是在生态中生活和成长起来的,依托于生态的土壤、阳光、空气和水,构建出一个可持续的能量交换和价值交换体系。

(4) 水:财富。在生态体系中,水利万物而不争,所有参与者都可以获得水的滋养,细水长流、润物无声,唯有价值共享,生态才能共生。

(5) 阳光:数字化。万物生长靠太阳,没有太阳,生态系统便无从谈起,唯有数字化能够驱动生态里的各种参与者持续生长,实现正常稳定的能量交换。

于是,我们看到商业元生态的一幅壮丽图景:土壤(信任)是生态的基础,空气(内容)和水(财富)是生态中的参与者生存和发展所必需的,植物、动物、微生物各司其职,阳光(数字化)虽然不是必需的,却能够通过光合作用提升效率,让植物更快成长,让动物生活得更好,加速生态参与者的能量交换。也许从研究的角度来看,虽然这样的类比未必很准确,却可以方便我们理解和传播。我们想强调的一点是,一切都刚刚开始,商业元生态的出现,仅仅是让无所适从的小动物们,多了一个栖息之地,远远没有到替代谁、革命谁的地步。

值得注意的是,这个新生态还有一个重要特点,那就是它一定是开放的，谁都可以进来，谁都可以离开。特别地，对于诸多的参与者来说，完全可以在不影响现有的存量生活和工作中，寻求增量突破。在我们的设想中，一大批的大 C 完全可以通过兼职的方式参与进来，我们把他们称为"斜杆大 C"，他们通过自己在新生态中的贡献，获得"斜杆收入"。这些"斜杆收入"完全是数字化带来的增量收入，可以加快改善个人和家庭的生活品质。

这样的类比也未必很准确，但可以通过形象化的方式，把"生态五要素"都一一描摹清楚。我们在想，社群生态要可持续，要实现裂变式增长，这五个要素缺一不可，缺少了任何一个，社群生态都会变形走样。

在实践层面，要同时满足这五个要素并不容易，中国面向未来的商业生态，如今只是我们在理论层面构建出来的，不过，一些满足其中几条理念逻辑的商业模式已经出现并成效显著，这也让我们对于它的超前理念和进化逻辑深信不疑。接下来，我们会把"生态五要素"的商业逻辑分成五个章节一一展开论述，我们尽量关照现实，结合实践案例或经验数据进行论述，试图把其中的公共价值全面而细致地展示出来。

第六章

信任是基础
（商业元生态之"土壤"）

第六章 信任是基础

2021 年 6 月底,古都南京,夏日炎炎。我们来到玄武湖西侧直线距离仅几百米远的一座普普通通的旧房子里,找一幢毫不起眼的办公楼——富升大厦,这是庄泰集团(以下简称"庄泰")南京办公所在地。

老南京人都知道,几十年前,富升大厦是这一片区域较好的办公楼之一,如今南京城市面貌有了翻天覆地的变化,大面积玻璃幕墙的现代高楼大厦纷纷崛起,富升大厦慢慢转变成了老旧楼房的代表。富升大厦与快捷酒店、物流转运中心、药房、餐馆、便利店一起,被湮没在周边一大片 20 世纪 80 年代兴建的居民楼之间。自 2003 年庄泰创立以来,一直都在这里。

我们第一次打车过来还颇费了些周折,电话里反复确认地理位置是否正确,到地方下车一看,还以为自己走错了地方。因为在固有的印象中,每年全体系销售数十亿元的公司,怎么也应该找个高端大气上档次的办公场地,可它竟藏身于老旧居民楼里,如此低调的风格,还是很令人讶异的。

庄泰创始人邵世海的办公室在五楼,位于"回字形"走廊的一个夹角边,目测也就十平方米,一张桌子、两把椅子,因为堆满了书刊资料和各种产品,显得狭小而局促。他三言两语就回答了我们的疑问:原来,庄泰鼓励用户都来公司看看,参加线下交流活动,没事串串门,顺便取点货,拉拉家常,说说笑笑,就像一个大家庭,而他们在这个地方待了18年，很多老用户闭着眼睛都能找到。

相对于微信、电话、邮件、语音、视频等交流方式，"见面沟通"是信息交流最充分、情感联系最直接的一种方式。哪怕是陌生人，若能经常见面交流，也很容易构建起强信任关系，"见面三分熟"说的就是这个道理。

如果，庄泰发展壮大有钱了，就搬去一个现代化的办公楼，门口有穿制服的保安，大堂有专业的美女前台，办公调性和职业形象看起来是上档次了，但是，这样一来就给老用户来访增加了门槛，恐怕都需要提前预约、来访登记之类的，老用户不再是想来就来、推门就进了，也可能就不来了，那就得不偿失了。

在庄泰的体系里，老用户的信任关系至关重要，需要用心呵护，其需求变化和一举一动都应该受到足够关注，绝不能等闲视之。要知道，新用户从微关系、弱关系到强关系，从不信任到信任，再到深信不疑是很难且周期很长的过程，而一旦受到伤害，信任的消失却很可能就在朝夕之间。这一段又一段强信任关系，这一个又一个不离不弃的老用户，是庄泰的立身之本、发展之源，也是庄泰有信心构建数字化社群生态的核心原因。

人际信任与商业信任

信任，是除物质资本和人力资本之外，决定一个国家经济增长和社会进步的又一个关键资本。信任在商品交易活动中往往发挥着重要作用，对于交易双方而言，信任的重要作用在于能提供稳定的心理预期，从而降低由于彼此信息不对称所产生的交易成本。没有信任就没有交易，没有交易又何谈商业，从这个角度来看，信任也是商业发展的基础和前提。

从商业文明的历史演进来看，信任的形成、维持和消亡，不仅取决于人类社会的一些共有因素、市场规则与法律制度等，还取决于特定社会的文化道德观念和历史传统。

有学者将我国的信任关系特征，总结为以"关系"为基础。在数千年来的传统农业社会里，中国人际的信任仅被局限于以家庭为核心的小范围关系网络内，形成了稳固的依托于血缘、地缘与业缘关系联结的熟人关系信任网络。因为交通工具不便，信息交流有限，绝大部分人长时间生活在熟人社会里，对关系网络之外的人普遍不信任。此时，商业活动在熟人之间发生，街坊市集、乡里乡亲，吃、穿、住、用几乎都在本地完成。在这个知根知底的熟人社会里，个人口碑显得非常重要，人们所遵循的道德、文化、传统在积极倡导"仁、义、礼、智、信"，社会的整体信任是有序的、稳定的，也是温和的。宋末元初，周密的《武林旧事》一书中有关于南宋商业的记载，那时"有贫而愿者，凡货物盘架之类，一切取办于'作坊'，至晚始以所直偿之。虽无分文之储，亦可糊口。此亦风俗之美也"。说的是，那些想来临安做生意的穷人，可以先到"作坊"借取货物、盘架之类，也不必垫钱，等以后卖了货物回来，再付还本钱。其实，不仅是南宋都城临安，在数千年传统农业时代的商业活动中，人际的信任关系都很稳固（如图6-1所示）。

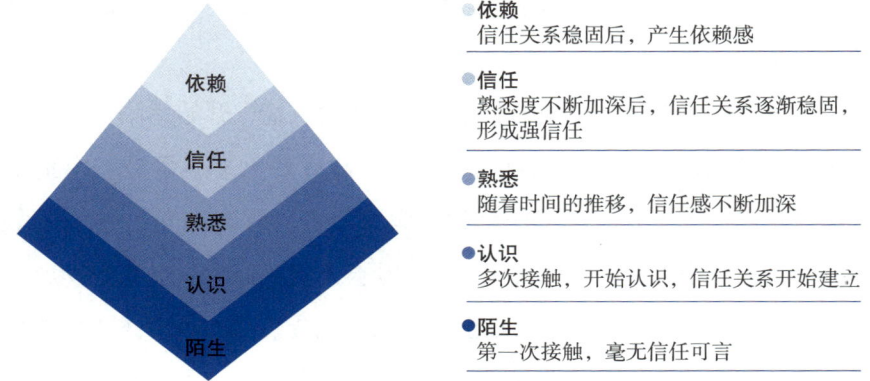

图6-1　信任关系的进阶

社群觉醒
小数据开启商业元生态

中国社会学和人类学的奠基人之一费孝通先生，将中国社会的基础结构论述为一种以家族为中心的差序格局，他在《乡土中国》中写道："以己为中心，像石子一般投入水中，与别人形成的社会关系像水的波纹般一圈圈推出去，愈推愈远，也愈推愈薄。"也就是说，在传统社会中，人们的社会关系是逐渐从一个个人推出去的，社会范围是一根根私人联系所构成的由亲及疏、由近及远、由熟悉到陌生的网络。而在日常生活和社会交往中，人们也总是依照由亲及疏、由近及远的理念和逻辑行动。那时，商业活动很少，商业不发达，人际信任和商业信任其实是互为支撑的，人们在熟人社会里，由人际信任支撑的商业活动，微利、稳定而长久，只有当人们走出熟人社会的圈子时，才会对陌生人进行信任的考察，出现信任的冲突。

从18世纪开始，工业化带来了产业变革，人们大规模集中到城市生活，交通工具更加便捷，社会化大生产成为主流。此时，大规模的区域人口流动，大大打破了物理空间层面固有的信任关系。人们自此开始从传统封闭的地域中抽离，之前那种稳定的、温和的人际关系开始渐渐被打破，陌生的、短暂的、不确定的交往关系开始强烈冲击着人际信任，更加普世、更大范围、更高频次的"商业信任"开始通过市场制度、法律法规、媒体传播体系出现并快速取代人际信任，成为商业社会的信任基础。

不过，在西方国家率先工业化之后，中国从清末开始就陷入一个被称为"半殖民地半封建"的社会形态里，战火纷飞持续了近一个世纪之久，从鸦片战争开始，军阀割据、派系争夺、抗日战争、解放战争等，一直到中华人民共和国成立，商业社会才真正迎来一个稳定发展的环境。从熟人社会走向陌生人社会，旧的文化传统和人际信任体系被打破，新的商业信任体系又没有完全建立起来，在中华人民共和国成立后几十年的时间里，在亲缘、地缘、人缘的基础关系之外，国家和政府成为最重要的信用背书者。改革开放后，市场化改革推动商业社会蓬勃发展，作为商品交易最重要支撑的商业信任体系，才从无到有开始在中华大地上慢慢建立起来。再后来，随着互联网技术的应用，人际信任关系又在虚拟空间层面被打破和重构，直至今日，商业信任体系已经越来越完备，且仍在数字化时代里持续优化，而人际信任关系，借助便捷的互联网交互工具，人与人之间实现了广泛的、低成本链接，信息交互的方式更加多元化，沟通和交流的准确性、及时性、便捷性都已经站在了人类商业史上的最高点。

如今，人们可以在线上和线下快速流动，随意变换时空，大量的熟人或陌生人，可以被随时连接和聚合在一起。有人总结了现代社会里，每个人都拥有的两种信任模型：一是虚拟世界里的"朋友圈"，基于距离、兴趣、爱好等聚集在一起的关系和社群，那些从来没有见过面的朋友，只是通过虚拟形象产生一定的信任和链接，形成了偶尔互动、似曾相识的关系，类似"点赞之交"，当然，这种关系表现出很大的短暂、随机、易变，实际上还是弱关系；二是现实社会中的朋友圈，这个圈层里连接的朋友，依然按照传统模式一层层地由近及远次第展开，这和传统社会的信任相似，只不过规模更大，连接更远。因此，人际信任关系仍是主要依托于现实社会朋友圈的强关系展开，而人与人之间通过各类型的社交活动、社群活动或商业活动，把虚拟世界的"朋友圈"转化成现实社会的朋友圈，可能是人们从微关系、弱关系向强关系转化的重要方法。换句话说，人际信任与商业信任，在数字化的时代里又可以相互转化、支撑和融合了。

信任的建立与传递

信任是一种复杂的社会与心理现象，涉及很多层面和纬度。商业信任和人际信任怎么区分和互动，研究它们又有什么用呢？要回答这些问题，我们需要先回归商业社会中看一看，陌生人之间、陌生事物之间的信任，究竟是怎么建立和获取的。

在现代商业社会中，人与陌生事物之间的信任，是通常意义上的商业信任。这种商业信任首先是通过国家行政部门制定的法律法规来约定的，人们很容易对国家机构、公共组织以及他们所支持、认可、背书的信息产生信任感，这是商业信任中的"公信力"。在商业活动中，企业组织习惯于通过建立自己的公众品牌，来获取消费者的信任。在理想的营商环境中，商业信任有来自法律的、行政的、市场的等几方力量的保护和约束，任何不诚信的做法都将无处藏身。其中，人与人之间的信任，就是我们所定义的人际信任。说到底，对于某个人、某件事相不相信属于个体的主观判断，信任也是感情的一种，必须依靠人的主观能动性来产生或消失。因此，商业信任的范围更广泛，既包含人对人的信任，也包含人对事物的信任。

商业信任是现代商业社会中的基础条件，也是商品交易的润滑剂。较高程度的信任，促使交易各方对如何解决该事件以及交易的可能性产生共同的理解，从而更快地达成协议。具体来说，信任在事前可以减少交易各方为获得交易机会而发生的搜集信息的成本，信任在事后可以减少交易各方的监督和执行成本，减少耗费在事后讨价还价和争议上的资源投入。企业可以通过打造公众品牌，政府、专家或媒体背书，在公共舆论场中，以"一对多"的方式向潜在消费者宣传产品功能、价值主张和品牌故事，大规模地快速建立基础的品牌信任感，从而降低交易成本。

此外，获取商业信任的重要方式之一是打造品牌。品牌建设的核心目标就是在目标消费客群中建立商业信任，大范围、大规模和公共化是其显著特点。品牌的本质是创建信任机制，降低用户的选择成本。然而，品牌打造并非朝夕之间，不仅需要有好的规划和设计，有专业内容传播，还需要有长时间的沉淀。品牌是工业化的成果，资金和资源投入越来越大，效果却具有一定的随机性，越来越难以评估和测量。塑造品牌大都依赖于公共媒体，面向公域传播，在占领消费者心智和获取信任上，不仅有较长的传导机制，而且具有一定的随机性，随着信息爆炸、传播多元，转化率也持续走低。反过来看，信任是塑造品牌最有力的武器，若已经拥有了人际信任，就能为用户提供选择品牌的充分理由，吸引用户关注和购买，也有利于在同类产品中脱颖而出，协助品牌赢得市场。

在现实的商业世界里，人与人之间，既可以通过第三方推荐和介绍认识，也可以通过参与共同的社交活动而相识，其关键点在于要相互见面和共同参与。"人无信而不立"，个人要想获取他人的信任，言行一致、说到做到是基本要求，"一言九鼎""千金一诺"这样的经典历史故事更是广为传颂。此外，所谓"一回生、二回熟"，拥有一定周期和频次的见面与参与，是有益于加强彼此信任关系的重要途径（如图6-2所示）。

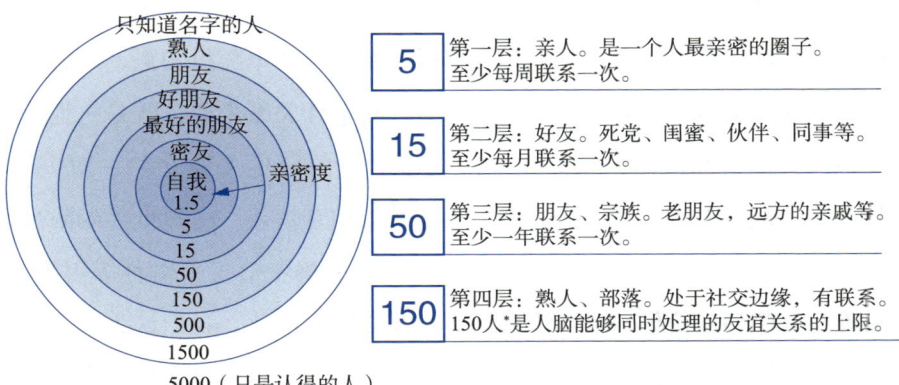

*邓巴数字——150定律（Rule of 150），由英国牛津大学的人类学家罗宾·邓巴（Robin Dunbar）在20世纪90年代提出，他认为在人际互动中，因人类大脑认知能力有限，一个人能维持稳定人际交往的最大人数不会超过150人。

图6-2 信任关系的分层

人际信任关系有一个重要特点，那就是一段一段地很容易传递和延伸出去。人与人之间的信任关系传递起来很好理解，朋友的朋友，自然也是朋友，熟人间相互介绍，大家天然就有信任感，很容易从陌生到熟悉。只不过，如果新增的每一段信任关系不用心进行运营，随着传播链条变长，被传递的信任度会逐渐减弱，直至消失。特别地，人际信任关系还可以传递到人对陌生事物的信任，"人—人"的信任也会被传递到"人—物"的信任上去，因为有喜欢的明星代言了某品牌，也会倾向于关注和购买该品牌的产品，因为有亲人在杭州，你会更喜欢去杭州旅游；因为有好友爱吃烧烤，你也会比较喜欢吃烧烤；等等。

生活在现代社会的每个人，一生中除了是家庭成员之外，还将参加许许多多的社群，如各种各样的职业团体、兴趣俱乐部、教会、政党、地方社区等，获得这些社群的成员资格，行使相关权益，获得一定的物质回报，或是良好的精神体验。当然，这类社群在真实社会生活中形成并发挥作用，社群组织和成员之间必然已经建立起了强信任关系。然而，到了数字化时代里，一切又有了新的变化。

数字化时代，互联网技术跨越了时间和地域的界限，加快了人际交往的节奏和频率，让更多的陌生人可以在数字空间中随机相遇，一起娱乐、游戏或交流，并建立联系。这对于人际信任关系来说，既是机遇也是挑战：虽然谁都可以很简单地跟成千上万的陌生人建立"一对一"的联系，但是因时间和精力有限，很难取得相互信任。虚拟世界的陌生人之间，因夹杂着各种身份不真实、目的不明确、信息不对称等因素，很难建立起相互信任，反而更多的是相互提防。因此，我们认为，人际信任必须依靠真实世界而存在，只有那些在真实世界里有交集、有交互的陌生人，才可能在虚拟世界中更加信任彼此，实现信任关系由弱变强。

社群让信任更简单

"社群",英文写作 Community,也可以译为"社区"。这一概念可追溯到古希腊的亚里士多德。亚里士多德在《政治学》一书中认为,"人天生是政治动物,合群是人的自然本性"。

"三人成众,五人成群。"在传统社会形态中,依托熟人社会的信任基础,人们按照不同的阶层、爱好、信仰、职业、地域等,也会形成各种线下社团组织和商业组织,如同乡会、同学会、商帮、协会等,社群成员中形成强信任关系,他们在资源盘活、相互帮助、抱团发展时起到了一定的作用。不过,囿于时代的局限性,这类商业组织规模都不大,大都采用封闭式管理,影响力有限,生命周期也不长,且缺乏裂变的可能。而在数字化时代,这些社团组织和商业组织,完全有可能通过互联网工具,从线下走到线上,蜕变成具有强信任关系的数字化社群。由于随机连接与实时交互成本趋近于零,数字化社群成为最重要的连接工具之一,也是面向未来的用户私有化(私域5.0)运营真正爆发的一个个超级节点。

一群有共同兴趣、认知、价值观的用户抱成团,发生"群蜂效应",在一起互动、交流、协作并相互感染,对产品品牌本身产生反哺的价值关系,这种建立在产品与粉丝群体之间的情感信任与价值反哺,共同作用形成的自运转、自循环的范围经济系统,就是社群生态。

我们认为,社群让信任更简单,当"一对一"关系被扩展为"一对多""多对多"的时候,社交关系从一组"单线"链接,拓展为多组"交叉"链接的网状结构,信任关系的核心逻辑没有变化,只是数字化社群把人与人的信任关系从获取、传递、优化,直到消亡的过程大大地加速了。具体来说,这样强信任关系的社群具备以下四个特点。

一是"先有社交,后有社群"。我们提倡的行为逻辑是,在组建社群之前，至少已经有了初步的社交关系。一群素未谋面的人，随机组成一个"社群"是毫无商业价值的。在建群之前，大 C 跟每一个小 c 之间，必须有某种联系，已经见过面、认识甚至熟悉，才能按照相同的诉求，组建主题明确的社群。社群成员中若有某个小 c 是通过别的小 c 推荐入群的，大 C 也必须跟小 c 建立"一对一"的链接，建立从陌生到熟悉的信任，明确需求。大家有了信任基础，群成员之间才能形成良性互动。

二是"近邻"优于"远亲"。现实商业社会中，每个人都早已经形成了强关系的人与事。比如，拥有亲缘关系的"亲朋好友"、拥有地缘关系的邻里之间，大家已经相知相熟、知根知底。大 C 按照一定的方法论用数字化工具把这些关系里的小 c 组织起来，是很有可能产生巨大的商业价值的。俗话说"远亲不如近邻"，相对而言，邻里之间同处一个物理空间，活动交集、见面交流的机会大大多于远房亲戚，这对于大 C 了解情况、掌握需求是很有好处的。我们也建议策划一些定期或不定期的商业活动，每个小 c 必须走进线下，鼓励他们参与，刷刷存在感，增强参与感，既能保持社群活跃度，也能加深彼此的信任关系。因此，未来有社区交流基础的数字化社群，将迎来蓬勃发展。

三是"代理人"和"服务者"。以强信任关系为基础建立起来的商业社群，在权属上看，大 C 更像一个协调者和服务者，要始终对小 c 负责，处处维护社群利益。他作为社群成员小 c 的全权代表，向社群平台反馈消费体验，提出共同诉求，与其他供应商进行博弈，为社群争取利益。换句话说，大 C 更像社群小 c 推选的商务代理人，必须提供符合期待的购物体验。现有的商超会很容易成为一个参照系，社群里团购的同类产品，品质要比商超好，价格要比商超低。购物体验一旦不好，掌握主动权的小 c 就很容易剪断信任关系，也很容易找到替代的方式，退群、删除、拉黑都是常规操作，分分钟就能搞定。

四是要借力于"生态"。社群是用户私有化的体现,是从"把一个商品卖给 100 个人"的商业模式,转变为"把 100 个商品卖给一个人"的商业模式。无论大 C 的能耐有多大、资源有多少,在客观上都无法对这 100 个商品的相关信息了如指掌,也无法对这 100 个商品的供应链进行有效管控。这里"100"是个概数,人们的需求是多变的,多少都不为过,出现问题几乎是无法避免的,信任关系一旦被剪断,商业社群必然无法实现可持续。过去的诸多社群,只能在有限的资源和品类中去做选品,商业社群的规模很难做大,也无法形成正向循环。如今,单打独斗的时代已经过去,必须善于借力,如果不能构建生态,那就融入现有的生态中。

基于以上的特征和理念,大 C 必然是区域化、社区化的,社群也更多是基于地缘关系组建起来的。虽然数字化工具打破了区域化的限制,但是数字化商业社群因为需要构建强关系,又重新回归了区域化和社区化,确实很有意思。一个天南地北、五湖四海的商业社群组织即使存在,也不适合进行商业变现。我们从庄泰体系的实践经验中也发现,获取用户信任也是有方法和捷径的。"一对一"的见面交流最容易建立强信任关系,通过事先策划,让一群人在一起,拥有共同的兴趣爱好,并且相互帮忙成事,自然就会形成强关系的社群,这样的社群成员彼此知根知底,只不过是利用数字化工具在线上继续组织了一个交流空间而已。他们通过旅游产品建立强信任关系的做法就很值得研究和借鉴。

庄泰研究认为,旅游是最容易结交好友、建立信任的场景之一。人们在旅游的时候心情愉悦,伴随着美景美食,很容易与陌生人成为好朋友。为了与目标用户建立强信任关系,庄泰很早就专门成立了两家旅游公司,一家专门为中老年人群体定制各种旅游产品,有一日、两日的短线游、周边游,也有六日、八日的深度游、品质游;另一家专门为中老年人群体设计"世界硒都"湖北恩施市的深度品质游产品。相对于其他旅游公司，它们所提供的旅游产品并非独一无二，同类产品的竞争依然激烈，但结果呢？因为它们的品质和服务更好，价格更实惠，也更适合中老年人，消费者体验很好，口碑很好，甚至在疫情期间，诸多旅游公司破产之时，它们也维持住了旅游业务微增长的局面。

作为一个跨界而来的"闯入者"，庄泰在与深耕旅游行业多年的专业旅游机构正面竞争的时候，凭什么始终占据上风？其实答案很简单，它们做旅游，要的是用户，而不是利润。因为放弃了利润要求，旅游产品在设计的时候，既可以让利给旅游产品的实际供应方，包括酒店、景区、巴士公司，甚至导游，以拿到更好的资源，获得更好的服务体验，又可以在产品定价上让利给消费者，让旅游产品更加有竞争力。不仅如此，每一次发团，在导游之外，庄泰都会按照人数配备一定的专业服务人员（大C），他们负责为全团旅客提供全程陪伴和"一对一"的贴心服务，旅客有任何需求都会第一时间响应。如果是深度游需要在酒店过夜，那么他们通常会免费提供产品试用，应季果盘，餐前有益生菌，睡前有羊奶，为爱喝茶的用户提供好茶，为爱喝酒的用户提供好酒……整个旅游过程以美食、美景为内容，体验是很纯粹的，他们绝不在旅途中售卖产品，更不会拉去什么地方强制购物，反而是一些旅客觉得产品不错，主动来问询，他们才会提供一些知识科普和个性化建议。在轻松愉悦的氛围中，大家很容易相互了解，建立起了信任关系，这些以旅游为入口的商业社群自然就形成了。

Ⓒ 信任，幸福与信仰

如果说，庄泰通过旅游产品与用户建立稳定的信任关系，通过试用、科普、交流、分享等方式让消费者认识产品与服务，形成持续的转化与购买，这种"失之东隅，收之桑榆"的"拉新"和"引流"更像是一种营销策略的话，那么必须有一系列好的产品和好的消费体验持续作为支撑，才能真正把社群生态维持下去。而社群生态是否具有为某个目标客群持续提供好产品的能力，才是其能否稳健持续发展的核心竞争力。

早在庄泰创业之初，邵世海就把这个问题想清楚了。根据自己多年来的职业经验和行业资源，围绕中老年人群四种常见的疾病困扰，庄泰创新研发了四类健康保健食品。在现代工作节奏快、生活压力大的社会环境里，中老年人都无法逃脱这四种疾病困扰：一是心脑血管问题；二是胃肠健康问题；三是骨健康问题；四是防癌抗癌。庄泰围绕这四个具有普遍性的疾病困扰，有针对性地选用疗效显著的中医药，开发出系列保健食品。产品研发之时，遵循"单一功能"和"量效结合"的思路。"量效结合"指的是，产品的功能必须量化描述，明确告诉消费者什么样的症状，应该吃多少，就可以见到疗效，并建议消费者随时通过三甲医院的体检仪器，进行数据检测和效果跟踪。

保健食品的专业性门槛比较高，普通消费者对于这些专业信息的掌握其实是远远不够的，大部分消费者都是在疾病发生的时候，去医院寻求帮助。但事实上，这些困扰中老年人群的疾病有一些普遍性，"三分治七分养"，平时对有关问题针对性地进行主动保健和调养，其养生效果远远优于发病之后再做被动治疗。哪怕是不考虑入院治疗对身体和情感的负面影响，仅仅从经济层面考量，日常保健食品的支出，也会远远少于紧急情况下大额的医疗支出。只有在构建强信任关系的基础上，目标客户才有机会全面地、有针对性地了解自己的健康困扰，听取专业的科普知识，并积极寻求解决办法。如果是弱关系，一接触到"推销"，没听两句就会认为这是在"洗脑"，会在情感上产生排斥，甚至迅速转身离开。庄泰为维护强信任关系做的还不止于此，其有三个制度化的约定，让消费者彻底免除了后顾之忧。

一是引入第三方数据评估制度。消费者有健康问题需要解决，充分尊重他们的选择权。消费者既可以选择购买大C推荐的保健产品，也可以直接到三甲医院寻求帮助，让专业医师提供更专业的建议，或开药或住院治疗，还可以征求家人和朋友的意见，去药店、大药房购买功能相近的药品或保健品，所有这些选择都可以在一定程度上为消费者解决健康问题，消费者的选择权都得到了很好的尊重。特别地，庄泰还主动让消费者定期到三甲医院，用专业仪器检测数据来评估功能和效果。

二是无理由退货、退款制度。尊重消费者的后悔权，无论在任何时候、任何地方，从任何一个销售大C处购买的任何产品，只要不影响二次销售，都可以无理由退货、退款；甚至有些开箱吃过的、用过的，也按原价退还。这条制度刚开始执行的时候，很多销售不理解，认为好不容易卖出去了随时给退货，就白费劲了，但事实证明，除了极个别需求挑剔、冲动消费的用户，留下来的大部分人反而更加信任产品，不仅自己每年都买，还介绍了不少亲朋好友加入进来，成为"超级用户"。

三是"等值双向积分"制度。在增加用户黏性和促进口碑传播方面，庄泰开创性地设计了一个"等值双向积分"的激励方式。"把用户怎么来，从哪里来"这件事情，以积分的形式固化下来，而且重点鼓励"老带新"。老用户通过亲身体验，产品怎么样，他们最有发言权，也最有说服力。一般情况下，人是群居动物，发现好东西都会乐于分享。如果在分享的同时，还能获得一定的激励，那么这种分享就具备了可持续性。"等值双向积分"就意味着，只要完成购买，推荐人和购买人都可以获得相同的积分，拿着这些积分可以换取相应的商品。而且，这种"推荐—购买"的关系在庄泰的体系里是永久的，不会轻易改变，这就具有了更强的激励效果。更值得一提的是，这个关系只有二级，而不是三级、四级或更多级，这样就避免了本末倒置，形成"金字塔式"的营销结构，出现拉人头"违法"或"失控"的可能。

这些制度并不是每一个企业都有底气和魄力去设计和执行的，因为这意味着产品本身不能有任何瑕疵和问题。事实上，邵世海最主要的时间，就是花在选品和试吃上。每一款产品，都能在全国甚至全球范围内找到最优秀的供应商，提供最专业的设计、生产、运输等工作。由于庄泰都是长期合作且批量定制，常常能拿到很有竞争力的供货价格，也能在品质管控和供应资源上占据优势地位——这也是他们对产品力如此自信的主要原因。这些年，庄泰体系能持续保持年增长 30% 的快速发展，跟这些有益于消费者的制度在整个体系里不折不扣地执行落实有很大关系。

我们调研发现，庄泰仅仅在南京就拥有数万个这样的"超级用户"，平均下来，每个用户每年在庄泰体系里会购买超过万元的商品，他们是这个生态体系里的核心力量。在他们看来，庄泰体系就是一个大家庭，他们就是亲切和睦的家人，他们可以随时享受批量购买的折扣，可以把产品存放在公司，按照自己的食用频次和进度，随时到公司来提取最新生产的产品，顺便还能参加各种类型的交流活动。数据显示，其中有两三万人是跟随庄泰十年以上的老用户，他们的各项健康指标，随着年龄增长，每年都能维持在良好的水平上，这些能效合一的保健食品功不可没。这些老用户与庄泰不离不弃，还在庄泰自发构建了各种社群，他们不仅是消费者，还是参与者和贡献者，让原本单一、枯燥的老年时光，充满了幸福和欢乐。

一个用户与社群生态之间，存在三种境界的强关系：若有了交易、复购，他就表达了信任；若有了参与感、存在感，他就有了幸福；若有了归属感、荣誉感，他就有了一种信仰。什么是信仰？理念上认可，行动上表达。我们了解到，有一些庄泰的老用户跟庄泰已经远远超越了商业链接，形成了价值链接和情感链接，不会主动离开，只有当他们不幸辞世的时候，才会被动离开——也许这就是信仰。

信任是整个生态体系的土壤，是基础，如果没有它，生态就不会存在，更不会发展。庄泰面向中老年人群体的健康需求构建了一个以保健食品为主体的社群生态做法，具有一定的普遍性，一些理念和方法论都可以借鉴和参考。社会上诸多有同样消费特征的群体，如母婴群体、少年群体、创业群体、社会精英、中产阶级、高净值人群、E世代年轻人、乡镇青年……未来都有可能构建起这种多中心、分布式的商业社群生态，在平台白热化的存量竞争外，实现增量发展。"万变不离其宗"，强信任关系就是这个"宗"，如果有的地方信任多一些，有的地方信任少一些，那么信任多的地方，土壤会更加肥沃，用户会更有活力，更加生机勃勃，更有利于生态生存和发展，更有利于裂变式增长。这是对人际信任关系的历史致敬和价值回归，在数字化时代里，我们将重新回归"物以类聚，人以群分"的时代，我们将重新回归"先有交情、再有交易"的逻辑，以及一个和谐、有序、分享、开放的商业世界。

第七章

内容也是生产力
（商业元生态之"空气"）

第七章 内容也是生产力

2021 年 11 月 12 日，各家零售平台"双 11"战报发布，人们不再有多大的惊喜，也未在朋友圈广泛传播。从 2020 年到 2021 年，从最初的 24 小时限时促销到如今前后超过一个月的促销模式，"双 11"活动周期和统计周期的拉长，数据增长乏力已经肉眼可见。

不知不觉，作为传统电商模式每年最重要的促销日，"双 11"已经走过了 13 年。消费者很佛系，如果促销玩法越来越复杂，让人越来越看不懂，那么不玩也罢，毕竟现在的消费选择太多了，场景多样化，哪里都能买；商家也很无奈，在平台上做生意，就要遵守平台的规则，支付完巨大流量费、推广费、人工费、平台抽成，若还得老老实实打五折，就更加无利可图。

传统电商模式，在经历过一段狂飙突进之后，已经陷入流量增长瓶颈，直播电商"单骑救主"，有望成为新的增长点。2021 年"双 11"期间，直播几乎成了所有商家的常态，而在平台选择上，淘宝、抖音、快手等三大流量平台自然成了他们的首选。在直播形式上，有的是自播，有的则与流量主播合作，能带货就行。

近两年来，直播电商强势崛起，成为少数看起来拥有流量红利的领域之一，如今已经具有超过万亿元级的行业规模，并且仍在持续扩大中。从内容和模式上，直播电商对于传统电商有较大的颠覆和创新，具体表现在以下三个方面。

其一,"人人"销售模式已经成形。在直播电商模式里,人(主播)的重要性被大大增强,取代了场(渠道),成为销售的关键节点。直播间"一对多"的销售模式大大提高了沟通效率,也让每个主播都成了"选品官",积极行动起来,为粉丝找到性价比最高、附加值最高的货品,从而维持粉丝对主播的持续信任。

其二,人际信任发挥重要作用。在传统电商情境中,消费者选择某个品类是源于对品牌、商家和平台的信任,消费者"货比三家""先看评论"才谨慎做出购买决策。而在直播电商情境中,对主播专业选品能力的信任或者对主播本身喜爱所带来的信任,使消费者能更快地做出决策,降低了决策成本。

其三,产品内容更加丰富多元。与传统图文信息相比,直播电商为消费者带来了更丰富立体的信息,在很大程度上还原了线下购物的体验,直播电商具有双向实时互动的特点,消费者观看主播讲解的同时还能随时提出问题咨询主播,可以在直播间内与主播聊天互动,购买过程更加充满趣味性。

特别地,具有庞大粉丝基数和忠实购买者的主播具备强大的议价能力,能为消费者带来极具性价比的产品。以一些知名主播的直播间为例,其部分大牌美妆产品的价格甚至比免税店价格更低。

国家统计局数据显示,2021年上半年,全国网上零售额61133亿元,同比增长23.2%。其中,实物商品网上零售额50263亿元,同比增长18.7%,网购消费仍在稳步增长,看起来疫情所带来的影响并没有想象中的那么大。事实的真相是,传统电商的流量被直播电商吞占,而直播电商平台的流量却流入了头部IP的口袋。2020年"双11"预售当天,同样是10月20日,某两位知名主播的直播间销售额合计约78亿元,而2021年两人再次打破纪录,合计销售额约为189亿元,同比增长142.0%。

关于直播电商依然是流量模式、"弱关系"的讨论，我们在前文中也早有提及，此处不再赘述。我们只是借由 2021 年"双 11"中"传统电商"和"直播电商"关注热度一减一增的明显对比，来看看内容的创新与变革，可以给人际关系和社群商业带来什么样的变化。

内容即产品

很早以前，"内容"就与"营销"放在了一起，内容营销是一门讲究专业技巧的学问。在经典的营销理论体系中，内容营销被定义为一种战略营销方法，通过生产发布有价值的、有关联的、持续性的内容来吸引、获取和聚集匹配度高的目标人群，最终改变或强化目标人群行为，推动商业转化、带来收益。内容，对于消费者而言，就是在购买决策之前需要了解的关于商家、品牌与商品的各种信息，驱动消费决策的过程就是消除信息不对称的过程，而在这个过程中，内容的传播和交互发挥着无可替代的作用。

在商业语境中，内容涵盖了与消费者相关的所有产品和服务：它可以是一张图片、一篇文章、一款游戏、一个话题、一个综艺、一场直播，以及消费体验之后沉淀下来的体验和感受，还可以是品牌立场和价值认同带来的归属感、荣誉感，等等。对商家而言，内容已经成为产品力的一部分，内容也是不可忽视的生产力（如图 7-1 所示）。

图 7-1　内容是不可忽视的生产力

"内容即产品"的第一层意思是，内容可以建立链接。曾经，内容被分为公共内容与产品内容，通过具有较高的公信度的独立第三方媒体渠道进行传播，由这类独立第三方媒体提供的内容在权威性、可信度方面超过企业。当时，企业通过在媒体上做广告和投放内容，与消费者建立联系。企业通过媒体平台广而告之，强调企业品牌价值、公司实力或产品亮点，媒体既向消费者提供优质的专业信息，也向消费者提供企业广告信息。当然，通过这种方式建立链接不是一件容易的事情，媒体"自上而下"、中心化的传播方式让受众具有较大的不确定性，而且究竟什么样的广告信息更能吸引消费者的注意力也越来越成为内容传播的关键。每个环节的演进都体现着专业性与精细化，包括"定位""冲突""符号"等，各个广告策划公司，纷纷成为商家在内容营销上的军师和谋士。如今，进入互联网时代，信息连接与交互方式发生了变化，传统媒体模式首先被迭代和解构，一种新型的具有碎片化、个人化、自主化的传播方式兴起，数据处理能力被充分地运用在内容传播路径上，内容的传播路径和效果都变得可追溯、可调整。此时，好的内容更容易与消费者建立链接。

"内容即产品"的第二层意思是，内容可以增进信任。我们此前分析过，"品"字三个"口"，品牌要通过三个"口"建立品牌口碑，积极传播信息并建立消费者信任：第一个是"自己说"，持续通过各种渠道向消费者传递产品信息、品牌立场，增进大家对产品和品牌的了解及信任；第二个是"专家说"，通过权威媒体、专家为品牌代言站台，建立公共信任；第三个是"用户说"，让使用过产品的用户把消费体验分享出来，更具有可信度。以前集中式媒体模式下，"专家说"最重要，如今，"自己说"和"用户说"也越来越重要，特别是"用户说"，直接就是品牌网络口碑的体现方式。当今的互联网正影响着每一个人的生活，而包括微信、微博、网络社区、社群、电商等在内的互联网平台，是人与人之间"一对一""一对多""多对一""多对多"进行直接或间接沟通的桥梁工具，深刻地影响着人们在商业社会中的消费判断和选择。在蓬勃发展的商业环境中，这些散见于互联网的生活意见和看法最终形成了围绕成千上万个品牌的"网络口碑"。互联网已经成为重要的舆论场，逐渐占据了一定的影响力。同时，网络也是社会信息的集散地和社会舆论的放大器。很多言论，都是通过网络放大、推进、炒作并形成舆论的。

"内容即产品"的第三层意思是，内容本身就可以变现。在移动互联条件下，从新媒体到自媒体快速兴起，信息大爆炸的时候，如何在巨量信息中去粗取精、去伪存真，为人们提供优质内容的机构和渠道也是很有价值的。比如，知识付费成为一个商业的风口，支持了一系列"知识网红"的出现。这给商家和企业带来的启示是，好内容不是机械地附着在产品和服务之上，其本身就是产品必不可少的功能之一。老品牌讲传统、新品牌讲创意，大品牌讲品质、小品牌讲实惠，不同品类、不同品牌都可以用好内容加以赋能，做出差异化，从而提升产品附加值。当然，究竟什么样的内容才是好内容，过去是专家说了算，现在是数据说了算，市场说了算。我们不再需要"拍脑袋"进行决策，而是可以通过数据监测来看内容效果的精准呈现。只有那些适合消费者，获得大多数目标消费者认可，能增进消费者信任关系，并驱动他们做出购买决策的内容才是好内容。

如今，尽管媒介与内容形式不断进化更迭，内容已经成为产品的一部分，但是内容营销并不是被弱化了，而是被强化了，发挥着越来越重要的作用。借由数字化、智能化的手段，我们对于内容的策划和输出也不再盲目，可以完全按照目标消费群体的需求变化来"定制"。

内容的三个层次

我们所说的内容，若根据其知识密集程度严格区分，可以分为三个层次（如图7-2所示）。

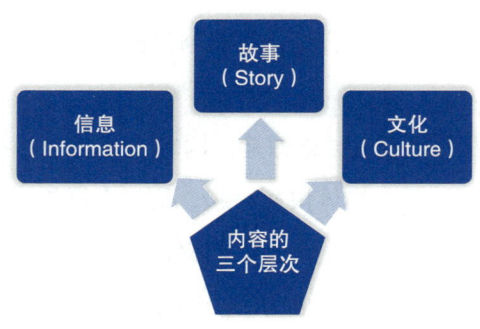

图7-2　根据知识密集程度不同，内容可以分为三个层次

第一个层次是信息（Information）。信息是最普遍、最广泛的存在，知识密集度低，意味着信息产生的门槛低。公共信息包括新闻、资讯、八卦、小道消息；内容信息包括企业简介、产品说明、办公地址、联系电话等企业信息，以及功能、价格、原料、工艺、技术参数、生产日期、保质期等有关产品信息，还有促销打折、买赠活动、节庆日、会员信息等消费信息。信息内容是基础，丰富度及广度最大，也是消费者最需要了解的部分，内容信息的核心要求，是真实客观。如今，每个人的手机里都充斥着"碎片化"的信息，一句话、一张图、一条短视频，比较适合"短、平、快"的传播模式。不过，这类信息大都围绕着热点、焦点问题展开，而新闻热点的频次切换极快，变化也难以预测，跟着热点进行内容策划，需要一定的专业能力和运气。因为具有随机性，一旦碰上，必成爆款。比如，鸿星尔克直播间的"野性消费"，成了年度最热的话题，就是"无心插柳"的诚意之作。

2021年7月22日，鸿星尔克因为低调驰援河南灾区并捐助5000万元物资引发网友关注，"鸿星尔克的微博评论好心酸"一度登上微博热搜。高额捐助与鸿星尔克"自身难保"的状况形成的巨大反差，是引发外界关注甚至心疼情绪的关键原因。"快倒闭的企业捐5000万元，比明星强多了""微博会员不舍得开，却捐了5000万元"，很快，网友们不仅为鸿星尔克的官方微博充值了120年会员，更是涌入其直播间疯狂刷礼物和下单，每天数百万人涌入各平台的直播间，上架一款抢空一款，抢货行为甚至蔓延至各城市的线下专卖店，导致全渠道缺货。随着事件的不断发酵，鸿星尔克的一系列后续反应，如劝导消费者"理性消费"，被回应称"就要野性消费"，其创始人吴荣照"骑共享单车"亲自现身直播间回答网友提问，都在持续输出新闻爆点。

如果说在暴雨洪涝、疫情与奥运会这样的大事件中，有哪个品牌在夹缝中获得了全民关注，那么鸿星尔克一定是其中最出人意料的一个。在社交网络上，消费者情绪在短期内集中爆发并快速蔓延，有很强的偶然性，这并非鸿星尔克有多高明的营销手段。对于其他品牌来说，无法简单复制，也无法提前营销策划。消费者疯狂下单的背后，更多是来自情绪冲突的驱动——网友自发觉得，购买一双鞋、一件衣服是对良心国产品牌的一种支持。

当然，也有不少信息热点的切换，为一些品牌带来了不好的情绪，如新疆棉事件、吴某凡事件等，一些企业品牌被裹挟在汹涌的情绪中，此时的危机公关能力，也是互联网企业必备的内容能力之一。这对我们的启示是，在传播越发"失控"的社交网络，大部分商家可能无法去策划热点，不过，一旦热点出现，要具备专业化、系统化的应对能力。

第二个层次是故事（Story）。故事是指经过主动策划和专业编辑的具有一定知识密集度的信息，通常以若干文章、音频、视频等方式呈现，故事中包含了时间、地点、人物以及起承转合等事件演变过程，有的还有情节冲突或主观判断。人天生对故事感兴趣，不管男女老少，每个人都喜欢听故事，在公共传播领域，故事是最有生命力、最容易得到传播的形式。营销作为与消费者心智的一场博弈，其中的品牌故事有着天然的穿透力。具体到企业，可以讲的故事也有很多，产品故事、品牌故事、创业故事、职场故事、情感故事、商战故事等。讲故事需要专业策划和编辑，如何巧妙结合品牌信息，讲一个消费者爱听的故事，是企业品牌力的核心体现。我们看到不少优秀品牌，具有很高超的讲故事能力，既能准确表达品牌信息，又能生动形象让人印象深刻，甚至融入了品牌的情感表达，很容易打动消费者。

实际上，内容营销的主要任务就是故事营销。在产品力相当的条件下，故事营销的能力高下决定着品牌成长的快慢。营销界一直流传着这样一句话，"讲故事是最有效地提高用户参与度和说服用户的方法"。消费者总是对抽象的事实无感，对跌宕起伏的具体故事如痴如醉。通过故事，缩短了产品和消费者之间的距离；通过故事，消费者对产品进一步熟悉、亲近，甚至在不知不觉中加深了对产品的感情。一旦一个品牌取得了消费者和市场的信任，消费者就愿意为它的产品支付更高的价格。同时，建立品牌也是建立竞争壁垒，会形成差异化竞争优势，增加品牌溢价。农夫山泉自创立以来，就通过一系列的策划和故事，成为国内瓶装水行业市场占有率第一的品牌。

在农夫山泉的产品营销中，都围绕着"天然""健康"的营销理念，广告语从"农夫山泉有点甜"到"我们不生产水，我们只是大自然的搬运工"，从"每一滴水，都有它的源头"到"什么样的水源，孕育什么样的生命"，一系列风格鲜明又始终如一的品牌理念，将天然无污染的水质、口感展现在消费者面前，让天然水、健康水的形象深入人心。2016年，农夫山泉推出了《最后一公里》《一个人的岛》《一百二十里》《一天的假期》等微电影，从搬运工到水质检测员，从长白山到千岛湖，让员工成为广告中的主角，低调却谦和地告诉人们：农夫山泉的品质就是来自这些闪闪发光的普通员工。在 2018 年，农夫山泉再次推出了纪录片式的微电影，将水源地的生态真实展现给大众。从银装素裹到层林尽染，从冰凌霜雪到飞瀑湍流，春、夏、秋、冬的长白山，神奇动物们不再踪迹难寻，林蛙、中华秋沙鸭、花栗鼠、高山鼠兔、马鹿、松鼠、花尾榛鸡、水獭、鸳鸯纷纷出境。这支广告片呈现出了长白山的自然生命是如此纯粹和灵动，每一帧都能让人感受到大自然的美好。透过有品质、有内涵的故事表达，农夫山泉向消费者展示了长白山水源地的纯净，令人印象深刻。

好的品牌故事是消费者和品牌之间的"情感"切入点，赋予品牌精神内涵和灵性，使消费者受到感染或冲击，全力激发消费者的潜在购买意识，并使消费者愿意"从一而终"，这也是支撑品牌溢价效应的一大利器。其实，不仅仅是农夫山泉，任何品牌的诞生都一定有其独特之处，需要我们沉下心去慢慢挖掘。

第三个层次是文化（Culture）。当内容生产能力能达到持续、专业、规范地围绕某个主题讲故事，形成具有鲜明特色的系列，再经历足够长的时间考验，就可以慢慢沉淀为文化。文化的载体通常有图书、电影、电视剧等。有的故事穿越时间界限绵延数千年传说至今，有的故事跨越山海广泛传播到世界的各个角落，这就成了文化。对于企业来说，文化的力量对外是内容营销，对内则是融合与管理。俗话说，"管理十人企业靠情义，管理百人企业靠制度，管理千人万人必须靠文化"。一些企业通过把品牌故事、创业故事总结提炼成图书，形成自己独特的企业文化，如华为的"奋斗者精神"，阿里巴巴的"阿里巴巴味儿"，海尔的"人单合一"，腾讯的"产品基因"等，在各自公司和领域中，都有很大的号召力和影响力，在公司规模发展壮大，人员扩张的时候，文化的纽带发挥着重要的作用。在同等条件下，那些有文化气质的公司更容易获得消费者的信任与好感。

特别地，有一些经过时间检验，拥有足够知名度、美誉度和口碑的文化元素，就沉淀并升华为文化IP。所谓"文化IP"，特指一种文化产品之间的连接融合，是有着高辨识度、自带流量、强变现穿透能力、长变现周期的文化符号。文以化人，文以载道，通过文化为品牌赋能，这是品牌营销的最高境界。比如，圣诞老人的故事，家长都知道是谎言，他们却每年都与孩子们一起欢度圣诞，迎接圣诞老人。迪士尼的米老鼠、唐老鸭、白雪公主的故事，都是虚构的，但人们对于这些故事百看不厌，百听不厌，并乐于为之买单，这就是文化的魅力所在。故宫的互联网商业化成长史，就是一个顶级文化IP的诞生过程。

故宫是一个充满故事的地方，明、清两代24位皇帝在这里居住过，这里发生了无数影响中国经济、政治、文化和社会进程的重大历史事件。文化的传承与革新，一定要符合当下的语境，用现代人的审美和消费方式来完成文化的传承。从抢不到的"萌萌哒"胶带，到故宫淘宝和故宫文化创意的文创口红之争；从《我在故宫修文物》到《上新了，故宫》，600岁的故宫开启了"神操作"，引发一波又一波的热议，作为文博产业的创意榜样，故宫在"超级文化IP"的路上越走越快。故宫很善于挖掘其丰富的明、清皇家文化元素，将故宫建筑、藏品、历史故事、形象、色彩、图案等传统元素融入现代化的设计中，而人们对于传统文化关注度的回归以及对传统审美的回归都让故宫这个大IP重新焕发生机。故宫的文创产品很多，主要有手机壳、冰箱贴、骨瓷杯、折扇、记事本、胶带、书签等生活和办公用品，这些贴近人们生活的文化衍生品主要通过电商渠道售卖，在传承和宣扬传统文化的同时，实现了对超级品牌IP的变现。目前，故宫的收入主要由门票和文创两个部分构成。故宫是全球范围内年接待游客最多的博物馆，每年的门票收入达到了8亿元，故宫文创收入自2016年开始，每年都在10亿元以上。至今，故宫"文化 IP"的价值已经得到了全面爆发，进入年轻人的视野，保持着强劲的增长势头。

因此，内容从信息、故事到文化，是一个由浅入深、循序渐进、持续升华的过程。具体到品牌内容上，信息要求真实客观，更聚焦于产品本身，故事要求生动形象，蕴含着品牌价值，文化要求深刻悠远，是企业精神的集中体现。在品牌的内容营销中，可以根据短期、中期和长期等不同的需求，侧重不同的方面。当然，一个品牌最核心的永远是品牌文化与价值观的表达，在所有的品牌资产中，最重要、最具影响力的始终是品牌的文化价值。

内容：公域与私域

上文中，我们花了不少时间讲述内容营销在公共领域的传播作用，这是从工业化以来，诸多管理学者、营销专家通过无数实践案例总结而成的经验和做法，值得学习和借鉴。不过，这些内容营销理论的假设前提，都是在尚未与消费者建立链接和信任的基础上，如何通过优质的内容策划与传播，获得关注与链接。接下来，我们可以看一看，在已经建立稳定链接与信任的基础上，去做内容的营销和传播，会发生什么情况呢？

2021 年 7 月，为了支持刚刚开发出来的喜抱网 App 试运营，两名在淘宝和抖音直播间打拼多年的小主播，小吴和小李被聘为喜抱网的专职产品主播，开始在商业社群中进行直播。直播的时间定在每周五晚间，直播界面是微信视频号。他们的直播和产品折扣消息，一般早早地就被上千个群主大 C 用小程序分享到数万个商业社群中了。每场直播一开始，当他们对益生菌、燕麦片、豆腐乳、茶叶等产品进行一一解说时，大部分情况下，他们还没有说完，产品就被抢购一空，甚至有很多人就是来直播间下个单就离开。

他们一开始看到数据的时候都很吃惊，原因有二。一是购买主动性太强了。自己刚开播，对于产品仍不熟悉。公司体系内的各种产品有不少，想要详细了解每一个是需要过程的，他们在做产品讲演的时候，感觉还远远没达到"得心应手"的状态，直播间现场的气氛也没有想象的那么活跃，换句话说，过去从来没有碰到过如此"轻松"的活儿，还没等他们放开嗓子喊"买它！买它！"人家就已经下单抢购了。二是转化率太高了。按照直播的转化率，1/10 的转化下单就已经很高了，而在喜抱网的直播间，在线人数并不多，少则几百人，多则上千人，算起来转化率超过 50%，这是极为难得的，哪怕是国内数一数二的主播也达不到。

同样是直播，同样是在直播间讲产品，效果和差距如此之大，究竟是为什么呢？因为他们面对的是两个截然不同的场域：公域和私域。公域直播就和大家通常在淘宝、抖音、快手等平台看到的直播一样，因疫情而迎来大爆发，如今依然处于增长红利期，在此不再赘述。我们从这两个"试水"的小主播身上看到，"私域直播"可能蕴藏着直播电商行业发展的秘密。

首先，私域直播的对象不一样。不同于公域直播中随机、偶然进入直播间的粉丝，私域直播间里的每一个人，都是因为某一对"大 C 与小 c"之间的强信任关系而来的，在进入直播间之前，大 C 已经提前告知他们直播间有什么，哪些产品有折扣优惠更值得购买。他们对于庄泰体系已经熟悉，有些产品也消费和尝试过，下不下单已经心里有谱，目的性很明确。公域直播间里，主播需要使出浑身解数去营造气氛，去费力"煽动"和"忽悠"，驱动网友粉丝们下单，尽管说起来都是"家人们"和"宝宝们"，实际上大家都是陌生人，从围观看热闹、感兴趣到下单购买，从对主播的信任转化为对产品的信任，仍需要经过一个思考过程，哪怕是在直播间冲动购买之后也可以七天内退货、退款，这并非真正的认可和转化。这一切在私域直播里完全不用担心，因为对社群有信任关系，小c在下单购买之后，大C都会收到发货信息，最终是由大C送货上门，完全可以免除后顾之忧。基于对社群平台的信任，来了就买、买了就走的小c也并不鲜见。

其次，私域直播的要求不一样。公域直播仍是流量模型，在平台流量推送或智能推荐的条件下，不断有人进来，也不断有人出去，整个直播间数据是一个动态平衡。因此，从直播间的布置、策划、产品逻辑、主播着装、主播话术等都有很专业甚至苛刻的要求，要想在短时间内把随机的、偶然进来的粉丝吸引住并留下来，是一件非常艰难的事。因此，公域直播在内容传达上，要求个性、活跃、夸张、出彩、博出位。相反，在私域直播中，每个来直播间的小c都是有真正购物需求的，想来的才会来。在内容传达上，要求客观、真实、准确，避免夸大其词，把产品信息讲清楚就行，提倡冷静的、理性的消费，最重要的反而是销售政策和折扣力度，哪怕是直播间布置得简陋些，主播介绍得简单些，想买的就会买。小c已经先通过大C对社群品牌有了信任，自然也会对产品产生信任，因此，在私域直播中，主播是谁并不重要，主播说什么、说得怎么样也不是关键。

最后，私域直播的运作逻辑不一样。在公域直播的激烈竞争中，主播拥有较大的主导权，他们之间最大的竞争力来自选品能力和议价能力。按照平台的算法，主播一旦开播，就会首先推送给粉丝，主播在平台拥有的粉丝量又是其竞争力的集中体现。粉丝量大则选品和议价能力强，产品性价比高则消费体验好，粉丝量也会增加。因此，在公域直播中，流量必然会逐步向头部主播倾斜，"强者恒强"的互联网逻辑，毫无例外地在直播电商行业再次出现，主播、平台、MCN公司、品牌商等参与各方慢慢都意识到了这个问题，但看起来至今没有妥善的解决方案。从喜抱网App的试水和实践来看，无论是主播，还是商家，都可以与网友或观众构筑一种强信任关系，再通过私域直播进行"带货"，哪怕规模并不大、人数并不多，但是转化成交的效率更高，体验更好。而且，在商业社群生态中，更进一步依托于"大C与小c"的强信任关系，每一个小c下单之后，都会由他所在社群的大C负责售后服务。直播商家只需要批量发货到大C，"最后一公里"由大C来自主安排完成，或者定点取货，或者售后服务，大C和小c多见上一面，就既可以降低物流和服务成本，也可以持续优化关系、增进信任。

如今在直播电商行业，也发现了一些从公域到私域的迹象：一是头部主播有意识地培养粉丝忠诚度，有的还构建了一些社群，也是按照由弱到强的信任度这个基本趋势来策划的，然而，因为主播与平台仍在博弈，即使知道方向正确，也没有办法放开膀子做；二是平台也在积极地培养腰部主播，在流量上适当限制头部主播，让粉丝更多地与平台而不是与主播建立更好的信任关系；三是商家在平台的支持下积极开展"自播"，品牌直播间将会更多地强化粉丝对品牌的信任，成为品牌自身的粉丝和"私域"……我们判断，在公域直播流量红利消失之前，私域直播可能会慢慢酝酿和发展，但很难成为当下的主流。

另外，比较现有的所有直播平台，能够开展私域直播的恐怕只有微信视频号，因为微信的社交关系和社群关系已然存在，视频号只不过是把这种关系用视频和直播的方式集中展示在一起。目前，视频号之所以看起来还不温不火，是因为其仍采用跟随战略，紧跟着淘宝、抖音、快手这些头部平台的模式，没有根据自身的特色和优势，寻找到可以让公域直播转化到私域直播的路径。但是，我们相信，随着人联网这一基础设施从理念走向实践，私域直播的爆发已经为时不远。

社群化内容

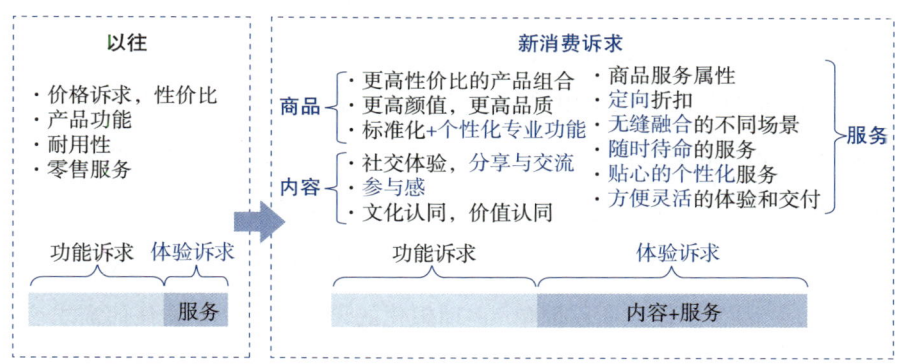

图7-3 新消费的诉求

在这个像亚马孙雨林一样的社群生态里,内容像空气一样无所不在,参与者普遍受益其中,社群生态在新鲜的空气中持续生长。信任关系得以维系和可持续的最大原因是有好的、专业化的内容,生态中的参与者,都要有内容作为支撑。而"私域直播"刚刚开始试水,在许多公司的内容体系里仅仅占据很少的一部分,更多社群化的内容,在活跃用户关系、增进相互信任与加强情感连接等方面,发挥着不可替代的作用。

现在人们往往手机不离身,几乎可以做到常态化实时在线,微信、微博、抖音等社交媒体已经彻底改变了人与人的交互方式,看抖音、刷朋友圈、购物、娱乐、咨询、分享全都在数字化平台上进行。过去交互技术落后,没有方便有效的工具追踪消费者行为,如今计算机技术和互联网环境已然成熟,人工智能的出现,关注每个用户的需求变化,并不是难事。

无数实践经验表明,内容是社群的核心(如图7-3所示),创建内容策略要兼顾用户需求和商业目的,在社群运营中还要不断分析和评估内容带来的效果。企业在社群运营时首先必须了解和研究用户，根据用户的需求来提供产品和服务。同时，企业提供的不仅仅是产品和服务，更重要的是由此产生的客户价值，想清楚建立的社群到底能给用户提供什么价值。只有探究到用户真正的需求，并进行规划设计，才能确保社群运营的成功。由于每个用户的生活经历、受教育程度、工作性质、家庭结构、个人审美情趣各不相同，每个人对产品服务的品质需求侧重点也大不相同。而要精准把握这些需求的变化，除了基础的数字化技术手段之外，更重要的是要依靠社群中那一对对早已存在的强信任关系。换句话说，"因为信任，所以简单"，理想化的设想是，小 c 的任何需求变化，大 C 都应该在第一时间获知，并及时予以反馈和处理。

在研究中我们发现，社群内容的标准化、普遍化、常态化是必然趋势。社群内容就是让圈层内容流动起来，它更像是一种"去中心化"的营销路径，借助内容的互动性和再生产能力，把营销信息策划为一个话题、一场活动，吸引用户自发传播甚至二次生产相关内容，该路径下企业要更加注重对内容趣味性和互动性的设计，通常选择社交媒体以及合适的 KOL、KOC 辅助内容的互动、传播和裂变。

庄泰所构建的社群生态在内容投放上可圈可点，它们构建的社群既不是陌生人随机凑在一起组建的微关系社群，也不是天南海北的亲友同事组成的弱关系社群，而是基于线下专卖店、基于社区文化所构建的本地化强关系社群。用户画像也比较精准，主要是那些关注健康、喜好养生、有钱有闲的中老年人群体。因此，它们在内容营销上，是基于用户私域化甚至是用户私有化的逻辑开展的。

其一，渠道与媒体"合二为一"。从"社群平台"到大 C，从大 C 到小 c 的强信任关系，把商品销售渠道和内容传播渠道"合二为一"，渠道和媒体有机融合，内容与销售相互影响，就能发挥出强大的能量。在传统模式中，媒体是媒体，渠道是渠道，因为它们发挥着截然不同的作用，是必须分开的。品牌通过在媒体上进行持续的内容投放与消费者建立信任，消费者若有购买需求，则需要找到销售渠道如直营店、便利店、网络超市等，才能实现购买行为。而在类似庄泰这样的社群生态里，因为构建了基于信任关系的私域，内容投放和商品销售都是通过同样的连接关系开展，消费者看到内容就可以直接简单点击完成购买，完全不需要另辟蹊径。这样的好处是显而易见的，内容的投放成本为零，因为目标明确、对象精准，转化效果很好。

其二，社群首先是个生活群。维持社群的活跃度，靠的是共同的诉求，共同的话题。在庄泰的社群内容中，生活化的内容占据很大比重，如吃吃喝喝、搞笑段子、八卦趣闻等，它们做了各种活动策划，都取得了很好的效果。比如，"晒图比拼"，吃是一个常讲常新、百听不厌的话题，让大家晒图，就晒自己烧的饭、做的菜，一到午餐、晚餐前后，群里开始晒图，各种好吃的菜，一边看图一边评价，相互之间还较劲比拼，十分热闹。因为"民以食为天"，一谈到吃的，每个人都能说上几句话。又如，"答题积分"，围绕养生、健康设计一些简单的知识性、科普性问题，让大家回答，全部答对获得相应的积分，而积分在购买商品的时候能冲抵现金，大家的积极性也会被充分调动起来，既能学知识，又能拿积分，还能刷存在感，一举多得。类似这样的内容，让社群成了一个生活群，每个人都愿意按时打卡，社群活跃度很高，成了一个很好玩的生活群，大家其乐融融，卖不卖产品倒是其次了。

其三，让所有人参与其中。在"一对一"的社交链接中，双向交互比单向传递更能增进信任度，也更稳定可持续。同样地，在"一对多""多对多"的社群链接中，保持双向交互、多向交互的方法，就是尽量让所有人都参与其中。庄泰的社群，虽然是开放式的，但也约定了一些基本的玩法和规则。比如，早会制度，要求所有人打卡，大 C 负责做工作汇报，汇报内容一般为与产品销售相关的信息，包括销售进度、

社群觉醒
小数据开启商业元生态

数据、排名等都真实客观地呈现出来，大家对工作汇报进行打分评价。而会议的主持人，采用轮值的办法，每个有意参与的小c都可以获得主持工作会和总结发言的机会。大家在与大C交流工作感受、心得体会的时候，不仅有了参与感和存在感，还因受到尊重有了责任感，如果谁的销售数据排名落后，同事还会一起帮忙想办法、出主意，如果销售数据排名居首位，还会一起开心地共享这份珍贵的荣誉感。

于是，在这样的社群里，一些看起来很重要的内容，如产品知识、专业知识、关联背景知识等，反而比重不大，通常是小c对于某个产品感兴趣了，主动要求了解的时候，进行精准推送。而推送的内容，也不是长篇大论的文字材料，而是关于产品的知识短视频，三五分钟的时长，由专家现身说法，深入浅出，把要点和问题生动地展现出来，让人一看就懂。

庄泰的社群化内容在强关系的私域中做得很好，但在公共领域仍存在一些短板。比如，社群品牌形象比较弱，知名度不高，品牌策划能力偏弱，在专业性上仍有很多功课要补。当前，庄泰面临的状况是，与陌生消费者建立链接和增进信任需要一个较长的周期，这也导致它没有办法快速"出圈"。当然，有所为有所不为，也许这就是它依然存在和稳健发展的根本原因，想要快，必然有资本、重流量、讲变现，那就是另外一个故事了。

从理论上勾勒，我们仍期待构建一个理想化的商业社群生态，它不仅可以拥有高知名度、高美誉度的公共社群品牌，还可以有强信任关系的社群关系，"倚天剑"与"屠龙刀"双剑合璧，优质的内容能力，不仅能在私域中步步为营，而且能在公域中所向披靡，又有谁能与之争锋?！

第八章

社群参与者
(商业元生态之"生物")

第八章 | 社群参与者

2021 年 10 月 12 日，樊登读书 App 官方宣布总注册人数突破 5000 万人。作为一个知识型服务平台，樊登读书的这些年，恰好经历了"知识付费"浪潮兴起、高潮、衰落乃至沉寂的全过程。在流量红利逐渐消失之时，相比于同行的勉强维持，或逐渐沉寂，樊登读书依然能保持用户量的逐年稳步增加，我们认为，其原因有三个。

<u>首先，高毛利的好产品</u>。樊登读书的产品简单，主要以 365 元年费的会员卡为主，每天 1 元钱，一年讲解 50 本书。从最开始，樊登读书就聚焦在会员这种毛利率极高、边际成本极低的商业模式上，会员制和会员卡销售一直是樊登读书会的核心，产品简介极其简单，一句话就能说清楚，易于理解和接受。樊登读书的目标用户群广大，从边境小城的青年到北上广深的都市人群，从小学生到老年人，不受年龄和地域的限制。樊登出身于央视，最初擅长讲解管理、心理、财经类的图书，后来涉猎广泛，亲子关系、健康养生、创业励志等无所不包，给了用户更多的选择。这些知识门槛不高，书中的道理通俗易懂有激励作用，对大多数极度渴望认知突破的年轻人来说都是真实需求，加上樊登特有的语言以及表述方式，很容易促成销售。樊登读书以"帮助三亿国人养成阅读习惯"为使命，以推进全民阅读为己任，在价值立场上站在了一定的道德制高点，有利于营销。

<u>其次，线上全域流量抓取</u>。要知道，樊登首先是在抖音和快手上爆

红而"出圈"的。谙熟流量规则的樊登读书早早将重心放在了短视频平台上，2018 年成立新媒体小组，2019 年布局直播赛道。据媒体统计，仅抖音一个平台，关于樊登读书百万以上粉丝的账号就有十多个，几万到几十万粉丝账号有上百个，名字中带有"樊登""樊登读书"的账号则超过 2000 个。樊登读书将 50 分钟左右的视频剪辑成多个版本分发给代理商、加盟商，每个账号会根据自己的风格把分发到的视频稍微进行加工，产出专属的账号内容。外界传言樊登用三年时间在抖音实现了 50 亿元营收，在 2020 年的"4·23 阅读狂欢节"中，樊登读书用一个月的时间实现了 4 亿元营收，最后导致平台对其进行流量限制。此外，在快手、微博、今日头条、小红书、知乎，甚至百度等社交类媒体平台全面布局，樊登读书构筑了一张无所不在的巨网，在有流量的公域中"抓鱼"。所有这些公域流量，最后都由樊登读书 App 这个私域平台来承接。

最后，线下代理商渗透。如果仅仅是停留在线上"抓流量"，樊登读书不会有今天的规模。能取得如此战绩，很大原因是樊登创业伊始，就采用了代理商制度拓展营销渠道，将自身的会员发展成为代理商，让他们可以获得加盟费和销售收入的分成。樊登读书以代理加盟的形式把业务触角渗透到下沉市场，其各类型合作代理商已经超过 2000 家，全国范围内省级已经全部覆盖，市县级覆盖率超过 80%。樊登读书做知识付费，不是靠一个一个拉会员，而是一批一批地卖会员卡。其代理分销模式，发挥了有效作用，一方面，代理商可以在线下拉新；另一方面，代理商可以做很"重"的线下社群运营，组织用户参与线下读书会等活动，增加用户黏性。

拥有一款核心产品，通过"线上抓流量"与"线下找代理"相互结合的方式，支撑了樊登读书在过去数年的快速稳定增长，2020 年全年营收超过 10 亿元，在知识付费行业可谓"一枝独秀"。短短数年间，趁着"知识收费"浪潮兴起，这个以读书为纽带的社群模式已经初见成效，社群平台（总部）、代理商、大 C、小 c 等参与者都基本形成，也走出了一条被同行艳羡无比的收入增长曲线。不过，从参与者之间的逻辑关系与能量互动来看，在繁荣增长的背后，焦虑、挑战与隐忧仍在。

流量焦虑无处不在

在我们看来，樊登读书的发展模式依然是"流量型"，虽然因为有私域（自有 App）和社群（地方代理），让它比同行发展得更好，规模更大，但从最近的一些营销策略上分析，它仍然感受到了流量焦虑。

比如，2021 年 4 月下旬，樊登读书宣布推出三项新业务——非凡精读馆、新父母大学和企读，试图找到更多发展的可能性。据称，这三项业务分别承担了开拓产出端、C 端和 B 端资源的任务。非凡精读馆邀请更多"讲书人"参与知识传播；新父母大学关注亲子教育，面向的人群为父母；企读则是针对 B 端企业市场推出的读书产品。

又如，2021 年"双 11"，"樊登讲书年卡"的促销原则是"买一年赠一年"，"每天只要五毛钱"，近些年形成了常规，这样的"拉新"力度不可谓不大。但仅从数据转化来看，2021 年"双 11"做得远不如 2020 年好。

一个拥有好产品、有私域、有社群的模式，怎么也会陷入流量焦虑？事实上，正是缘起于樊登本人放权让利、有所为有所不为的管理哲学，樊登读书团队这些年稳步成长，已经是"知识付费"行业的天花板。它具备了商业化社群的基本结构，拥有数字化平台（App），广大用户（小 c）、区域合作伙伴（大 C 和代理商），以及社群品牌（樊登）和主打产品（读书卡），在理想的状态下，这些社群构建的共同参与者，在社群关系中各司其职，共同形成一个自循环的生态。让我们在商业元生态的分析框架里，来看看樊登读书的流量焦虑因何产生，又该如何化解。

办法说起来很简单，就是一句话，从流量思维转向用户思维。其实，我们整本书都是在讲这个问题。用户思维是一个理念，从理念到行动，仍需要有更多体系化的模式来逐步实践。我们没有掌握樊登读书具体的用户数据和运营数据，只能试图从表面上的一些策略来加以简单解读。比如，上文提到的"流量焦虑"问题，樊登读书在解决这个问题时，有两个策略值得商榷。

一个策略是"三项新业务"。舍近求远去开拓所谓"新的业务模式"，无论是非凡精读馆、新父母大学，还是面向企业的企读，这些看起来都很像是从以自我为中心出发的、自作多情的商业决策，失败的概率很大。通过时间的沉淀，用户对樊登读书和樊登已经有了足够的认知，"樊登是做什么的"已经在互联网传播中逐渐标签化了，很难改变。也许你开拓新业务的初衷是好的，但很有可能出现的情况是，用户根本不需要。此外，在没有用户数据的支持和验证下，一个全新的文化IP想要另辟蹊径获得陌生市场的认可，建立新的标签，短期内绝无可能。如果通过长期努力，费时、费力、费钱之后终于搞成，相比于现有的巨量用户资源和财富，也是远远得不偿失的做法。有这个时间和精力，用在存量用户的关系维护和需求挖掘上，更容易出成效。如今，樊登自身的私域中已经有了5000万规模的注册用户，哪怕只与其中的10%建立强信任关系，就是500万人，每人每年付费365元，就是182.5亿元，七成分给代理渠道，也仍有超过50亿元的营收，也是目前营收水平的5倍之多。从这个意义来看，如何专业化、精细化、科学化地管理和运营私域用户，与私域中的千万个用户建立稳定可持续的强信任关系，樊登读书仍然是任重道远。

另一个策略是打折促销。打折促销对于商品价值的伤害在所有领域都存在，知识类产品也不例外，在使用的时候务必谨慎。按照常规理解，樊登读书 App 中的讲书产品，以每年 50 本书的频次递增，内容更加丰富，数量和品种更多了，价值感应该更高才是，结果这么一打折，价值感也被打折。那么，曾经通过原价购买读书卡的老用户，是不是都要质疑自己的品位和选择了，那他该不该续费？那些平时对樊登有好感、有购买意愿的潜在用户，是不是干脆再等一等，也许以后还有"买一送二""买一送三"呢？这样的促销策略，想讨好新用户又讨好不了，又实实在在地得罪了老用户，属于典型的"昏招"。而且，这个价格甚至比曾经的代理商批量采购的价格还低，这么一来，这些代理商该作何考虑？肯定一个劲儿地骂自己傻。其实，同样是促销策略，按照用户思维的逻辑，完全可以采用既讨好老用户又吸引新用户的办法。由于内容逐年丰富，价值感增强，在读书卡的定价上不仅不能打折，反而要阶梯式涨价。若樊登读书每年"双 11"不打折，而是宣布涨价 10%，新用户按照新价格签约，老用户仍然按照老价格续签，并根据用户使用年限、活跃度、推荐成交等，赠送相应额度的阅读积分。这样一来，老用户会觉得，自己不仅能学习并获得成长，而且能得到尊重和理解，持续学习的动力就会增加，这才是真正的"宠粉节"；新用户一看，樊登很有人情味，在老用户的推荐下，自然也愿意尽快加入，因为他明年加入可能要支付更多的钱，不如趁早。

以上仅仅是碎片化的小策略，只要回归用户思维的逻辑，这样的策略会层出不穷、手到擒来。特别地，在樊登读书模式中发挥过重要作用的是线下代理商模式，让樊登读书会有了社群的初步形态。这一点，我们不妨展开来说。传统的零售商业模式，渠道代理销售是常见的一种，通过合作紧密程度、广度以及加盟费用的额度进行层级区分，渠道代理合作伙伴通常被称为"经销商""代理商""加盟商"，或者干脆简称为"B 端"。这种模式曾经发挥过重要作用，然而在数字化时代里，由于管理成本过高、销售效率太低而被取代和扬弃。

大 C、小 c 与代理商

我们在前文中反复强调，商业元生态中，最关键的角色是大 C（如图 8-1 所示）。这个大 C 的位置与功能，与传统零售分销模式中的代理商、经销商、加盟商等合作伙伴，看起来虽有相似之处，却已经是创新迭代，完全不可同日而语了。具体来看，有如下几点。

图 8-1 大 C 的崛起

其一，消费在前，销售在后。 首先消费者是小 c，大 C 是从小 c 成长升级而来。大 C 既是消费者也是销售者，"消销合一"，成为消费者在前，成为销售者在后。许多消费者小 c 持续消费和体验产品或者服务，其中的一部分小 c 特别认可品牌主张和价值立场，发自内心地持续用行动支持，成为不离不弃的老用户、超级用户，并愿意为品牌代言，向朋友推荐，这就是大 C。大 C 的 "大"，是与品牌的信任关系强大。相对而言，在传统分销模式中，有很多所谓的 "经销商" "代理商"，自己内心未必真正认可品牌理念和产品价值，甚至有些都不曾有过产品体验，仅仅是因为商业目的而来，认为加盟之后"有利可图"，这些人并不是我们需要的大 C。仅仅通过商业目的而来的代理商大都是弱关系，短期来看可能经营数据很漂亮，长期来看却未必是好事。因为这种关系来得快去得也快，不能同心同德，何来共同发展？这些小 c 需要通过时间的沉淀，消费体验，培训、赋能、资源互动，优胜劣汰，把微关系、弱关系转变成强关系，才能从代理商转化成大 C（如图 8-2 所示）。

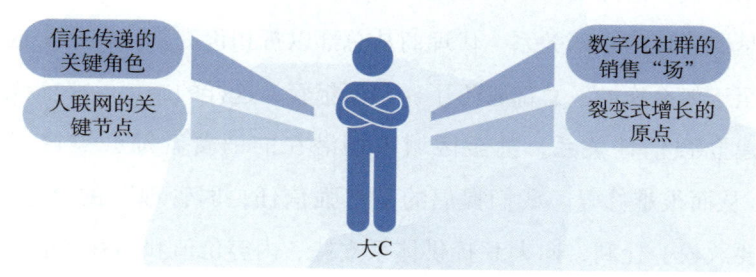

图 8-2　大 C 的关键作用

其二，信任在前，商业在后。不同于传统的代理商，这些从小 c 成长起来的大 C，能在社群中传递信任，通过大 C 的体验式分享，把信任关系传给小 c，把更多的小 c 培养成大 C，实现社群裂变。信任在前，商业在后。只有在与小 c 拥有强信任关系基础上，通过满足需求的商品或服务，才有可能完成商品流通和价值变现。一些传统的分销模式，代理商身背绩效压力，与消费者不管有没有信任关系，甚至不管认不认识，不管人家要不要，一心只求卖货。不管是谁，只要付费就行。这样容易出现成交之前的夸张、忽悠、过度承诺，而成交之后又简单粗暴、不管不顾的情况，用户信任关系反而遭到破坏。关键问题还在于，用户在对消费体验有所不满的时候，大都会把责任算到总部而不是代理商头上，在社群中整体的口碑遭受负面损失，造成了双输的局面。

其三，"强信任，弱管理"。如前所述，商业社群中，大 C 与社群平台、大 C 与大 C 之间，都是共生组织的关系，是相互成就的关系，合则共生，分则俱损。在诸多传统分销模式中，总部公司与各级代理之间，都是管理者与被管理者的关系，总部高高在上颐指气使，合作伙伴唯唯诺诺谨小慎微，这是因为仍然采用了工业化时代里"中心化"的组织形式。一种是强管理的总分关系，为了保持上下同欲、统一行动、令行禁止，一些核心管理权限如事权、财务、人力等依然归属总部，如此一来，代理商完全处于依附地位，自主性开拓市场的积极性不高；另一种是弱管理的总部关系，代理商从总部以折扣价进货，在指定区域卖货，至于怎么卖的，总部管不了，也不想管，这样的结果，必然无法跟用户建立强信任关系，甚至区域市场潜在的消费者都会被过度"收割"，从而很难修复。我们提倡的是"强信任，弱管理"的合作关系，总部要放权、让利，向大 C 提供体系支持、内容价值和品牌赋能，共同构建良好的营业环境。

其四，合则共生，分则俱损。最关键的一条是"去中心化"，实现分布式营销和管理。数字化的社群关系，让每一个大 C 可以很方便地与区域内的小 c 形成稳定的信任关系，社群平台也很容易跟大 C 建立稳定的信任关系，这两段强信任关系可持续的前提是不能中心化、不能穿透。从数字技术来看，社群平台也可以通过大 C 跟小 c 建立链接，甚至穿透大 C，直接把小 c 的关系集中在自己手里，这样一来，从分布式管理回归了集中式管理，反而有可能导致信任关系的破坏。直接穿透到小 c 的后果就是，大 C 的信任关系被破坏，成为"工具人"，也不再拥有安全感。如果预期到会被穿透，每个精明的大 C 都会思考，如果进来一个用户，只有首次成交跟他的利益相关，未来的交易都跟他无关，那么他的理性选择就是持续地、快速地拉新变现，而不会投入任何时间和精力去维系老用户。同时，在直接穿透之后，看起来拥有一个巨大的"流量池"，但是如果没有科学的用户数据管理模式和方法论，每一个用户的需求变化反而难以被发现和捕捉，信任关系也会慢慢减弱甚至消失。让新人进来越来越不容易，"千呼万唤始出来"；让老人离开却随时随地"挥一挥衣袖，不带走一片云彩"，这就是如今诸多平台模式、中心化管理模式"流量焦虑"的根本原因。

于是，我们看到，从代理商到大 C，看起来是一个简单的名称变化，实际上在商业模式和运营理念上都有本质的区别。只有把大 C 培育起来，把小 c 用户强信任关系都交给拥有本地化服务能力的大 C，每一次价值变现，在分配上都与大 C 相关，总部在任何时候都绝不去穿透，让所有的大 C 都有足够的安全感，形成一种可持续的甚至是永久的合作关系。大 C 是商业元生态中承上启下的关键一环，像深深扎根在土壤（信任）之中的一棵棵参天大树，支撑着整个生态和谐稳定地运行。因为有大 C 的存在，强用户关系、"去中心化"、分布式管理、社群裂变才得以出现。

当然，我们不能忘记，正是社群中为数众多的小 c 支撑着社群的成长。在过去的诸多社群中，这些小 c 并不被重视，很多时候都是作为被"收割"的对象进入研究者和决策者视野中的，在他们眼里，单个小 c 并不重要，小 c 的规模总量和转化率更重要，他们迫不及待地用付费门槛简单粗暴地进行"一刀切"，还美其名曰"是真爱就该用钱来表示"。我们认为，这种流量"收割"和急功近利的做法，把商业社群带上了歧途，让社群营销在很长一段时间里与微商、"洗脑"等相提并论，令人扼腕。如今，社群觉醒之时已到，首先应该觉醒的，是在过去商业社群中一直处于食物链最底端的小 c。

*我们强调，小 c 是人而不是流量。*所有的互联网平台、所有的商业社群，在进行资本估值的时候，最重要的一个数据是"用户数"，也有不少公司把"用户第一"挂在嘴边，然而，事实上它们仍是把用户当流量，在它们的所谓"数据中台"里，用户只不过是一串字节、一个

符号、一个数据而已，真正把用户当人的少之又少。它们中心化的商业逻辑决定了流量思维，它们的千万级、数亿级流量又决定了无法对单一用户的需求进行研究和关注。因此，我们反复指出，只有在"去中心化"、分布式营销的商业社群中，"一对一"的用户关系才有可能出现，用户才能真正从流量还原为有血有肉、有思想、有情绪的人，把用户"人格化"之后，我们称为"小c"。因此，一个个真实的、生活化的小c的存在，对于社群来说至关重要。

我们认为，小c都是因信任而来。商业社群因需求而建，因信任而成。每个小c都能有机会连接到社群，首先是有与社群匹配的需求存在，其次是通过好朋友推荐，最后是体验过产品和服务。商业社会里"没有无缘无故的爱"，小c或者通过某一段强信任关系加入，或者入群之后建立起强信任关系，才真正成为社群中的一员。那些天南地北的、随机的、盲目的社群，谁都不认识谁，谁跟谁都没关系，是不具备商业价值的；那些因流量而来、因利益而成的社群，身处其中的人们没有建立任何信任关系，也必然会因利益而离开，都不是我们定义的商业社群。大C如何与小c建立信任关系？朋友推荐、本地化服务、增加见面次数、门店背书、社群赋能等都是很好的方式，但无论如何，都必须秉持真诚的心和长期合作的打算。

我们鼓励，小c可以持续成长为大C。在一段时间之后，小c在社群中体验了产品和服务，建立起了信任度和归属感，一些善于跟别人打交道、朋友遍天下的小c会脱颖而出，成为小c中的"领头羊"和KOL。条件具备之时，小c可以成长为大C，构建属于自己的区域化商业社群。拥有足够多的小c持续裂变，大C在社群网络中的地位也同步提升，可以成长为大C合伙人、区域代理商。我们建议，因精力和时间所限，每个社群人数控制在150人以内为好，大C可以及时为这100多人提供"一对一"的优质服务；若社群中人数增多，超过了150人，则可以进行标签化分类，进行社群裂变，这个时候，一些小 c 也可以独当一面，成为愿意为更多小 c 服务的大 C。过去，每个大 C 管理的群一般不超过 10 个，服务 1000 多个小 c，如今，通过数字化平台赋能，可以将管理半径稍做拓宽，理论上估计可以到 100 个群，服务 10000 个小 c。当然，这种理论上的估计需要经过更多的商业实践去验证。我们更鼓励，当大 C 感觉服务不过来的时候，选择和培养小 c，放权让利，让更多的小 c 成长为大 C，持续裂变。

ⓒ 产品品牌与社群品牌

有人形容，"在公域模式中，把一件商品卖给 100 个人，而私域模式是把 100 件商品卖给一个人"。这句话有一定的道理，从现有的商业实践来看，单一产品、单一品类无法满足多样化需求，在一个强信任关系的社群体系中，一定是多产品、多品牌和多品类的。那么问题就来了，我们在社群生态中，该提供什么样的商品或服务，以什么价格、什么方式提供，提供多少？梳理清楚这些问题的商业逻辑，会发现这些产品的丰富度、多元化，跟传统商业零售的琳琅满目、林林总总的货架式有着本质的区别。简单来说，有如下两个方面。

其一，怎么选品的区别。现有的零售渠道，无论是便利店、商场、超市，还是购物平台，大都是货架式模式，选择若干种品类、若干个商品，每个商品有若干品牌，处于不同的价格区间，面向不同偏好的消费者。传统零售的选品逻辑，一是靠选品经理的历史经验，二是靠现有商品的动销数据，无论哪个，都是先把商品生产出来，摆到货架上，由消费者随机做出选择。在没有跟消费者建立直接关系的时候，如何选品、如何管理单品（最小库存量单位，SKU）是一门功课。在供过于求的商品社会里，SKU 并不是越多越好，因为每多一个 SKU，都意味着成本的增加和风险的增加，如何通过更精准的选品，获得消费者的青睐，既有运气的成分，也有猜测的成分。如今，通过数字化以及重构消费者关系，我们可以在第一时间获知用户在想什么，当我们已经知道用户想要什么、要多少后，再去设计、生产、运输和服务，就能实现"按需生产"或"按需定制"，这才是成本最低、效率最高的方法。

<u>其二，怎么定价的区别</u>。零售渠道的定价一般与用户群体的定位有关，是价格歧视在商业社会中的实践。比如，同样品牌的商品，在高端商场、高端酒店就可以定更高的价格，在便利店、超级市场就应该定较低的价格，在网上商场还可以定更低的促销价格，商品面对的是不同层次、不同收入的群体，他们通过不同的场所，享受到不同级别的服务，自然进行区分。又如，同样品牌的商品，仅仅在网络平台上，就可以有不同时期的不同定价，在平时定价可以虚高，在打折促销季可以定个折扣价，加上各种满减券、积分券，让部分人在限时限量的范围内可以获得最低价。再如，当面对的是在购物上花费不同时间的群体时，有的人简单直接对价格不敏感，有需求了就下单购买；有的人对价格很敏感，愿意花时间去琢磨和研究促销规则和搜集折扣券，花时间获得最低价。如今，在数字化社群中，小c人群的属性、偏好、层级，在大C这个层级就已经了解清楚，不再会按照传统的逻辑进行价格歧视，一般的定价逻辑回归更加理性、更加科学的层面上，而且定价逻辑一定要按照有利于加强用户的信任关系来操作，做到同等品质价格最优，同等价格品质最优。

社群零售中的多品牌、多品类，不是靠盲选，也不是靠经验，而是真正根据消费者需求、靠用户数据进行规划和设计，科学的定价逻辑也让社群具有足够的凝聚力。同时，商业社群在成立之初，已经具有一定的标签和属性，面向某个特定人群，在某个细分领域形成独立的社群品牌，这样也确保了社群生态中的选品一定是围绕这个细分人群的需求逐步展开的，不至于随心所欲、毫无章法。比如，面向宝妈的母婴行业的

社群、面向中产阶级消费升级的社群与面向中老年人保健食品的社群，在品牌逻辑和商品类别上，必然有着截然不同的逻辑和结果，这些都需要具体问题具体分析。事实上，并没有一套"放之四海而皆准"的产品组合。

此外，在商品或品类组合上，社群品牌的商业逻辑，对于传统模式也进行了迭代和创新。现有的零售渠道（包括线上和线下），品类组合一般会采用"促销商品+品牌商品+利润商品"的组合：促销商品（或引流商品）一般以低价格、低毛利的标准化商品为主，其目的是促销引流，集聚人气，量大从优；品牌商品一般是以专属、专卖、特色的形式，能为渠道树立专业性和品质感，以高品质、高价格，保持低毛利的操作，打造爆款；利润商品则承担着创造利润的功能，一般是高品质、高价格和高毛利的商品，差异化程度较高，需求比较刚性的品类，可能还具有一定的专业和技术壁垒。整个组合的逻辑是，消费者因引流商品导入，因品牌商品建立信任，因利润商品创造价值，商业逻辑得以"正向循环"的关键在于，要期望消费者并不是成交一次，而是持续复购。当然，在具体的商业实践中，大部分"流量型"消费者为促销商品买单之后就结束了、离开了，没有后续的话，所谓品牌商品也好，利润商品也罢，事实上发挥不了作用。于是，不少渠道在促销组合中，也会重新评估促销商品的毛利率，可以不挣钱，但要确保不能赔钱。

相对而言，社群零售生态中的组合也可以包括这三类商品，因为有强信任关系作为纽带，持续复购的可能性大大增加，很容易形成"促销引流—品牌信任—利润创造"的正向循环。因此，为了快速建立确定的、稳定的信任关系，整个社群可以采用极低毛利率的促销商品进行引流，"第一单生意就是交个朋友，不为挣钱"成为常态化。同时，因为新用户大都来源于老用户的转介绍，对于商业社群有天然的信任感，通过品牌商品建立专业性和品质感的依赖性也大大降低，诸多高品质的品牌商品仍可以用促销、引流的方式进行操作，让用户持续增进对商业社群的信任感。因为有持续复购的良好预期，利润商品的定价也可以降低到合理水平，"同等品质价格最优，同等价格品质最优"，也能维持一个合理的毛利率，很容易得以实现并持续。

安利是一个传统零售模式下的强关系商业社群。撇开安利直销模式引起的争议不谈，安利系列产品组合的逻辑是很值得称道的。我们知道，安利是一家消费品直销公司，自1959年成立至今，在世界100多个国家和地区开展了业务。安利（中国）销售包括营养保健品、美容化妆品、个人护理产品、家居系列产品共190多款产品。围绕着家庭生活消费这一大主题，在安利这个总的社群品牌下，每个品类都有独立的子品牌，比如，营养保健有纽崔莱，美容化妆有雅姿，口腔护理有丽齿健，家居系列有优生活，每个子品牌都在产品系列上不断延伸，在产品系列组合上形成闭环，家庭生活消费所需的方方面面应有尽有，基本可以满足社群成员消费所需。安利产品从用料选择、工艺设计、生产制造等环节，都力求精益求精，大多数产品使用体验都很好，"产品力"为用户所认可。在我们看来，安利产品的问题就出在定价上，安利产品比同类产品价格能高出好几倍。这种高定价、高毛利策略让安利有足够的利润空间覆盖层级式的销售激励，强力驱动前端销售员持续拓展业务，强力驱动老用户介绍新用户。然而，互联网让信息流动、透明和对称起来，标准化的日用商品不仅品类极大丰富，在价格上也完全透明，对于用户而言，可选择的产品太多了，无论如何都会有被"割韭菜"的感觉。于是，安利高价策略不仅让新用户的进入变难，市场教育的成本也急剧增加，还让不少老用户回归理性而逐渐脱离，这就是安利在互联网时代一直水土不服的真正原因。互联网时代，品牌之间的竞争说到底依然是基于成本、效率和体验的竞争，"我不仅东西比你的好，体验比你的好，卖得还比你便宜"，在降低成本、提高效率和优化体验上持续迭代、追求极致，不仅要"逼疯对手"，还要"逼死自己"。如今，安利也打造了"安利云购""安利微购"等所谓O2O大众创业平台，积极布局社交电商，但能否从根本上扭转人们对安利已经形成的"刻板印象"，我们持谨慎态度。

与安利恰恰相反，庄泰虽然也是从直销行业成长起来的，却在第一时间积极拥抱了互联网，逐步构建起一个基于强信任关系的商业社群。庄泰围绕中老年群体保健养生这一核心需求，以中医药的治病和养生原理，针对心脑血管、消化系统、骨健康、防癌抗癌等几类中老年人易发疾病和常见的健康困扰，开发和布局了相应的保健食品。虽然用的是中医药，却能参照西医的定量和标准化来设计，每一款产品都有明确的功能指向，并且讲究量效结合。最关键的是对供应链和定价进行了有效管控。在供应链方面，庄泰通过源头厂商批量定制，几乎所有产品都实现了"品质相当价格最优"；在定价方面，庄泰将销售激励仅仅设计为二级，采用积分累进制，毛利率水平可以大大降低，把实惠真正留给用户。这些保健食品，理论上属于庄泰的"品牌商品"，具有特色、专卖和独家，同时也是"利润商品"，为庄泰发展提供基础，在某种意义上，还充当了"引流商品"的作用，诸多新用户在老用户的推荐下，慕名而来。"产品有效果，价格也合适"，还有什么是比这更能增进用户信任的呢？创业十数年来，有的用户里里外外、挑挑拣拣、货比三家，最后还是回归庄泰；有的用户跟随庄泰十余年，每年都持续购买和使用庄泰的产品。

我们初次去庄泰调研时，大呼看不懂。在保健食品系列中，它们有软化血管的红曲产品，防癌抗癌的富硒产品，健康养生的灵芝产品，针对中老年人的羊奶专卖店，庄泰网络公司，"我想去看看""硒望之旅"两家旅游公司，在试运营的药店……如今，我们已经了解，这是在庄泰这个社群品牌下，按照用户的需求，逐渐培育出来的若干个产品品牌。

若干个品牌、若干个团队，服务若干个社群。产品品牌依附于社群品牌而存在、发展和壮大，一旦时机成熟，拥有了自我造血、自我循环的能力，就可以独立成品类，在公域中成长和传播，主营羊奶专卖的品牌"冠羚羊行"就是其中的典型，它首先在社群中传播和成长，在得到用户认可持续复购的时候，又在社区开设专卖店，并逐步拓展到全国范围。这是一个很有价值的商业案例，强信任关系的商业社群孵化了"冠羚羊行"，而遍布全国各地的"冠羚羊行"专卖店也开始持续反哺商业社群，老用户的关系维护，新用户的关系链接，都可以在专卖店里完成。如今，进一步地，针对网络直播"短、平、快"的特性，在数字化平台上，庄泰把选品权限完全开放出来，各业务部门、各区域大 C 都有权限发起社群团购，一些诸如红曲豆腐乳、红曲黄豆酱、益生菌、燕麦饼干等近百款各类休闲食品，以及江西赣南脐橙、湖北薄皮核桃、新疆灰枣、广式月饼、苏式点心、烟台红富士、黄岩蜜橘等具有"地理标志"的特产也都纷纷上线"打擂台"，开放出来让大 C 和用户自由选择，谁更受到用户欢迎说明谁的东西好，好东西自然就能得到更多推荐。

因此，在我们勾勒的商业元生态中，不同品类、不同品牌的商品植根于信任的土壤，既有高高低低的大树，也有茁壮成长的树苗、小草、小花等，它们共同组成森林，吸收水、空气和阳光，构成了一幅幅山川美景，只要在信任的土壤里扎根越深，长得就越高、越大；为数众多的小 c、大 C 和代理商，看起来更像是不同的小动物，来来往往，既传递能量，也交换价值，只要付出努力，就能收获价值，他们与山川树木、森林河流一起构成了和谐的生态场景，跑跑跳跳、其乐融融。

"斜杆大 C" 与 "斜杆收入"

相对于传统社群模式，商业元生态还有一个重要特点，一定是开放的而不是封闭的。理论上来看，所有的参与者，谁都可以进来，谁都可以离开。然而，人类社会生活中出现过的社群组织几乎都是封闭式的管理逻辑：社群的"门槛"很重要，加入社群不仅要有介绍人，还要有各种仪式，自愿认同社群管理规则和支付会费是必要条件，一切都显得郑重其事。同样地，在商业社会中的大部分社群组织，也有诸多条条框框对成员进行约束，所有参与者都应该明确可以享受的权益和应该承担的责任，以确保社群组织的凝聚力和向心力。进入数字化时代，在互联网的冲击下，除了少数政府部门主管和拥有垄断性行政资源的社群组织外，大部分商业社群组织纷纷失去活力，人们纷纷在数字化世界里重构商业社群，也发现封闭式的管理模式，与开放、透明、共享的互联网精神存在冲突，着实难以弥合。那么，有没有一种社群，既能够拥有稳定可持续的向心力和凝聚力，也兼顾开放、透明、共享的互联网精神？

在理论层面，商业元生态应该是开放式的。原因有三。一是"去中心化"的结果，总部与分部之间的分布式社群结构，事实上形成了"强信任，弱管理"的关系，彼此间基于相互信任，处于分部的代理商、大C合伙人、大C都得到了充分的授权，可以自由选择合作伙伴。如此一来，即使是总部想进行封闭式管理也无法实现。二是管理职权的变更，社群生态中的管理职权，已经从"自上而下"的管理，变成了"自上而下"的服务，总部存在的价值和意义是为社群参与者提供品牌背书、优质内容和数字赋能，大C存在的价值就是为小c提供优质的服务。三是社群裂变的要求，生态的发展依赖更多的小c通过强信任关系持续加入，鼓励更多的小c成长为大C，成为大C合伙人和区域代理商，这就要求拥有更加开放和共享的精神。况且在数字化时代里，所谓的"封闭式管理"也几乎不可行。总体来看，商业元生态是一个开放包容的生态，它依托于人与人之间的强信任关系而存在；反之，信任关系是生态最坚实的土壤，谁破坏信任关系，谁就自然出局，因为一旦这种信任关系变弱或者消失，生态就会不复存在。

在实践层面，庄泰所构建的商业社群在开放与共享方面也做了不少探索。首先，在总部我们看到，庄泰每个独立业务的总经理，都在用人、用钱、做事方面得到了充分的授权，所有产品规划与工作计划都紧密围绕用户需求展开，工作做得好不好，不是领导说了算，而是用户说了算，市场说了算。每个人心中都形成了一个新的约束和标准，维持好与用户、合作伙伴之间的强信任关系是唯一的行为准则，任何有可能伤害信任关系的事情都不允许出现，即使有违背用户意愿的情况出现，也会第一时间尽快用行动去弥补。其次，在地方上，宁夏、山东、福建厦门等地，庄泰的价值理念和运作模式被完美复制到了当地，当地的代理商都成立了地方庄泰公司，但这些公司无一例外地跟总部、跟邵世海本人没有任何股权和隶属关系，完全是无偿获得庄泰的产品授权、品牌授权，南京总部还把经验教训全面彻底开放出来，手把手地传授给地方公司，让地方公司在当地能快速生根发芽，茁壮成长。最后，在一定条件下，大 C 可以转变角色成为供应商小 b，反过来向整个庄泰体系提供优质的产品，而且大 C 之间建立了强信任关系，完全可以不用经过总部点对点地完成资源对接和能量交换。总体来看，这是一张强信任关系所构成的网络"人联网"，每个人都在这个网络中占据一个"节点"的位置，节点与节点之间的信任关系强弱、多少决定了节点的能量大小。商业元生态这张信任关系网，可以持续向外延展，让更多志同道合的人以信任接入，相互融合。

生态的开放性，甚至可以让那些有社交能力、有本职工作、有专业追求的人也用兼职时间参与进来。这些人在自己的专业领域、自己的区域和自己的社交关系中可能就是一个"社交达人"，已经拥有若干组强信任关系，彼此熟悉情况，朋友之间的体验式分享和好物推荐已经非常普遍。他完全可以在不影响现有生活和工作之时，融入生态并进行价值交换，在存量中寻求增量。在我们的设想中，一大批的大 C 完全可以通过兼职的方式参与进来，我们把他们称为"斜杆大 C"，他们通过自己在新生态中的贡献，获得"斜杆收入"。这些"斜杆收入"完全是数字化带来的增量收入，不打扰原有的生活方式和收入存量，可以加快改善个人和家庭的生活品质。

2021 年 8 月底，在南京的一次餐会上，邵世海讲了一个观点令参会的我们印象深刻。他说自己就想不通，疫情期间，餐馆怎么会没有生意呢？应该是生意更好才对呀。彼时，南京刚刚经历了一场小范围的疫情传播，全市社区经历了为期一个多月的封闭式管理，街上没人，餐馆、超市关门歇业的比比皆是。他分析，所有人都被迫待在家里，烦躁不安导致食欲不振，一些社区虽然专门为居民配送蔬菜水果，但是大家或者懒得去弄，或者弄得不好吃。这个时候，如果有家餐馆服务员打来电话，说可以按照老顾客麻辣鲜香的个性化口味制作拿手菜肴，并能提供订餐、按时送货上门的服务，哪怕多收服务费大家都会愿意支付。对于餐馆而言，只要与曾经光顾过的客户建立过链接，哪怕一个电话、一条微信，都可以完成转化。老客户来过，对餐馆有信任感，隔离期间，味道好的饭菜几乎是刚需，高频消费、信任增加，从堂食转为外卖，不用受到翻台率的限制，场景改变、成本更低、空间更大。这就是通过数字化的手段，在存量中寻找增量的办法。

小餐馆如此，超市、水果店、菜场基本都可以按照这个观点和方法论来实践。无论从哪个方面来看，这都是难度不大、风险不高，但效果很不错的实践思路，为什么没有大范围地出现，因为大家的意识和理念还没有到位，很是可惜。如果一个人单打独斗觉得困难，那么完全可以寻找并融入相应的生态，获得数字化赋能。新的商业模式，仅是实现成本更低、销量更高、体验更好还不够，还需要有足够的普适性，让更多的人加入进来并从中获益。社会中常见的诸多有专业身份的人物，如政

社群觉醒
　　小数据开启商业元生态

府机关的公务员、学校的老师、看病的医生、种菜的农民、做生意的小贩……只要做人本分、做事靠谱，就能够赢得大家的信任，都可以按照数字化的理念，成长为团长大C和群主大C，在自己的社交和社群关系中实现价值提升——他们缺乏的，一是理念更新，二是品牌赋能。我们相信，未来必然会出现越来越多的商业生态，"斜杆大C"和"斜杆收入"也必然会不断涌现。在数字化时代里，每一个普通人，经营好自己的信任关系是最重要的事情，没钱、没项目依然有机会在生态赋能下获得成功，若没有信任关系，就什么都干不了了。

第九章

价值共创与财富共享
（商业元生态之"水"）

第九章 | 价值共创与财富共享

在中国的商业世界里,有各种各样的企业和组织,不同的管理模式、组织关系,在市场上充分竞争。古往今来,组织与个人的关系,也经历了一个变化和回归的过程。早期,在农业经济时代,体现为雇农对地主的依附,这种依附不仅体现在劳动价值关系上,甚至包括了人身自由,雇农对于地主根本没有任何的议价权;接着,出现了家庭手工作坊,雇工和雇主是劳动价值交换关系,没有了人身依附,雇工可以提要求,可以选择雇主、换地方,是资本主义的萌芽和雏形;后来,工业革命开创了全新的社会化大生产时代,工厂和公司大量出现,工人和职员拥有了更高的自主权,通过双向选择建立劳务关系,工作内容也更加专业化和规范化,通过工作获得相应的报酬,为了激励员工努力工作,创造出更多、更好的业绩,如何管理与激励员工也成为一门学问,现代西方管理学界,从理论层面提供了种类繁多的工具和方法,让更多的公司运用起来,期待用管理创造效益;如今,互联网特别是移动互联网的快速兴起,工作场景不再受限,工作方式更加丰富,雇佣的社会关系也得到迭代和创新,居家办公、合伙人、众包、项目协作等方式纷纷出现,职员的主观能动性也变得更加重要;未来,在数字化生态里,人与人之间、社群与社群之间形成了"去中心化"的网络链接,已经没有了上下高低之分,大家几乎都是对等的合伙、合作关系,"自上而下"的管理模式已经不再适用,那靠什么来维系彼此的链接和信任关系呢?唯有财富共生与价值共享。

在生态体系中，财富如水，细水长流、润物无声，水利万物而不争。商业生态因水而存、因水而长，所有参与者只要做好服务、做出贡献，就可以获得水的滋养。而且，水往低处流，财富也会流向真正的价值创造者，能者多劳、多劳多得，财富是大家一起创造的。在商业生态中，涉及的几组信任关系，社群平台与大C、大C与小c之间，不再是管理者与被管理者的关系，而是变成了服务者与被服务者的关系，他们之间的主次关系发生了变换：社群平台为大C提供品牌、数据、产品以及内容等服务，让大C能够在社群中获得持续的信任与商业变现，社群平台是依赖大C存在和发展的，大C是财富创造的主体，理应获得更大的价值回报；同样地，大C不仅为小c提供质优价廉的好产品，还有精准的、细致的、用心的"一对一"服务，这样小c才会持续信任而不轻易离开。换句话说，大C是依附小c存在和发展的，在这个意义上，小c在这个商业生态里，也应该获得超越传统渠道的价值回报。

在某种意义上，财富共生的商业生态，拥有自我变革、迭代和进化的功能，哪怕从创建生态之初并没有做好制度安排和组织激励，在实践中也会逐步按照一定的规律渐渐回归。这个规律就是市场化的商业逻辑，在所有商业行为中，符合市场化规律的，会得到鼓励和强化；违背市场化规律的，将逐步被淘汰和放弃。

商业生态中各个主体之间的关系呈现出"强信任""弱管理""重服务"等特征，让产品的流通和价值交换等行为，既可以按照公司内部的合作原则进行，也可以按照公司之间的契约进行，因为每个交易主体都很明确自己在商业社群中的位置和功能，大家都清楚，依托于相互之间稳定的信任关系，唯有财富共创，生态才能共生。如果用更直接的类比，那么这样的模式比较类似于"合伙人制度"。

由于我们仍没有看到商业实践中真实完整的案例，暂时无法对这种价值共创的模式进行非常严格的理论定义。不过，商业实践中依然有很多近似于理想化的分配模式和方法，我们依然能基于一些商业实践的环节、片段、经验进行描摹和推理，得出大致的标准和要求。当然，未来依然有赖于更完整的实践案例，对这些价值理念进行更全面和更完整的实践检验。

合伙人缘起

十数年前，企业界曾经流传过一个热词——"合伙人"，很多人高呼"职业经理人已死，现在是合伙人时代"。合伙人制度是指由两个或两个以上合伙人拥有公司并分享公司利润，合伙人即公司主人或股东的组织形式。其主要特点是：合伙人共享企业经营所得，并对经营亏损共同承担无限责任；它可以由所有合伙人共同参与经营，也可以由部分合伙人经营，其他合伙人仅出资并自负盈亏。换句话说，合伙人可以进行职能分工，共创财富、共担风险、共享利润。其实，合伙人制度并不是现在才出现的，数百年前的晋商，在历史上用"身股"入股的股东，就是合伙人制度的雏形。

早在19世纪20年代，称雄于中国金融界、被西方誉为"山西银行"的山西票号就创造出了先进的股权激励制度——身股制。山西票号是以经营工商业存款、放款、汇兑、贴现业务为主业的中国古典金融机构。考察山西票号经营机制，可以发现，身股制贯穿山西票号经营的始终，人才的遴选、激励和约束都与身股制密切相关。

山西票号的身股制是对其管理者和员工的重要激励机制。票号的股份分为银股和身股两部分，财东出资形成银股，高层管理者及伙计以劳动所占份额构成身股。顶身股者无年薪，只有"应支银"。每股每年"应支银"在300~500两，至账期合账分红时从红利中扣除，如无红利可分，则顶身股者只能享受"应支银"，但不承担亏损责任。它把经理及员工的利益与票号利益、财东利益紧密联系在一起，激励经理和员工努力工作,增强票号人员的稳定性与创造性。

想拥有"顶身股"并非轻而易举,一个小伙计入号,先得当三年学徒,做一些侍候掌柜之类的粗活,闲暇时学习打算盘、练毛笔字,字号光管饭,不给工钱。满徒后,按月发给薪资,但还顶不上生意。起码等三个账期以后(大约需要十年),工作勤勤恳恳,没有出现重大过失,经掌柜向东家推荐,在各股东认可下,才可以开始顶股,从一厘、二厘顶起,慢慢逐步增加。每次增加的股份,计入"万金账",予以确认。能顶到七厘、八厘,就可能被提拔为三掌柜、二掌柜,就有了大出息。当时,有谚语流行说:"做官的入了阁,不如在茶票庄当了客。"在山西票号中,对于无论是否顶上身股的员工,这种等级分明的激励机制都极具诱惑力。同时,为防止总经理的短期行为,山西票号还规定总经理退休后仍可享受若干年的红利,但如果总经理举荐的接班人不称职,则总经理的身股红利要相应减少。

此外,为了控制风险,总号在每年决算后,依据纯利润的多少分给各分号经理一定金额的损失赔偿准备基金,称为"花红",此项花红要积存在号中,并支付一定的利息,等到分号经理出号时才给付,这样不仅可增强其风险意识,而且一旦出现事故,分号经理有一定的资金可用以填补损失赔偿之需。在上述特效的身股激励机制下,山西票号自经理至伙计莫不殚精竭虑,视票号兴衰为己任。

晋商创造了票号业的奇迹,在晋商繁荣的近百年间,票号经手汇兑的银两高达十几亿两,没有发生过一次内部人卷款、贪污或被诈骗的事件,员工、掌柜像东家一样,为票号的发展壮大尽心尽力。可以说,晋商能执天下商界之牛耳,并且诞生出一批批优秀企业和富豪,与身股模式是密不可分的。

身股制度在晋商的商业实践中获得了良好的效果,对于掌柜等经营者具有极强的激励与约束作用,也使财东获得了极高的收益。然而,身股制度虽在前期发展中起到了积极作用，但未随时势调整，功能大打折扣。在后期，山西票号身股制严格的等级致使身股的获取论资排辈现象十分严重，这种做法限制甚至扼杀了人才的发展。山西票号身股是有限额的，财东不会让掌柜无限制地参与利润分配，身股与银股的比例一般是2∶8、3∶7，也有4∶6的，对半的就很少了。晚期，当一些山西票号高级管理人员的收益达到最大化后，他们的创新精神衰退，变得自满保守，这也是山西票号后期日趋衰落的原因之一。

一般认为，晋商的身股制，很接近于西方管理层持股（MBO）以及员工持股（ESOP），能有效降低现代公司中所有权与经营权相分离的代理成本，激励和约束经营者，防止企业人力资本流失。现在基本上可以认为，市面流行有三种合伙人模式。一是合伙人就是名义股东（股份），也有的将实际股东称为"合伙人"，这只是名称上的转变。二是由于公司治理结构的需要，注册有限合伙企业作为持股平台，在合伙企业中有两种角色，一种是普通合伙人（公司创办人或控制人，GP），另一种是有限合伙人（投资人，LP）。这里的LP没有决策权和代表权，但可以分享投资收益（收益权）。三是以打造团队经营者为核心的增值合伙人（OP），OP出钱出力、做增量价值、分享增值收益。而现代公司中普遍采用的分红权、虚拟股票、股票期权、限制性股票、业绩股票等，大都是从合伙人制度演变而来的。

在工业时代，有四大生产要素，资金、土地、劳动力和企业家能力，曾经最重要的因素是资金，资本家掌握着最大的价值，企业管理和激励制度的设计都是按照资本家的意愿来实施的，无论是管理层还是员工，参与持股的人数和份额都很少。随着商业社会的成长与变革，资金的稀缺性逐渐得到缓和，而创新型人才在企业成长中的作用越来越大，知识型人才和企业家能力成为价值创造的主体，这时股权、期权等各种类型的激励方式出现，它们的一个基本原则是，让企业管理者和优秀人才都能够分享企业成长的价值。

合伙人演变

提到合伙人制度，大家的概念是比较混乱的，有人讲的是法律结构，也有人讲的是股权激励，还有人讲的是公司控制权。但不管如何，现代意义上的合伙人制度，都缘起于合伙制企业。特别地，合伙制企业是一种法律意义上的企业形态，最早出现的是普通合伙企业，这种企业的特点是只有"身股"，没有"银股"，合伙制企业往往都身处轻资产、重人力资本的行业。公司的成功，只靠员工的智慧和经验，其他都不重要。合伙人必须是企业的管理层，并经过严格筛选才能担当。他们既是公司的雇员，也是公司的所有者，合伙人离开时股份会被强制回购，意外死亡继承人不能继承股份，除非在公司担任管理职务。

后来，又出现了有限合伙企业，主要流行于股权投资（PE）行业，有限合伙企业有 GP 和 LP 两类。基金的运作交由 GP 管理，LP 不能参与具体运营事务。同时，在利益分配时，在所有人都收回投资成本后，在 GP 和 LP 之间按照一定比例来分配投资收益。有限合伙企业最大的好处是让 GP 用很少的资金"撬动"上百倍资金，牢牢掌握公司的控制权，还能获得远远超过自己出资比例的超额收益。这些特权都体现了对 GP 人力资本价值的认可。

如今，合伙制企业，或者说法律意义上的合伙人制度，在咨询公司、律师事务所、会计师事务所、建筑师事务所等重人力资本的行业依然常见。做到合伙人级别的人往往都是经过严格筛选，成为合伙人将享受分红，有公司控制权，还是一种身份的象征。比如，德勤至今仍保留着普通合伙企业的形态，对于新晋合伙人，需要完成严格的绩效标准才有准入资格，新合伙人必须"优于现有合伙人的平均水准"，并需要所有合伙人投票通过才能当选。新合伙人入伙时，企业将增发股份，稀释现有合伙人的股份，并完成工商登记，从而成为真正意义上的股东，可以每年得到两次分红。如果退休或离职，那么公司将按照购股价格收回股票。

当然，合伙人制度在公司制企业最常见的形式还是股权激励。在职业经理人制度下，管理者和员工的主要报酬是工资和奖金，虽然可能有股权分配，但是分配的量和覆盖的人群都远远没有那些富有的合伙人制度的公司多。我们可以认为，合伙人制度的核心是财富分享权，在企业实践中，也有公司提供部分利润分享权给员工，认为这也是合伙人制度的一种形式。在中国企业的实践中，阿里巴巴、华为、海尔、万科、碧桂园等知名企业纷纷推行合伙人制度，而零售行业中的永辉超市（以下简称"永辉"）、名创优品、百果园等也是在连锁经营的环节推行合伙人制度。

作为超市零售行业最早实施合伙人制度的代表企业，永辉于2013年开始在福建大区试点实行合伙人制度，2014年推广到全国，2015年就收到成效并沿用至今。永辉合伙人制度的核心是，总部与经营单位（合伙人代表）根据历史数据和销售预测制定一个业绩标准，如果实际经营业绩超过了设立的标准，增量部分的利润就会按照比例在总部和合伙人之间进行分配。在门店每个年度经营过程中，永辉总部代表、门店店长、经理以及课长，会一起开会探讨一个预期的毛利额作为业绩标准。超过这一业绩标准的增量部分利润就会拿出来按照合伙人的相关制度进行分红：或三七，或四六，或二八。店长拿到这笔分红之后就会根据其门店各个岗位员工的贡献度进行二次分配，最终使分红机制照顾到每一位基层员工。

这样一来，员工会发现自己的收入是和部门、科目、柜台等团队的收入挂钩的，只有自己为消费者提供更出色的服务，才能得到更多的回报。因此，合伙人制度对员工来说就是一种在收入方面的"开源"。另外，鉴于不少员工组和企业的协定是利润或毛利分成，员工还要注意尽量避免不必要的成本浪费。以果蔬为例，员工至少在码放时会轻拿轻放，并注意保鲜程序，这样一来节省的成本就是所谓的"节流"，这也就解释了在国内整个果蔬部门损耗率超过30%的情况下，永辉只有4%~5%损耗率的原因。

永辉合伙人机制最开始是1.0版本，核心是将增长的部分利润分给大家；后来又升级到2.0版本，"直接分红+赛马机制"推出；现在到了3.0版本，以永辉云创为代表，永辉干脆将自己打造成了一个创业平台，合伙人需要像创业者一样全身心投入，投资入股，参与管理，分享企业成长带来的价值。

业界对合伙人机制最大的认知误区在于，多数人以为合伙人就是分钱，把钱分好了一切管理问题就解决了。其实不然，永辉合伙人机制的核心是加强管理，尝试通过打破传统垂直型组织架构，去职能化、去管理层，构建一个更为高效的新型组织形态。

Ⓒ 工者有其股

几年下来，永辉合伙人制度在实践中收效显著，快速被诸多零售行业中的品牌学习和借鉴。那些专注于线下的零售品牌连锁门店，在组织管理上被要求与公司总部形成"统一形象、统一思想、统一行动"，这是一种跨区域的强管理模式，而在商品销售和服务内容上要求简单化、标准化，能快速复制，形成规模效应。这种强管理的关系需要可持续，若采用中心化的管理模式必然需要较高的管理成本，一种能大幅度降低管理成本，而且能驱动门店员工主动性的合伙人制度，将被很自然地接受并运用起来。

百果园自2002年在深圳开出第一家水果专卖店以来，至今在全国已拥有超过4500家水果专卖店，布局26个配送中心，进驻80多个大中城市，与全球 230 多个水果特约基地建立了密切合作关系，百果园的注册会员数超过 5500 万人，2019 年营业额超过 120 亿元人民币，是目前全球最大的水果连锁品牌。百果园十多年的发展模式也是一路摸索，既有成功也有失败，最后百果园找到了一条最适合当下的门店裂变模式，那就是门店合伙人。百果园的这种拓展模式简称"类直营"模式，即让店长成为投资主体，实际相当于店长合伙人制度。

首先，门店的实际管理者和运营者都实际参股。参与门店投资有三方：公司片区管理者、大区加盟商和店长。门店股权结构为：大区加盟商 3%，片区管理者 17%，店长 80%，每年利润分配，百果园收取 30%，其余 70% 按门店股权结构分配。

其次，独特的店长培养计划。百果园对门店进行考核，要求每家门店一年要为公司输出一名新店长（合伙人）人选。一般而言，成为店长的培训周期为 8 个月到 1 年，公司会根据实际情况看门店培养出的新店长是否符合要求，进而决定其能否投资管理新店铺。

再次，门店亏损补贴制度。百果园不收特许加盟费，收益来自门店每年利润的 30% 分成；不依靠商品差价收益，百果园从门店获得的利润分成占百果园总利润的 80% 左右；设立分红基数，6400 元的分红基础利润，基础利润根据门店运营情况一年一评；加盟店若亏损，亏损额由百果园承担，三年后若还亏损，则评估是否闭店。

最后，门店股权退出机制。百果园店长合伙人制度，店长股权是动态变化的，既可以进，也可以退，根据门店的经营价值，店长股权在退出时，店长早期投入资金按原数返还，同时可一次性获得门店分红收益 3 倍的补偿。

从员工角度来说，店长合伙人制度让他们实际成为门店的投资者，享受经营收益。从公司角度来说，既能解决开店的资金投入问题，又能通过员工管理实现"自上而下"的一致性运营，还能激发员工工作效率，降低门店运营成本。同时，每家门店每年培养1名新店长，解决了公司快速培养新店长难的问题，为快速开拓新门店奠定基础。特别地，百果园亏损补贴政策对门店参与各方很有吸引力，无须担心经营风险，亏损补贴政策能刺激门店投资各方"投入"，让百果园的"类直营"模式能够很好地进行复制。至此，百果园的门店店长，更像是创业者而不是打工者，虽然有大区加盟商和片区管理者，但是总部在门店管理方面的职能和责任已经大大弱化，其更像是一个品牌支持和供应支撑的服务部门。

特别地，不少倡导合伙人精神的公司，不仅面向少数管理者，还把"财富共享"扩大范围，面向中层干部甚至是优秀员工。实践已经证明，广泛的员工持股计划将给公司的长远发展带来价值，一个典型的案例就是华为。虽然华为采用的是公司制，也很少用"合伙人"这个概念，但在公司的股权结构和价值分配中，广大员工都参与分红，是实际上的合伙人制度。

从1987年任正非创办华为到现在，没有引入任何外部资本，在华为的16万多名员工中，研发人员占了一半，其余员工绝大多数也是知识工作者，是一家典型的知识密集型企业。华为在创业的早期就推行了员工持股计划，有超过8万人持有公司股份，任正非仅持有公司1.4%的股份，其余股份全部由员工持有，没有任何外部股东。符合绩效条件的员工，每年按照经过审计的每股净资产购入公司股票，每年享受分红。在《一江春水向东流》一文中，任正非道出了华为员工持股制度的产生过程："我创建公司时设计了员工持股制度，通过利益分享，团结起员工，那时我还不懂期权制度，更不知道西方在这方面很发达，有多种形式的激励机制。仅凭自己过去的人生挫折，感悟到要与员工分担责任、分享利益。创立之初我与我父亲商量过这种做法，结果得到了他的大力支持。这种无意中插的花，竟然今天开放得如此鲜艳，成就了华为的大事业。"

华为创业初期,无背景、无资源、缺资本、缺管理,又要与世界巨头和国企拼市场、抢人才,唯一的出路就是大家一起做老板,共同打天下。任正非坦诚,"不要把我想得多么高尚,我要是当初选择做房地产,地是我跑关系拿的,款是我找门路贷的,风险主要由我来承担,我为什么要把股份分给大家?华为是科技企业,要更多的聪明人、有理想的人一起做事,所以只能一起抱团,同甘共苦"。他认为,越是老一代的创业者和高层领导干部,越要想到自觉奉献,只有不断地稀释自己的股份,才能激励更多的人加入华为的事业,一起奋斗……华为恐怕是全球未上市企业中股权最分散、员工持股人数最多、股权结构最单一、绝无仅有的一家公司,也是人类商业史上从未有过的景象。在某种意义上,华为成功的秘密就在于"工者有其股"的普遍持股制度:人人做老板,共同打天下(如图9-1所示)。

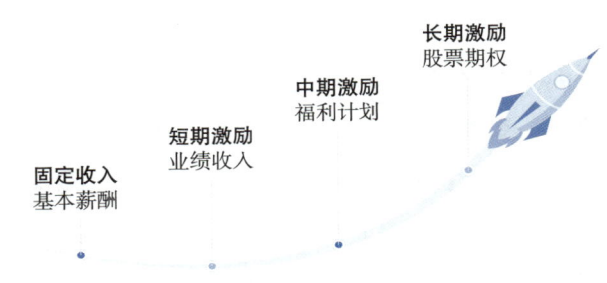

图 9-1　多样化的激励方式

我们反复指出,在未来的商业元生态中的"去中心化",不是简单的网络结构上的关系变化,实际上是把责任、权力和利益都同步"去中心化",大家形成一个基于信任关系连接的稳定解构。数字化平台与大 C 之间,已经不再是传统零售模式中总部与分部、分店"自上而下"的管理模式,而是支持与服务的合作模式。至此,我们可以大致勾勒出商业元生态中,价值共享的基本图景了。

其一，从价值分配、分享到财富共创、共享。无论是早期晋商的"身股制"，还是后来的永辉、百果园、华为等企业实施的各种类型的合伙人制度，人们的常规理解是，组织价值与财富要进行合理的分配、分享，让实际经营者、管理者、员工能够分享企业成长的红利，以降低管理成本，提高凝聚力，提升工作效率。不过，"分配""分享"仍然意味着双方地位并不平等，甚至包含了"这是我分给你的，你要珍惜，要感恩"的意味。这样的不平等关系，在传统的商业模式和商业组织中，人人习以为常，并不觉得有什么不对。然而，到了商业元生态中，每个参与的个体、组织都是独立且平等的，管理者没有了"自上而下"的优越感，而是成了事实上的服务者，价值与财富也是大家一起创造的，通过合理的机制实现共享，是理所当然的。因此，在商业元生态中，共创共享的逻辑将取代工业化管理中的分配分享，成为价值和财富流动的基本逻辑。

其二，从合伙人组织转化到共生组织。我们看到了很多合伙人组织，包括前文提到的以及阿里巴巴、海尔、万科等知名企业，在设计合伙人制度的时候，首先要考虑的是提升管理效率和保持控制权，这是组织中心化不可避免和无法超越的核心问题。在合伙人制度上走得太快、控制权旁落、创始团队出局导致满盘皆输的案例也屡见不鲜。因此，如何设计出既能保持控制权，又能在公司发展壮大、人员扩充之时，持续保持有效激励的制度和办法，依然是困扰企业界诸多大佬悬而未决的一大课题。不过，商业元生态已经不是一个中心化的组织结构，所有主体都是平等互利的合作关系，无所谓控制权，这个问题不存在。借用著名管理学家、北京大学国家发展研究院陈春花教授的说法，商业元生态其实就是一个"共生型组织"。在这个组织里，个体之间是相互合作关系，拥有充分的独立性和自主性，同时组织之间基于协同合作进行信息和资源的共享，通过共同激活、共同促进、共同优化获得组织任何一方都无法单独实现的高水平发展。共生型组织的一大特点是，所有人都要得到利益和成长，不是某些人损失，某些人得到，而是要形成"整体多利"的多赢局面。

在这两个大的原则上，可以延伸出各种具体的实践，我们在庄泰的实践中发现，庄泰对于价值共创和财富共享这件事情其实是想得很透彻、很周全的。经过反复了解，它不仅愿意"分钱"，而且善于"分钱"；不仅分得科学、分得全面，而且分得及时、分得彻底。这一点让庄泰在构建商业元生态时拥有了很好的前提条件。

ⓒ 大C合伙人

跟任正非差不多，邵世海并不是生来就比别人高尚，不食人间烟火，而是职业、环境和经历让他认识到，"只有先分好蛋糕，才能把蛋糕持续做大"。自20世纪80年代末他从学校辞职下海，到2002年自己成立庄泰创业，其间他有丰富的"打工"经历。先是供职一家大健康头部企业，从基层营销到高层主管的各个岗位都做过，积累了很多经验，后又与人合伙，独当一面负责市场拓展。他对于企业分钱分利、换位思考、管理激励等问题都有切身体会。因为分钱不到位、承诺不执行导致团队离心离德的事情，他不仅亲眼见证过，也亲身经历过。俗话说"多年的媳妇熬成婆"，有的人一旦变成"婆婆"掌握了利益分配的权杖，就会变本加厉。而邵世海不是，他深知要换位思考，要激发人性的善意，只有在每一个员工、每一个主管身上找到他们推动企业发展的动力，才能把企业办好。在庄泰的实践中，通过分权分利、合伙人制度、内部创业等方式，把人性深处的善意激发出来，充分调动大家的自驱力，这就是企业生生不息的动力。在对庄泰长达一年的调研工作中，我们接触了近百名员工和管理者，从他们脸上的微笑、对工作的钻研态度以及对用户的热情服务中，就能看得出来，"有爱有家有庄泰"的爱心文化不是口头说说的，而是真正落到实处的。

一是分钱很到位。在庄泰创业之初，邵世海就开始琢磨怎么"分钱"，怎么激励团队。如今，在庄泰体系中，邵世海主动把利润的大部分往下分，三七开、二八开直到全部拿走，利益往下放、权力往下放，并且要求各个事业部总经理像他一样，把利益、权力下放，直到最基层、最辛苦的一线员工。这样的利益分配方式不是口头说说，而是已经形成制度且长期稳定下来的。个人的收获，跟个人的努力、团队的业绩都挂钩，销售员可以获得预期内的包括工资、奖金、分红等在内的各种激励，还可以获得老板预期之外的鼓励。比如，公司无息借钱给员工买房，到了年底突然增加奖金、分红等。在庄泰，根据业绩情况，每个员工都可以基本算出自己和团队同事的薪资报酬，相互之间既有竞争也有合作，为着共同的目标一起奋斗。

二是分钱很及时。每到年底，按照业绩、制度，该怎么分就怎么分、尽快分，在12月31日之前，全员、足额分到位。分钱的问题上，不要有任何拖拖拉拉和犹豫克扣。一些公司，甚至是一些互联网公司，故意找各种理由，如不是按照公元年份，而是按照财年来计算，把时间拖到次年第一季度甚至第二季度来核算上年度的奖金分红。当员工多工作了三个月甚至半年之后，上年度的年终奖才领到手，走也不是留也不是，其实是有点"阳谋"的味道，留人不留心，员工的真实体验恐怕是很不舒服的。看到大家都习以为常，也就只能"逆来顺受"了，但真正的人才，不会纠结这些，该跳槽还是会跳槽。

三是分钱不后悔。关于"分钱"，企业老板一般有三种境界：第一，不会分也不愿分，这样的老板占据了绝大部分，他们通过制定严格的规章制度来管理员工，一旦涉及金钱，就找各种理由来搪塞和克扣，这种情况下，员工虽然嘴里不说，但心里是不舒服的，没有归属感，一旦有更好的机会，就会果断离开；第二，分完了后悔，这部分属于愿意分钱中的大部分，制定了比较完善的激励和管理制度，让员工去奋力拼搏，结果员工超额完成，只能忍痛割爱，把钱给出去了却后悔，心想来年怎么都要想一些办法少分点，提高标准或者降低比例，大家都是聪明人，长此以往，也必然会离心离德；第三，大胆分还不后悔，这样的企业属于凤毛麟角，少之又少，他们主张大胆分、及时分、足额分，只要把钱分好、分到位，大家的心就能始终聚在一起，企业的可持续发展也就有了基础和保证。

因此，这种勇于分钱、善于分钱的文化和机制就决定了企业的发展是与大家高度相关的，是价值共享的商业模式，是大家值得为之付出努力、奋斗不息的事业。庄泰创业十余年来，年增长30%是最低标准，几乎所有人都能逐年完成。这样的增长率，与互联网公司相比可能是不起眼的，但在零售行业，特别是与会销、直销行业的同行相比，十几年如一日地可持续发展，实属不易。同时，通过"分钱"，也实现了真正的"分权"和"分责"，把每一个人的主观能动性激发出来，每个人各司其职，各负其责，在客观上也真正降低了管理难度。实践证明，企业文化代表着创始人的性格，而创始人的认识水平通常是这家企业发展能够达到的"天花板"。只有当一家企业不必时时、处处、事事都按照老板一个人的意见和思路来做决策的时候，才拥有了更加广阔的发展空间。

还有一个问题，这种"分钱"的文化和制度，会不会养懒人，助长"搭便车"的现象？从庄泰的实践来看，在短期内，这个组织模式是鼓励和信任个人的，允许个人在一定程度、一定空间里成长和试错，但长期来看，如超过三个月，个人的能力和努力就会被市场所证明，业绩高下就决定了分配的多少，又由于这种制度是近乎公开透明的，任何"搭便车"、浑水摸鱼的行为，都将在道德上遭到谴责，在制度上得到检验。如果持续没有业绩只是坐享其成的话，很快就会在团队中失去地位，遭到淘汰。这种淘汰不是说老板认为某某不行，而是事实证明他不适合这个岗位，离开对谁都没有坏处。

庄泰的这种"分钱"文化，也极大地影响了各地区的合作伙伴和大C，在青海、山东、福建厦门等地，激励方式和制度基本上都是从庄泰这边复制过去的。说了那么多，最核心的一点就是用户的强关系，在某种程度上，这也依赖于组织上的"分权分利"，因为与用户直接打交道的，就是自己的员工，如果员工心里不满意，或者"身在曹营心在汉"，那么让他去维护用户关系，并且加强信任度，几乎是不可想象的事情。企业的理想和目标固然重要，工作条件和工作氛围也同样重要，说一千道一万，要让每一个人心无旁骛、毫无顾虑地努力奋斗，最核心的还是要让他在收入上有保障、有安全感。想要每一个员工都能根据自己的努力获得可预见的收获，必然需要这种"自上而下"的激励氛围。

可以说，在中国企业的商业实践中，华为是分钱分得最彻底的，庄泰虽然在知名度和规模上不可比，却能在解决分钱这个问题上，与华为不相上下。当然，庄泰的组织具有特殊性，可以在泛零售行业进行借鉴，但对于生产型企业也许并不适用。比如，钱都分掉了，怎么搞积累，怎么搞研发，怎么平衡生产周期，这些都需要在商业实践中加以区别对待。

值得一提的是，商业元生态通过数字化人际的信任关系，产生了一些意料之外的效果。大C合伙人，就是其中的一个典型，他原来的身份是大C，是代理商，在一些特定的条件下，可以转变身份，成为供应商小b。在他这个网络节点上，商品的流通方向竟然发生了逆转，并且是高效、共赢和可持续的。大C合伙人，是从大C中成长起来并且实现了社群裂变之后的超级大C，原来他所面对的强关系小c中有若干个小c成长为大C，他所服务的一个商业社群裂变成了多个商业社群，这个时候，他在生态网络中的能量和地位就得到了提升。理论上，他的收入不仅包括商业社群的收入和裂变社群的收入，甚至包括供应链的收入；

他的身份可以转成网络生态中的供应商小 b。

在江西赣州地区有一种著名的橙子——赣南脐橙，属于中国地理标志产品。赣南脐橙果大形正，橙红鲜艳，光洁美观，可食率达 85%，肉质脆嫩、化渣，风味浓甜芳香，含果汁 55% 以上。庄泰在赣州有一个大 C 合伙人陈总，负责在当地拓展市场和服务客户。在一次交流会上，陈总提到他有靠谱的果农可以提供一定量的赣南脐橙，在社群中团购。这个想法很快就得到了总部的认可与支持。总部提出了"约法三章"：一是有多少就做多少，不能以次充好；二是价格不能高于社区水果店；三是允许退款、退货。大 C 合伙人陈总凭借自己的人脉，深入赣南乡村当地做了摸底调研，决定 2020 年 11 月底，在社群中搞一次"短、平、快"的团购预售，付款后半个月内发货，每箱 5 千克，100 元包邮，总计 3 吨 600 箱，在短短一天之内被抢购一空。因为价格有优势，品质新鲜，有保障，有不少用户都是两箱、三箱地买。

此次，大 C 合伙人陈总的身份完全从代理商变成了供应商，变成了小 b 陈总，这种身份转变看起来有点随意，其实是整个生态给大 C 赋能，商品通过人际的信任关系进行传播，降低了沟通成本，减少了销售环节，其中蕴藏了深刻的商业逻辑，对于水果销售的传统模式是一种优化和颠覆。

一是生产端：稳定预期。在商业社群中大家预订的橙子整体付钱之后，大 C 合伙人陈总才让农民朋友行动起来，按商定的要求和标准进行采摘、包装和发送。农民朋友一看，橙子都还挂在树上就已经收到钱了，而且比平常中间商批量收购的价钱还高，也积极行动起来，精挑细选、优中选优，那些长得不大、不成熟、不好看的橙子依然可以留在树上继续生长，把品相好的橙子装好发快递，摘一个卖一个，一个都不浪费。

二是物流端：批量送货。所有的橙子，都由大 C 合伙人陈总负责找第三方物流公司统一按要求发货，全是批量发货，收货地址都是不同商业社群的大 C。批量发货比小件发货的优势在于，既可以控制成本，也可以保证服务品质，每个大 C 多的几十箱，少的也有几箱，被乱丢、乱扔的情况几乎不存在。预售中提示的半个月内发货的周期，也让物流公司在运送商品过程中更加从容不迫。

三是交付端：当面交付。大 C 在收到货品之后，可以在社群中发布消息，点对点地告知下单的小 c，或者请小 c 来店里取货，或者送货上门，无论哪种方式，都多创造了一次与小 c 见面沟通的机会，可以当面开箱验货。一两天之后，还可以再次沟通，询问消费体验和意见反馈。若万一有个别品相不佳、口味不好，或者被外力压伤的果子，也可以及时进行调换或退款、退货等，所有的动作，都是在加强而不是弱化彼此的信任关系。

四是消费端：体验与口碑。对于商业社群中为数众多的小 c 来说，社群团购提供了更多的选择方案。相比于其他购买渠道，在社区水果店不仅价格略贵，还得自己会看、会挑，同样是橙子，赣南脐橙不会自己说话，标签之类的也是后打上去的，买到不新鲜、不好吃的概率很高；在网络商超，价格可能便宜些，但品质感和新鲜度不敢恭维，一箱好果子里混几个差的，也是大概率事件。因此，通过社群团购，至少可以肯定买到的是真的从赣南山区的树上采摘下来的，还有人送货上门，不好吃、不喜欢包退，整体看下来，没有什么需要纠结和犹豫的。喜欢就可以参与，不喜欢也无所谓，而且卖完就结束，不至于过分打扰。

五是全供应链：专业且可靠。对于大 C 合伙人陈总而言，发起赣南脐橙的社群团购，要有几个天然条件，必须是本地人，有认识和信任的一群果农，对产品的品质及价格情况知根知底，了解直接从原产地集采，具有一定的价格优势。在发起团购之后，全程负责监督和服务，确保品质交付。在没有第三方监督的情况下，会不会出现以次充好，或者高价"收割"？有可能。但是他更清楚，所有的信任关系都是通过网络生态"提前预支"给他的，每个社群的大C之间的相互信任关系也是动态的，不管产品有任何质量问题，他都是最终的兜底者和负责人，可能对他的社群信任关系造成不可逆转的伤害。因此，谁也不会因为这一次团购去伤害社群间的信任关系，如果觉得能做，就会全力以赴；如果预判有风险，那么还不如不做。

于是，我们看到，虽然没有来自总部的强管理、强监督，但是基于商业社群节点中的强信任关系，让大C合伙人的每一次身份转换，都按照人们期待的商业逻辑来展开，可以持续强化彼此的信任关系。实践已经证明，好的价格、好的产品和好的服务融合在一起，用户的体验和口碑自然会很好。如今，包括赣南脐橙在内的一些具有地方特色的应季商品，如陕西的苹果、广东广州的月饼、湖北恩施的小土豆等，纷纷在各地大C合伙人的推荐下"触网"，通过商业元生态构建的强信任关系社群进行销售，这种定量、定期的社群团购，既丰富了社群内容，也加强了社群信任，是一举多得的好模式。这也让我们看到，商业元生态在能量交换上，是相互流动的；在价值创造上，是协同共创的；在财富分配上，是平等共享的。而事实上，大C合伙人仅仅是生态中一个很小的模式创新，更多的关于价值共创和财富共享的模式创新，仍有待于更多的商业实践来验证。

第十章

数字化"光合作用"
(商业元生态之"阳光")

第十章 | 数字化"光合作用"

可以说,数字化是这个充满着不确定的时代里唯一确定的事情。截至 2021 年 6 月,我国网民规模达 10.11 亿人,手机网民规模达 10.07 亿人。网络购物、直播电商、手机支付、网上挂号、App 打车、在线学习、网络订餐、协同办公等逐渐成为人们生活、工作的常态,最新的科技成果不断融入生产生活,改变着传统的生产生活方式,也改变着人们的行为方式、社会交往方式、社会组织方式和社会运行方式,深刻影响着人们的思想观念和思维方式,不断创造新的产业形态、商业模式、就业形态。其中,零售行业是被数字化驱动、改造与融合得最彻底的行业之一,既有层出不穷、精彩纷呈的创新与创意,也有黯然神伤、轰然倒下的悲壮与悲情,作为观察者和研究者,我们必须感恩这个伟大而美好的时代,让我们有机会通过见证商业的实践与变革,来验证理论的推演与局限。

现在是一个大数据时代,每个人,每时每刻都会产生各种各样的数据,这些数据通过互联网平台得到沉淀。随着大数据在网络空间不断生成、存储、流转和分享,各类资源要素都被整合进特定的平台和场域,大幅提升了资源配置效率。毫无疑问,如今的数据已经成为一种全新的生产要素,不仅绿色环保,而且具有巨大的创新功能,有助于加强线上、线下联络沟通,推动人、物等跨越地域、空间、边界有效连接,实现万物互联,使生产要素的配置方式更加灵活多样,资源的利用更加节约高效。同时,人们可以随时随地参与网络活动,实现全时共在,使以人为本的商业进化更加快捷。

商业社会的经济形态随着技术的进步不断演变，农耕技术开启了农业经济时代，工业革命实现了社会化大生产，如今的数字技术革命推动了商业社会的数字化变革。从计算机发明到互联互通，从信息化到今天的数字化、物联网、数智化，短短几十年间，我们见证了数字化时代的巨大变化，数字技术从科学走向实践，形成了完整的数字化价值链，在各个领域实现了广泛应用，成了这个时代不可或缺的基础设施。如何利用新一代信息技术，围绕用户需求变化，构建包括采集、传输、存储、处理和反馈的数据能力，打破不同层级、不同区域甚至不同行业间的数据壁垒，提高企业运行效率，对企业来说是一个全新的课题。

前文中，我们通过数字化这条关键标尺构建了 DTCR 研究框架，这说明数字化本身是驱动商业变革的关键力量。事实上，我们所勾勒的社群生态，是一个面向未来的商业模式，数字化是生态能够成立的最重要的内容。"万物生长靠太阳"，在数字化社群生态里，数字化就像是阳光，让多物种之间能量转换实现自然循环，让公平竞争优胜劣汰得以实现，让生产者和消费者因信任连接，用价值共创，周而复始，生生不息。

数字化的三个阶段

零售行业几乎是最先受到互联网浪潮冲击的行业。所有的商业模式创新，都围绕着降低成本、提高效率和优化体验三个核心标准来展开。在我们的研究视野里，零售的数字化进程包含三个发展阶段。

第一阶段，互联网时代（零售 3.0）。互联网的兴起，重构了时间和地域的概念，让以电子商务为主要形态的线上零售成为更高效的零售模式。通过互联网带来的效率提升，主要体现在：一是零售"场"以网页的方式展现，从有限的物理空间延展到无限的虚拟空间，而且完全消除了区域间的差异，消费者无论在哪里，都能获得标准化的产品信息；二是互联网打破了时间上的限制，消费者可以在任意时间寻找产品信息；三是重构消费行为，相对于原来的逛街选品，通过搜索关键词的选品方式不仅更加快捷和便利，也把产品和品牌信息集中呈现推进到极致；四是购买完成后，通过物流快递送货上门的方式，即货找人的方式，让消费体验得到极大提升。在移动互联网时代，基于移动端的智能设备实时在线，以"社交+本地化+移动"（SoLoMo）的模式，对线上零售业务进行升级迭代，以线上到线下模式，从线上向线下渗透，都将对消费模式产生影响，零售业早已形成的所谓"中心化"结构，继续被强化。

亚马逊、阿里巴巴、京东等电商巨头纷纷兴起，成为这一阶段炙手可热的零售平台，它们成为新的商业模式的游戏规则制定者，积极构建包括支付、数据、金融、物流等环节的零售生态，对商业社会产生了极为深刻的影响，包括客流、商品流、信息流、物流、资本流前所未有地集中在它们手中，它们拥有更大的权力，流量分发、需求引导、价格制定、促销规划，在现在和未来很长一段时间，深远地影响着零售行业的变革。

第二阶段，物联网时代（零售4.0）。智能手机等移动终端的普及，无线网络的全面覆盖，商品数字化等技术的兴起和运用，大数据、云计算、移动互联网、物联网、人工智能等新一代数字技术的迅猛发展，成为推进商业进步和零售业创新迭代的强大动力。消费者购物再无时间和地域的限制，开启了零售业线上、线下虚实集成的新格局。传统零售商经过数字化转型，纷纷走到线上，而亚马逊、阿里巴巴等互联网企业，也迅速通过各种方式布局线下触角。我们所看到的新零售，就是在万物互联的时代里，利用新技术，让商品和服务更加匹配有效的消费需求，让消费者"想要就要，马上就要"。

我们现在即处于物联网时代的早期,从新零售到新消费,消费者主权快速崛起,这是一个技术蓬勃发展的时代,商品交易和消费必须经过的每一个环节,都有可能被革新、被颠覆,其中蕴含着无限可能。随着新技术的运用,如何提升消费体验变得重要且紧急,好的产品和服务更容易得到推荐,线上、线下开始打通与融合,物物相连,场场相连,全方位向人们提供跨渠道、无界限的购物体验。

第三阶段,人联网时代(零售5.0)。在万物互联的基础上,基于用户关系所构建的人人相连的网络,这是一个"去中心化"的网状结构,人与人之间的信任关系、情感联系是连接的核心。在人联网时代,人们之间因信任产生的链接将会爆发巨大的能量,若商品交易和价值交换可以通过人联网来实现,必将对零售形态和用户关系产生颠覆与重构。当每个人都成为零售关系中的核心时,自零售将依托人与人之间的信任关系、情感联系去传播商品信息和品牌口碑,实现零售关系中最直接的"人—货"相连。

人与人之间的强信任关系将取代互联网上机器结点构成的冷冰冰的关系。这是一个全新的时代,是消费者主权时代,或者说是用户主权时代。用户正在扮演越来越积极的角色,从被动接受和选择到主动影响与创造。通过日新月异的移动互联技术,用户可以非常方便地通过网络聚集在一起。他们形成社群,抓住一切机会与品牌互动:从内容创造、设计参与、决策参谋、体验分享到品牌传播。

数字化的实质,是人类社会科学技术的进步。以上三个阶段,恰好与我们所勾勒的三大零售阶段一一对应,与数字化阶段之前的两个阶段一起,农业时代(零售1.0)和工业时代(零售2.0),整体构成了我们对零售行业进化历史脉络的研究逻辑。需要反复指出的是,人类历史进步和商业进程都是渐进的而不是突变的,每一个新时代的出现并逐渐占据时代主流,都有一个长周期过程,虽然技术创新滚滚而来,但是我们看到诸多传统商业模式依然存在，从商业实践来看，新的与旧的、先进的与落后的、高效的与低效的商业形态和模式，在时代的洪流里，以适合自己的方式，在同一时空中共存的情况依然屡见不鲜。

我们看到，数十年来，尽管数字化浪潮席卷而来，但仍然有一些地方的一些人群，被隔绝在这个时代之外。他们不是不喜欢数字化，也不是不知道数字化的好处，而是数字化所要求的新增成本，比如，买一部智能手机，办一张流量卡之类，都让他们难以承担。

我们也看到，数十年来，尽管数字化浪潮看起来摧枯拉朽，但仍然有一些企业，被隔绝在这个时代之外，你可以认为它们是后知后觉者，或者是犹豫不决者，它们面对数字化，感觉到犹疑、混乱和恐慌，因为企业数字化不是买一部智能手机那么简单，无论是购买服务器、开发数据中台，还是聘用咨询顾问、数据工程师，抑或是数字化营销、拉新、转化、变现，几乎每一个环节，都需要果敢大气的决心和坚定不移的耐心，更需要长周期、大规模的资源投入，随时面对不确定未来的考验。

这些被数字化遗忘的"边缘人群"和"边缘企业"，恰恰是我们进入"人联网时代"之后，可以用社群生态模式，重新连接、关注和赋能的重要群体，在他们的身上蕴藏着无比巨大的能量，那就是互联网下半场所需要的"流量红利"和"增长密码"。

从典型性到普遍性

对于新事物、新趋势，大部分人都会经历"看不见""看不起""看不懂""来不及"四种心态。对于数字化，不少企业家看见了，但可能没看懂，他们经过一些商业实践之后的感觉也是：数字化转型说易行难，请了不少外包服务商，钱花了，时间花了，却没有什么效果。

从理念来看，数字化给人以高大上的直观感觉。无论是研究者还是实践者，大家都普遍认为，如果一家公司没有很强的IT、数据团队，没有分布式创新和扁平化管理的意识，没有云计算的思维、不了解互联网平台的生态内涵并与之合作，没有在用户服务、生产和管理流程、供应链等方面采用云和SaaS服务，并深度参与定制化开发，几乎可以断定，其数字化转型不可能有太大作为。

从实践来看，基本是各行各业的龙头企业率先进行数字化改造并获得成功。它们成功背后的共性在于，一是掌舵人有超越常人的魄力和果敢，"一把手"工程确保令行禁止；二是有足够的资源、资金可供调用和投入，常有持续数年"不设上限"之举；三是有足够大的发展规模，提供了试错和腾挪空间，哪怕短期内失败，也可以迅速调整方向，久久为功。

比如，三一重工是在经历了2011年下半年开始的工程机械行业大滑坡之后，痛定思痛加快数字化转型的。三一重工董事长让人搜集了数字化和智能制造方面的数十本著作、几百个视频进行学习，还经常在午餐会上和管理团队检讨灯塔工厂的建设。当时，三一重工在其产品中广泛设置了互联传感器，其初衷本来是提高产品运行状态诊断及主动性维修服务的效率，以及加强租赁销售资产保全。后来，通过这些传感器，三一重工实现了采购、研发、生产、销售、设备数据收集、反馈服务的数字化，建成了包括无人化下料、智能化分拣、自动化组焊、无人化机加、智能化涂装、客户个性化定制等在内的数字化车间，还参与投资了工业互联网平台"树根互联"。该平台以"连接机器"为核心，其行动策略是"机器连得上，数据接得住，设备管得好，智能落得地"。

又如，美的集团的数字化转型迄今已接近十年。2012年，重构IT系统，解决一致性问题；2015年，建设智能工厂、数据平台，系统移动化；2016年，推动"T+3"变革，将接收用户订单、原料备货、工厂生产、发货销售的四个周期，通过全链条的数字化流程再造，打通产销价值链，面向用户零售驱动，压缩每个周期的时间，打造柔性生产力；

2016年以后，建立工业互联网，全面数字化、智能化，把产品用软件来定义，全价值链上的合作伙伴、供应商、销售伙伴，都由数字化支撑，用数据驱动业务运营。由硬件思维转向软件思维，建立了"数字孪生"的智能工厂，将制造环节柔性化、精细化。

我们想说的是，三一重工和美的都是优秀的龙头企业，它们通过数字化改造，都成为再一次站在时代前沿的幸运儿。然而，它们成功的背后，这样动辄十年如一日的坚持投入，又有多少企业能够承担？它们的成功经验，又有多少企业能够学得会？答案是显而易见的，它们是优秀，是典型，却不具备普适性。

如果我们把目光聚焦在零售行业，则又是另一番景象。

随着阿里巴巴、亚马逊等互联网科技平台巨头的快速崛起以及在商业上取得巨大成功，让平台经济模式声名鹊起，综合类、垂直类的各种电商购物平台成了新数字化零售渠道，一端连接着消费者，另一端连接着生产者。在2008年之后，伴随着公共交通、基础网络的发展和互联网用户数的直线上升，阿里巴巴和京东迅速扩张，电商平台成为互联网企业打通线上与线下的开端。首先是淘宝、天猫和京东的迅速扩张使互联网开始涉足社会经济运行中实际的商品交易环节，其次是美团、大众点评、58同城、携程等开始涉足线下服务业以及以优酷为代表的内容平台开始涉足文化娱乐行业，基于流量、交易和内容的互联网平台开始逐渐成为互联网行业的主流。实际上，我们所说的互联网经济，在绝大多数场合下正是互联网平台经济。

互联网平台出现的核心价值是通过数字技术，把供给方和需求方的信息进行整合和匹配，解决了商业流通过程中信息不对称的问题，降低了信息传播的成本。同时，平台模式具有独特的"网络效应"，让参与者不断地为平台贡献流量和内容，形成了正向循环：参与者越活跃，平台内容越丰富，使用体验越好，平台价值越大，参与者对平台的依赖程度就越高。

彼时，供求两端都对互联网平台有要求。供给端拥有数量庞大的商家（中小企业），在高度同质化的激烈竞争下，短期内没有能力将缺乏差异性的产品打造成品牌，在消费市场进行传播；同时，需求端的消费者分布广泛，需求信息的多变、随机和高度分散也使制造商无法与大量分散的需求者直接对接。互联网平台的出现使中小企业获得了将产品信息送达消费者的能力，每年为数庞大的新增消费者也为互联网平台带来持续的流量红利。于是，平台模式在中国成为互联网经济的典型甚至是唯一模式，既提升了商品流通环节的效率，又降低了获客成本，获得了差不多十年快速发展的黄金时代。

直到2018年，风云突变，平台经济面临瓶颈。原因在于以下三点。一是流量红利消失导致流量成本急剧升高，经过了十多年的高速增长，互联网人口数量接近"天花板"，增量没有了，互联网平台全面进入存量竞争时代，俗称"内卷"。二是互联网平台拥有的议价权和控制权达到了极致，它们既控制了线上流量还控制了线下流量；既控制了生产者还控制了消费者；既控制了商品交易，还通过资本方式，把触角伸向了供应链、物流、餐饮、旅游、出行、金融等消费者生活的方方面面，无时不在、无处不在。三是互联网平台居于垄断地位，成了游戏规则的制定者，不只是消费者失去了选择权，制造商和服务业从业人员也失去了选择权，又因其经济规模巨大，已然有尾大不掉之势。

互联网的上半场，数字化变革的主角都是资本和巨头，大部分企业和商家都是依附于平台而存在，被裹挟进数字化浪潮中去的。如今，互联网平台"挟流量以令天下"的中心化格局基本形成。平台可以筛选产品和商家，也可以筛选消费者，但平台两端的人，一旦产生依赖性，就很难离开平台。未来，只要流量成本依然居高不下，互联网平台对于其他参与者的"盘剥"必然不会停止，那些依靠互联网平台的商家更是首当其冲,"有营收却无利润""食之无味弃之可惜"的被动局面就不会有根本改变。

那么,究竟有没有一种全新的商业模式,让绝大部分的企业和人群都可以低成本、方便快捷地完成数字化改造,参与到数字化时代中去呢?我们认为,物极必反,中心化的互联网平台已经走到极致,或许还可以保有存量,但未来的增量,影响大多数企业和人群的、具有普遍意义的商业模式,一定会在"去中心化"的数字化社群生态中产生。

用户关系数字化

对于零售企业来说,若把数字化看作必须完成的一个系统工程,首先是产品生产环节,如采购、设计、制造、供应链等;其次是管理运营环节,如财务、人力、组织、管理、战略等;最后是面向销售端,如品牌、市场、用户等,整个体系被区分为数据前台、数据中台与数据后台,涉及人员多、工程量大,哪怕用最保守的逻辑估计,其所需的资源和时间投入恐怕也是令人望而却步的,这依然是诸多中小企业对"数字化"敬而远之的根本原因。

我们认为,无论是创新还是转型,都要做好综合评估,务必在资源和时间等条件可控的范围内执行,如此才能控制好风险,确保达成目标。我们强烈建议,每一个企业都着手重构用户关系,分阶段实现用户关系数字化,原因很简单,因为这是困难较小、成本较低、见效较快的环节。

比如,广州绿瘦是一家生产及销售减肥代餐食品的企业。2012 年,其所在的行业竞争激烈,除了曲美、碧生源等强势头部品牌之外,仅代餐食品这个细分赛道,就有不低于十数个直接参与竞争的对手。绿瘦作为后来者,与行业头部企业差距很大,正面竞争起来毫无胜算。从 2013 年开始,绿瘦运用"小数据"战略方法论,短短三年,就通过构建用户数据平台，沉淀了近 2000 万用户数据信息，包括地域、性别、年龄、兴趣、健康状况、日常生活习惯和消费能力等，这种对用户数据的分类和标签化，构建了丰富而细腻的数据模型，支撑了每年数十亿元稳定增长的销售收入。如果从更加苛刻的理论层面来看，绿瘦所实行的"小数据"战略，也仅仅完成了"5CM"中的 4 个"CM"（详见《小数据战略：新零售时代如何重构用户关系》），最后 1 个"CM"仍在布局和探索中，即便如此，这家企业也走在了时代的前沿，把同行和对手远远地抛在了后边。

又如，在"用户私有化"这条道路上，雷军和小米给我们提供了一个绝佳的实践案例。先软件（MIUI）再硬件，先用户再产品，与用户交朋友，一切从连接开始，快速分类迭代，集聚规模庞大的超级用户，支撑小米手机短时间内成为最受欢迎的"国民手机"之一。在小米成立之初，雷军要求"与米粉交朋友"。在小米内部，不管是产品、技术还是营销、运营、销售，都把米粉当作第一原动力。在雷军"零营销预算"的约束下，小米团队只好采用成本最低的办法，满世界泡论坛、找用户，选出 100 个网友作为"发烧友"，实时互动，鼓励他们参与到 MIUI 的设计、研发中来，并根据每周迭代的版本提出反馈意见。通过口口相传，每周都翻番，参与的人越来越多。几个月过去，几万人、十几万人聚集在论坛上，不仅讨论软件，还对硬件提出了各种意见和需求。可以说，小米手机的正式出炉，都是这一群"发烧友"群策群力的结果。到 2011 年 8 月初，第一款小米手机发布之前，MIUI 论坛里已经积累了超过 50 万人，雷军的心中已经笃定，这次是真的"要火了"。2014 年，创业仅仅三年多的小米手机销量超过 6000 万台，拿下了国内 14.97% 的市场份额，成为当时国内第一。当年底，小米完成了新一轮融资，总融资额 11 亿美元，公司估值 450 亿美元。虽然小米后来向市场妥协，逐渐放弃了自己引以为傲的互联网"口碑营销"，回归传统模式，但是小米围绕用户的发展之路，仍然可以在中国商业史上留下浓墨重彩的一笔。

像这样积极用数字化的方式重构用户关系，虽然投入不高，但是见效明显。其核心原因在于：一是"用户第一"不能仅仅停留在口头上，还要用方法论落实到实践中，在流量思维大行其道的时候，能关注用户需求变化、珍惜用户关系的商业模式，必然能获得更多用户的认可和推崇，通过用户口碑爆发式传播，获得快速增长是顺理成章的事情；二是互联网和数字化技术，极大地降低了与用户建立链接的成本，大大提升了交互的频次和效率，让企业有机会通过数字化的方式去搜集、管理、研究和挖掘用户数据，真正了解用户需求的变化，实现"一对一"精准营销，与用户做朋友。

用户关系的数字化包含哪些内容？我们三年前已经在《小数据战略：新零售时代如何重构用户关系》一书中总结了一套行之有效的方法论——"伍厘米方法论"。对于品牌商或零售商而言，关于用户关系数字化，就是要一步步地实现这 5 个"CM"。具体地，包含以下五个方面。

1CM——用户画像管理（Customer Management）。这是用户研究最基础的工作，完成用户数据的搜集和管理平台的构建，搞清楚你的用户在哪里、有多少等基本问题，用户群体在性别、年龄、区域、行业等方面有什么特质，这些研究能在很大程度上为你的精准营销提供决策依据。1CM 完成的主要任务，是尽可能多地运用各种技术工具，获取有效的用户数据，进行用户画像。

2CM——用户精准营销（Customer Marketing）。在 1CM 的基础上，2CM 要求对用户数据更精准地把握，针对用户数据库进行标签分类，充分运用互联网工具，不断尝试并找到适合自身产品或服务的分类方式，不同的类别代表不同的社群，以社群运营的思路来运营用户。

3CM——用户需求挖掘（Customer Mining）。3CM 就是数据智能化的事情，你的数据必须有智慧的赋能。实际上，对于数据的智能化，大家都在不断地研究，并纷纷建立了数据模型，不仅针对现有情况进行分析，更基于人工智能技术，对未来进行预测，预测时间、预测地点、预测内容、预测风险，个性化营销将成为主流，实现从对一类人的社群营销升级为"一对一"的精准营销。

4CM——品牌洞察（Customer Measurement）。通过用户的口碑数据，来重新洞察和定义企业的品牌价值，不是仅针对具体的某个产品、某项服务，而是全面的品牌形象，在社交网站上的用户口碑数据，看知名度、美誉度、忠诚度好不好，好在哪里，坏在哪里，背后的原因是什么。

5CM——自零售 CGM（Customer Gets Member）。这应该是零售努力实现的终极状态，用户对品牌已经高度认可，品牌与用户可以无缝对接，不用经过任何第三方渠道，信息传播最高效，并愿意通过信任向朋友推荐，通过老用户去获取新用户，形成良性循环。

其实，"伍厘米理论"是一种数据思维，就像曾经的互联网思维一样，无论是否要参与新零售变革与转型，是否要做自零售，"伍厘米理论"都是零售行业从业者必备的思考方式之一。实践证明，相对于数字化转型动辄大规模作战的套路，用户关系数字化是"单兵突进"的创新模式，只要运用得当，完全有可能轻装上阵，后来居上。

社群关系数字化

这些年我们碰到一些企业家朋友，他们反馈说，"小数据"战略是很好、很及时，但"伍厘米方法论"运用起来还是有一定的技术门槛，见效需要一个过程，也需要一定的资金和资源投入。说白了，就是像小米、绿瘦这样的"小数据"案例，适合拥有一定基础的成长型企业，它们是在正确的时候做了正确的事情，抓住了历史机遇，不是谁都能学得会的。如今，整个互联网都进入了"存量"和"内卷"时代，对于用户关系的拉新、获取和运营，本身就面临着更大的难度，效果也更难评估。

那么，对于更广大的中小企业、品牌商家和创业者来说，通过数字化与用户连接，究竟还有没有更直接、更简单、更有成效的方式？我们认为，社群关系数字化，正是这样一种技术门槛低、操作简单、复制快的方式，适合那些在数字化浪潮中被遗忘的大多数企业和人群，这几乎是他们有机会"逆袭"的唯一方式，甚至可以说，在流量红利消失之后，围绕着用户关系数字化的模式，社群是这个时代里最后一波红利。

简单地说，只要把"伍厘米方法论"活学活用，所有的企业和个人，都可以跳级，先省略前四个步骤，直接从第五个"CM"自零售开始，构建一个基于自零售的数字化社群生态。"条条大路通罗马"，这肯定是去"罗马"最快的路径。从实践操作来看，针对个人和企业，有具体不同的做法。

对于个人而言，社群关系的数字化，说简单也简单，就是把现实社会里人与人已经存在的信任关系转移到虚拟世界，用数字化的方式连接和存储起来，形成用户数据资产。这个转化的过程很简单，完全可以利用微信、QQ等现有的社交工具，如微信群、QQ群、小程序、视频号、公众号、服务号等，这些工具大部分人已经在使用，不需要重新投入费用去开发新的数字化工具。把现实社会中的信任关系，转化成线上的"一对一"信任关系，或者转化为社群中"一对多"的关系，每个人都可以按照自己的条件和偏好，做出自由的选择，既可以作为参与者（小c）参与其中，分享数字化社群的红利，也可以作为组织者（大C），去服务好小c，维护好社群。

对于企业而言，社群关系的数字化，最直接的方式是放权、让利，鼓励和支持面向用户的一线员工，让其中有想法、有能力的人能够成长为大 C，他们会想方设法与用户形成"一对一"的信任关系，全心全意做好用户服务。这样的做法，实际上是围绕企业的大 C 完成了用户私有化的过程，确保每一个用户都可以跟某个大 C 形成强信任关系。若干个大 C 组成若干个社群，这些大 C 与企业形成一种类似合伙人的共生组织，群与群之间形成能量交换和价值共享，企业的 App 平台进化为一个数字化社群平台，构建一个多中心的分布式社群营销网络，用品牌势能和数据资产为大 C 赋能，用利益分配制度保障他们的稳定回报（如图10-1 所示）。

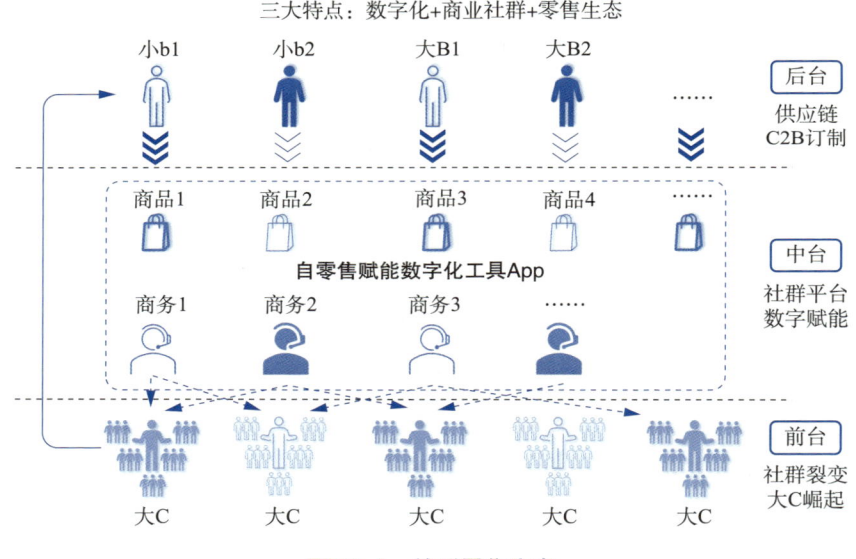

图 10-1　社群零售生态

特别地，就现阶段而言，一个重要的建议是，企业应该拥有自己的数字化工具，建立自己的 App。建立 App 就是 DTC 的重要一步，它可以成为一个私域的数字化载体和企业积累用户数据资产的重要环节。从诸多商业实践中看，这是一个技术难度不高但行之有效的办法。当然，企业 App 的建设目标，既可以面向小 c（DT 小 c），也可以面向大 C（DT 大 C）。

当企业 App 定位于 DT 小 c 的时候，如何让更多的小 c 知道，如何跨平台进行引流、增长、转化、上规模，以及如何持续创造优质内容，以保持用户对 App 的新鲜感、活跃度，可能是一个挑战，没有一定的经济规模和资源实力做基础，确实不能轻易为之。因此，DT 小 c 的 App 更适合规模以上的、有公共影响力的大企业，我们看到的事实是，诸多中小企业，或者已经有了 App，却很难在运营和管理上得到突破，手足无措；或者干脆望而却步，踟蹰不前。

当企业 App 定位于 DT 大 C 的时候，依然可以把 App 看作可以很好发挥数字化工具的功能并精准面向大 C、服务大 C 和管理大 C 的数字化工具，至少目前来看，在企业积累用户数据资产的自由度和可得性方面，企业 App 都是其他第三方管理工具所无法比拟的。DT 大 C 的定位，从流量管理变成了存量服务，App 平台内的所有功能和内容，都发生了本质的变化。一个数字化社群平台，App 就是其中的"数据大脑"。此时，App 将在以下四方面发挥无可替代的作用。一是赋能大 C，让大 C 可以更好地针对小 c 的做营销和服务。比如，大 C 可以持续地从 App 里获取标准化的优质内容，做可持续的社群运营维护，还可以获得自己的订单数据，从中分析小 c 的消费轨迹、消费偏好变化，以便提供更精准和优质的服务。二是赋能大 C 合伙人，做更好的针对大 C 的服务与管理。比如，可以进行更有激励效果的管理，发起"赛马机制"，发起竞争排名，等等。三是赋能参与者，发挥常态化的、可持续的教育培训功能。比如，对供应链上最熟悉产品的小 b，应该提供足够的优质内容和信息，让所有人随时随地都能按需取用。四是基础的连接功能，总部与代理商、社群与社群、大 C 与大 C 之间的供求关系、信息交互，以及能量交换和价值共创，都可以在 App 的社交连接中产生。

总之，App 是构建社群生态的首选数字化工具，对内可以有效管理和服务数字化商业社群，赋能大 C，提升效率、降低成本；对外可以无缝连接微信、钉钉、QQ等社交工具，形成内外兼修的数字化社群平台。我们要在战略和理念上追求一种境界，无论是哪种举措，其出发点都是提升与优化大C服务小c的水平和能力，增进与加强和大C之间的信任。唯有这样，小c才能持续成长为大C，基于信任关系的社群才能持续裂变，接入更多生态的商业社群，才能形成自发的甚至是自觉的向心力和凝聚力，商业元生态才能拥有几何级数般的升级和拓展能力，在某个独特领域中，针对特定人群，简单快速、稳定可持续地发展起来。

当然，社群信任关系数字化，核心问题在于，如何把这种拥有信任关系的社群做得更有商业价值，形成一种可持续变现的商业模式。在数字化这条路径上，庄泰算是一个后来者，其通过强信任关系构建起来的销售网络，一直到2018年，还停留在传统的模式中。在没有数字工具的时候，都是通过销售经理"人盯人"的方式，去跟踪和记录。在服务过程中很明显地碰到了三个问题。

一是服务规模受限，资源无法打通。每个人的时间和精力都是有限的，单个销售大C的用户规模和服务半径受到严格限制，无法快速复制，而且不同体系的销售大C与他的若干用户是强关系，只是他对于庄泰体系内的其他产品和服务，容易知之不详且沟通效率太低，无法形成资源互通并及时有效地向用户推荐。

二是经验无法沉淀，不能快速复制。体系内的产品策划、供应链管理，与客户的交流互动、营销策划等经验，都碎片化地分布在不同的公司、不同的部门和不同的人员手上，哪个产品策划好，哪个营销思路好，全靠主观管理和判断，诸多事情反反复复，屡屡推倒重来，如果教训无法沉淀就不能分析和总结，如果经验无法沉淀就不能快速复制。

三是大C的成长路径无法实现。尽管在传统模式里，从小c成长为大C的路径是清晰的，但是，进一步地，如果缺乏有效的数字化工具，那么大C成长为合伙大C甚至成为区域代理商，进而快速实现社群裂变，就无法真正实现。社群分布式管理和赋能流于形式。庄泰在线下的销售模式已经形成了基于区域化的分布式管理逻辑，但跨区域的管理和赋能，仍然依靠点对点的人员交流或派驻，不仅成本高、效率低，还高度依赖个人主观态度及能力水平，有较大的随机性。

  我们反复强调，庄泰在线下已经形成了稳定的、可持续的发展模式。以上诸多问题，既是庄泰的短板，也是它的机会。就像是连夜摸黑赶路的行人，为了脚踏实地，不得不小心翼翼，数字化就像是一缕缕阳光，照亮了前行的路。视野和格局一旦打开，它加快脚步、努力奔跑也不是什么难事。从 2020 年开始，庄泰毅然开启了数字化的探索，作为社群数字化的 App 平台已经在 2021 年上线，诸多问题也迎刃而解，在服务和赋能大 C 方面，"小试牛刀"已经看到成果，接下来在全体系推广使用，将让未来不可限量。

第十一章

改变未来商业格局

第十一章 改变未来商业格局

2021 年下半年开始，社区团购行业以肉眼可见的速度从风口跌落，高增长的趋势被遏制，竞争与淘汰还在继续：从同程生活、食享会、京喜拼拼到十荟团、橙心优选，或破产清算，或业务停滞，或兼并出局。少数几个头部玩家，美团优选、多多买菜、兴盛优选等依旧勉强坚持，即使迷茫、亏损，也要干下去。

社区团购是社区内居民团体的一种互联网线上、线下购物消费行为，是依托真实社区的一种区域化、小众化、本地化的团购形式，它是依托社区和团长社交关系实现社群零售的创新模式。对于互联网平台而言，社区团购模式有获客成本低、终端物流成本低、易于复制扩张等优点，并因此得到了资本市场的青睐。

在我们看来，"社区团购"很可能是"零售平台"模式向"零售生态"模式过渡的中间状态，它基于社区化、本地化生长出来，连接数字化平台，可以把线上的数字化能力和本地化的服务能力有机结合起来，有可能创造出兼顾线上线下优势的商业模式。从名称来看，"社区"与"社群"含义相近，我们研究的数字化"社群"，也要依托本地化的社区展开；从模式来看，"社区团购"与"社群团购"内容相通，可以说社区团购本身就是社群团购中的重要组成部分。社区团购中的一个关键角色——团长，可能是未来生态模式中的大C，他们所承担的职能和拥有的关系，都已经很接近。不过，从社区团购的具体实践来看，由于资本和平台依然强势，流量模式依然是主流模式，团长沦为"工具人"

是不可避免的。

社区团购模式早在 2016 年就开始出现，发展得不温不火。2020 年初，新冠肺炎疫情的暴发，催生社区团购爆发式增长。阿里巴巴、腾讯、京东等互联网巨额资本注入，美团、拼多多、滴滴等玩家亲自下场，众多社区团购平台借势、借政策不断"跑马圈地"，社区团购平台成了"香饽饽"，短期内快速崛起。据统计，2020 年我国社区团购市场规模约为 720 亿元，较 2019 年基本实现翻番。2020 年底，随着各大资本的进入，社区团购中以低价抢占市场份额的行为成为常态，鸡肉 1 斤 0.99 元、鸡蛋 4 枚 0.1 元、苹果 1 斤 0.8 元……资本强力推动，让社区团购吸引了诸多关注，获得了漂亮的增长数据和短期的繁荣。

然而，当资本助推这种"以'烧钱'换流量"的竞争方式，影响到了普通老百姓的日常生计时，政府果断出手加强监管。2020 年 12 月 22 日，国家市场监督管理总局联合商务部约谈阿里巴巴、腾讯、京东、美团、拼多多、滴滴 6 家企业，对社区团购的市场秩序做出规范，要求其不得滥用定价权、不得垄断、不得大数据"杀熟"等，俗称"九不得"；2021 年 3 月 3 日，国家市场监督管理总局对五大社区团购平台（橙心优选、多多买菜、美团优选、十荟团、食享会）开出总额 650 万元的顶格罚单。

此后数月间，社区团购紧急刹车，早期行业以"流量"为核心，依靠低价拉新、补贴团长获客、向主站导流而快速抢占市场等方式已然行不通。社区团购"棋至中盘"，接下来如何破局？区域化、小众化、本地化的团购形式，未来的路在何方？

社区团购的终局猜想

在很长一段时间里，消费下沉和流量获取是互联网平台下注社区团购的首要理由，哪怕巨额亏损也在所不惜。从动机来看，互联网公司进入社区团购的原因和目的或许有以下四个：①形成以触达社区为群体的流量，完善各自的流量生态体系；②以社区团购模式进入"下沉"市场，打破流量瓶颈；③以销定采，加速生鲜线上渗透率，构建生鲜零售版图；④以社区团购完善同城供应链体系，降低履约成本。

比如，社区团购头部玩家美团优选数次出现在美团财报上，始终不变的一句话是，"我们本季度最重点的投资领域"。根据2021年第三季度财报，包含美团优选在内的新业务经营亏损为109亿元，而在第一季度和第二季度分别亏损80亿元和92亿元，美团仍对优选业务保持重度投入。按照王兴的说法，"我们对渗透率以及社区电商的长期发展前景很有信心，这对于我们来说是一个进入实体电商和更广阔的消费零售市场的绝佳机会"。他说，社区团购是十年一遇的机会，或将为美团带来3亿~4亿新客户。根据美团财报，2021年第一、第二、第三季度，美团交易用户分别净增5870万人、6000万人、4000万人。据估计，近一半源自美团优选，第三季度末美团交易用户达到6.67亿人，进一步强化了其在生活服务类平台的头部地位。

然而，当前社区团购行业形势不容乐观，持续亏损、资本"退烧"、监管趋严、投诉不断，越来越多的社区团购企业逐渐退出市场，随着疫情缓解、补贴减少，流量红利也会被"收割"殆尽。作为头部平台的美团优选、多多买菜、兴盛优选，纷纷改变激进的扩张方式，停止大额补贴，在社区团购中寻求以精细化的运营和服务提升用户的消费体验。

社区团购在模式上已经构建了一个"平台—团长—用户"的三段关系，理想的状态是，每个角色和位置都各得其所：平台绕开线上流量成本急剧上升的障碍，通过资本补贴把触角深入线下社区，依赖与广泛分布于城乡的千千万万社区小店店长（团长）的商业合作，把线下流量往平台导流，达到平台拉新的目的；团长大部分是社区化的小店主，自己势单力薄，不具备数字化拓展能力，只能做做周边居民的小生意，通过与平台合作，不仅得到品牌和身份赋能，还可以通过物美价廉的产品，拉近与社区居民的关系；社区居民，在日常菜场、超市的购物场景下，增加了一个线上下单、线下取货的全新场景，还可以享受来自平台的现金补贴，"有羊毛可以薅"，何乐而不为呢？当然，这三段关系要保持稳定和可持续，必须以信任关系而不是仅以商业利益为基础，必须有维持和传递信任的关键角色。

然而，在实践中，社区团购在一年多狂飙突进的竞争中，所有人都盯着流量和规模，没有人会认真地去考虑用户关系。如今，绝大多数社区团购面临的局面是，无论"平台与团长""团长与用户"，还是"平台与用户"，都是弱关系，找不出一对强信任关系。原因很简单，平台秉持"流量收割"模式，并不在乎团长的角色和身份；团长仅仅是拉新的触手和依附于平台的"工具人"，无论是新用户还是老用户，最后都成了平台用户，他又怎么会用心服务呢？只是看在平台给的一些商业利益的分上，顺便维持而已；对用户来说，社区团购平台同质化竞争已经到了白热化的阶段，哪个平台的补贴高、折扣大，就选择在哪里下单，反正买的都是同样的东西，取货点也完全一样。因此，所有关系更多的是基于商业利益，没有信任基础，一旦商业利益消失，关系就很容易被剪断。

社区团购下半场如何破局？我们试着从商业社群的运营逻辑上，进行大胆猜想。

猜想一：精细化运营者胜出。从粗放式增长转变为精细化运营是必由之路。社区团购是结合了仓配供应链、选品及库存管理、流量获取、物流和履约、精细化运营和损耗控制的生意。社区团购的产品以蔬菜水果、食品生鲜、生活日用等商品为主，它们具有低价、刚需、高频的消费特征，也有高损耗、高浪费的情况存在，运营效率在很大程度上影响着成本收益。从当前的运营效率来看，稳扎稳打、步步为营的兴盛优选看起来更胜一筹。兴盛优选一直没有采用以快打快、追求规模、超常规的发展路径，而是深耕区域精细化运营。据媒体报道，兴盛优选在湖南可以做到盈利 3 个百分点，其中团长佣金 10 个百分点，仓储物流 10 个百分点，市场开发综合管理压缩到 2 个百分点左右，产品毛利率在 25% 左右。精细化运营的内容很多，必须摒弃简单粗暴的补贴和打折，包括但不限于差异化选品、供应链管理、专业化配送、用户需求挖掘、精准服务和优化消费体验。一句话，必须通过降本增效来实现扭亏为盈。美团优选、多多买菜等也在筹划向精细化运营回归，效果究竟如何，仍需实践检验，让我们拭目以待。

猜想二：大 C 崛起者胜出。团长的角色很关键，必须从"工具人"转变成大 C，鼓励大 C 崛起。我们反复强调，要与用户建立强信任关系，在社区团购模式中，究竟能不能建立呢？对此，我们持谨慎乐观的态度。至少在目前来看，无论是有意还是无意，几乎所有的平台，都把"团长"这一重要角色当作了"工具人"，这么一来，团长也自然就把平台当作了"工具平台"，一家社区店身兼数个平台团长的现象并不鲜见，团长可以和谐地与来自不同平台的订单和用户共处，同时获得数个平台赋予的身份和给予的商业利益。我们反复强调，"团长"的角色很关键，不仅发挥着承上启下的作用，还承担着传递信任的关键作用。只有把团长从"工具人"转变成大 C，让他在社区中真正把居民变成自己服务的小 c，并且这些小 c 是不会被平台轻易穿透的，他才有机会真正把小 c 的信任关系由弱到强地维护和运营起来。如今，一些平台也在反思和摸索，有的也认识到"对团长的管理体制仍不够成熟"，但只要"团长"的角色依然是"工具人"，用户端的强关系就无从谈起。因此，那些把团长当作"工具人"的社区团购玩家，必然会被逐渐取代。

猜想三：分布式管理者胜出。零售平台面临的线上流量焦虑已经无

社群觉醒
小数据开启商业元生态

处不在，一年多社区团购的"下沉"和深耕，线下流量的红利也被"收割"一空。当新的流量没有了，必然倒逼零售平台回归存量用户的运营和深耕上来。实践证明，中心化的流量模式，在流量获取、分配和变现的过程中曾经发挥过重要作用，这也造成了资金流、商品流、用户流等高度集中的局面，每个用户在平台的眼里，不过是一段字节、一个数据、一点流量，实践也证明，基于大数据的分析逻辑，始终不能实现"一对一"的精准营销和服务。因此，只有把流量还原成用户，还原成小 c，才能建立信任关系。如何还原，如何加强信任？只能通过"分布式"商业社群的管理模式。过去两年，通过社区团购，诸多平台已经培养了用户的购物习惯，培养了千千万万个团长，只要在模式上稍作创新，给予充分授权，设计一个共享商业利益的分布式结构，就能把团长变成大 C，就能把流量还原成小 c。

以上三点，看似简单，但对于习惯了中心化管理的平台而言，要完全做到这三点不啻刀锋向内的自我革命，谈何容易！每家社区团购平台的基因、条件都不尽相同，供应链的构建能力，对于各地客群需求的理解，以及对各地团长的管理等因素，都将影响它们的战略决策。从当前的竞争形势来看，兴盛优选强于运营，深耕湖南地区，在地方上构筑了"铜墙铁壁"，应着重构筑线上社群平台的数字化能力，赋能团长、赋能大 C，才有机会实现跨区域发展，成为实力玩家；美团优选拥有品牌势能和强大的线上运营能力，虽然在选品和供应链上仍有功课要做，但是其已经初步完成在全国的布局，若能让"美团优选"作为独立品牌"去中心化"，培养团长成长为大 C，美团则有机会迅速成为社群生态的头部玩家；多多买菜依附于拼多多的渠道"下沉"，拥有完备的供应链和优秀的选品能力，若能鼓励团长成为大 C，无缝对接微信社群、小程序，会成为其一大优势，也有机会成为社群生态的关键玩家。

总之一句话，棋至中盘，鹿死谁手尚未可知。

商业组织的数据安全

我们研究小数据和用户关系数字化,还有一个关键议题不可忽视:用户数据隐私和数据安全保护。我们秉持的一个基本原则是,所有关于用户的数据采集和处理,必须基于用户的同意与认可,任何违背用户意愿的数据分析行为,都会对用户关系造成伤害。大数据反映的是宏观的、行业的发展趋势变化,小数据反映的是用户的微观变化;大数据集中在少数某几个平台上,容易形成数据垄断,小数据仅仅局限于某个具体的企业或品牌内,垄断无从谈起。因此,相对于大数据的逻辑,小数据的理念和方法论更有利于保护用户隐私,更有利于区域的、行业的乃至国家层面的数据安全。

2021年9月1日,我国关于数据安全的首部法律《中华人民共和国数据安全法》正式施行,标志着我国在网络与信息安全领域的法律法规体系得到了进一步完善,在数据安全领域有法可依,为各行业的数据安全提供了监管依据。按照总体国家安全观的要求,《中华人民共和国数据安全法》明确数据安全主管机构的监管职责,建立健全数据安全协同治理体系,提高数据安全保障能力,促进数据出境安全和自由流动,促进数据开发利用,保护个人、组织的合法权益,维护国家主权、安全和发展利益,让数据安全有法可依、有章可循,为数字化经济的安全健康发展提供了有力支撑。

数字经济时代,数据已成为重要生产要素和国家基础性战略资源。数据作为数字经济时代的核心和最具价值的生产要素,正在加速成为全球经济增长的新动力、新引擎,可以说,数据正逐渐成为21世纪的"石油"。5G、人工智能、云计算、区块链等信息通信领域技术(Information and Communications Technology,ICT)新技术、新模式、新应用无一不是以海量数据为基础,与其相关的数据量也正呈爆发式增长态势。近几年,《中华人民共和国网络安全法》《中华人民共和国个人信息保护法》《中华人民共和国数据安全法》等相关法律的施行,为数据安全提供了法律保障。

大数据作为当下社会的一种生产要素,对人类生产和生活产生的影响越来越大,在数字时代更是具有独特的价值。但我国数据治理相对滞后,就目前来说仍存在不少问题。

比如,数据贩卖问题屡禁不止。2020年11月,圆通速递被爆出有多位"内鬼"有偿租借员工账号,导致40万条公民个人信息泄露事件。《新京报》记者从知情人士处获悉,涉案的为5名圆通员工,被泄露的信息中包括发件人的地址、姓名、电话以及收件人的电话、姓名、地址。随后,圆通发表声明进行道歉,并表示此次案件,再次敲响了信息安全风险的警钟,圆通也将持续完善信息安全风控系统和个人数据安全防护。

又如,数据被违规采集。据2021年"3·15"晚会曝光,多地商家装有具备人脸识别功能的摄像头,在客户毫无知觉的情况下,偷偷收集大量顾客人脸信息,涉及万店掌、悠络客、雅量科技、瑞为等公司;智联招聘、前程无忧、猎聘网等多个招聘平台也存在泄露并贩卖求职者简历信息的现象,进而形成"黑色产业链"。当下的科技与互联网时代,各种App、网页、应用内嵌小程序,都要求访问用户的位置、身份等不同信息。要求访问及获取的数据信息过多,同样会为不法分子提供可乘之机,带来数据泄露的风险。

再如,基于数据垄断优势的"二选一""大数据杀熟"等行为,侵犯消费者权益的事件也层出不穷。2019年3月,北京市消费者协会发布的"大数据杀熟"问题调查结果显示,飞猪、去哪儿网等平台存在不同程度的"大数据杀熟"情况。2020年,国家市场监督管理总局等相关监管部门联合对美团、拼多多等平台企业就"二选一""大数据杀熟"等问题进行约谈。2021年2月7日，国家市场监督管理总局制定发布《国务院反垄断委员会关于平台经济领域的反垄断指南》（国反垄发〔2021〕1号），强调反垄断法及其配套法规规章适用于所有行业，对"二选一""大数据杀熟"等数据垄断问题也做了相关界定。

　　实践证明，按照大数据的逻辑，互联网平台对于用户数据的占有、分析和保护，不会有来自市场自觉、自愿的激励，必须通过外部行政和法律的力量进行合规的约束。而遵循小数据的理念，靠的不是流量而是存量，以长期主义运营好用户关系，使其由弱变强、永续经营才是目的，而把用户的数据进行短期"收割"甚至售卖变现则是最愚蠢的行为，决然不会发生。

　　搁置道德约束，从市场化的逻辑来看，小数据研究模式，也是大大有利于用户数据和隐私保护的。在 DT 小 c 的模式中，我们研究了私域的几种模式，私域1.0（公域转化）和私域2.0（私域留存）可能仍有部分"流量模式"的影子，但用户数据从来源、分析到结果呈现，都应当是经过用户同意和授权，在企业 App 这个封闭体系中独立完成的，这些数据都是"片段式"的，不同的企业 App 之间没有数据打通，在技术上也很难对用户隐私权实施侵犯；私域3.0（分类管理）和私域4.0（分级管理），是基于用户在该企业围绕某些品牌商品的消费轨迹，结合消费偏好、消费频次进行分类、分级和标签化运营，都是围绕产品和行业定位展开的，随着用户关系从微关系、弱关系到强关系的进阶，企业对于用户也认识得越来越全面，对于用户需求变化也把握得越来越准确。更进一步地，当企业用户关系运营进阶到私域5.0（分布式管理），用户关系私有化得以实现，实际上就变成了 DT 大 C 的商业模式，此时，所有小 c 的数据都将分布式地被不同区域、不同层级的大 C 进行点对点管理，在全新构建起来的商业元生态中，此时用户数据事实上被"化大为小"甚至"化整为零"，每一个小 c 的隐私数据都掌握在强信任关系的大 C 手上，整体意义上的用户数据隐私被侵犯问题更是无从谈起。

特别地，在商业元生态中，我们把数据安全问题定义为"微生物"。当然，在每一个开放的生态中，参与者都是良莠不齐，每个人的教育背景、素质能力、认知水平等也有诸多不同，或许依然有可能存在用户数据隐私被侵犯的问题。

一种情况是，当数据网络中的某个关键节点，如某个大 C、大 C 合伙人或区域代理商，以短期变现为目的，或者致力于研究怎么"大数据杀熟"，或者热衷于售卖用户数据，这些行为就把"微生物"变成了有害的"细菌"，因为无论是杀熟，还是转卖，原有的强信任关系都将被破坏，建立新的强信任关系更是无从谈起，这属于自断、自残的行为，从正常人的行为逻辑上难以理解，信任关系被剪断，这些人也就自动出局，离开了整个生态体系，也因为数字化带来的信息对称，"失信于人"的他们大概率没有任何机会在同一个生态体系中"东山再起"。

另一种情况是，仍处于关键位置的数据平台，如果忘却了为大 C 赋能和服务的责任，想做些违法违规的事，那么其在技术上也很难实现。它是通过大 C 去服务小 c，基本上没有机会和条件实施所谓的"大数据杀熟"，若数据平台也敢于"冒天下之大不韪"，出现短期变现的冲动穿透到小 c，把小 c 的数据进行转卖变现，它得罪的就是全体大 C，破坏了它与大 C 之间的强信任关系，如此一来，后果将更加严重，因为没有信任为基础，整个生态必将土崩瓦解。

于是，基于长期主义、共生共荣的商业元生态，每一个掌握了用户数据的关键角色，实际上都是私域运营和用户关系私有化的"既得利益者"，都会倍加珍惜这种与用户建立强关系的机会，因为用户数据就是财富资产，每一段强信任关系都意味着稳定和可持续的能量交换与价值创造，它们不仅不会主动去破坏，还会相互监督、相互勉励，这样一来,"微生物"就变成了"益生菌",将有利于整个生态的发展。

因此,我们看到,在互联网平台"挟数据以令天下"之时,用户作为一个微不足道的个体,很难跟平台去抗衡,只能依赖来自行政的、法律的力量,维持一个合规的动态平衡。在一个分布式的数字化社群生态中,用户主权崛起,每一个用户对于生态的重要性是不言而喻的,数据隐私和数据安全在市场化的力量中,会自然而然地得到解决。更通俗地说,平台模式容易滋生"细菌",需要外部的"抗菌药"维护肌体的健康,而生态模式更有利于"益生菌"的生长,能实现自我循环和自我更新,生命力和适应性会更加强大。

事实上,在数据安全之外,未来有关数据产权的立法也将呼之欲出。这意味着,用户拥有或至少部分拥有数据产权,那些曾经在互联网领域通过野蛮成长、无序扩张打造的商业模式,将面临系统性重塑。至少,过去那种完全不顾用户隐私,依靠"烧钱"补贴打开市场、吸附用户和流量,未经用户同意就将用户在其平台上活动的数据据为己有,然后将用户和流量变现的此类商业模式创新将受到法律的规制。

我们不妨大胆预测,随着数据安全保护和数据产权立法更加规范,商业社会的环境将发生重要变化,对于互联网平台公司来说,摆脱过去的野蛮成长、无序扩张模式,向规范式发展回归,是必须经历的"阵痛",但也终将凤凰涅槃。在日益规范化的数字经济时代,互联网平台企业的担当,不仅体现在为早期投资者提供丰厚回报,以及必要的退出渠道上,更要为其用户、利益相关者等的利益和安全担负责任。与此同时,那些珍惜用户数据、与用户建立了强信任关系的企业、平台或生态将快速崛起,成为新的商业力量并开创一个尊重用户主权的新时代。

理念创新的社会意义

本书行文至此,我们一直基于零售行业对商业元生态进行分析,因为零售行业主要是围绕商品供应和商品流通来做工作，通过数字化能力的架构与拓展，基于零售的商业社群在信任构建、分布式管理、内容传播、服务交付等环节更容易实现，在价值分配上也有比较多的参照系。或者说，商业元生态事实上是创新出了一种新的商品流通模式，对于传统的零售行业来说是一个有益的补充，对于广大消费者来说是多了一个场景和选择。

不过，细心的读者一定会发现，我们在讲述DTCR模式和生态五元素时，也列举了不少生产型企业的案例，在信任的获取、内容的输出、价值的分配等诸多方面，我们的论述已经远远超出了零售行业本身，相信聪明的读者已经可以理解商业元生态所倡导的价值立场、管理理念和方法论，以及其在现实商业世界中所具备的公共意义。

比如，商业元生态的核心理念是强信任关系，无论是数据平台与大C之间，还是大C与小c之间，都是通过强信任关系建立链接，使其稳健和可持续发展。那么，在商业实践中，信任是降低交易成本最有效的方法，无论是生产型企业还是服务型企业，无论是国企还是民企，无论是大企业还是小企业，追求稳定的员工信任、用户信任、伙伴信任关系，都是必不可少的环节，通过强信任关系去实现稳定和可持续，是事半功倍的办法。

又如，我们倡导长期主义，每一段信任关系的建立、维护和优化都需要一个时间过程，人们从陌生到熟悉、从熟悉到相信、从相信到认可都需要一个渐进和迭代的过程，在短期内很难实现；社群与社群之间，对于每一次能量交换和价值创造，也需要长期主义，任何短期行为对于彼此的信任关系而言都是一种伤害，所有短期内想"收割"变现的套路、策略，都会在这个生态体系中失效。在更广泛的商业实践中，在当下商业社会的浮躁、焦虑氛围中，长期主义同样值得大力倡导，不少企业提出"百年企业"的奋斗目标，其实就是坚持了长期主义，只有在某个细分领域保持长期、稳定的专注力，才有可能建立有效的技术壁垒，在竞争中立于不败之地。

再如，我们倡导共享共荣，在理想化的状态下，商业元生态就是一个共享经济体，每一个参与者，都是相互合作、共生共荣的关系，可以通过自己获得的信任值在商业社群中获得相应的地位和能量，再通过自己的努力付出获得相应的回报。"去中心化"的结构，导致分权、分利、分享不仅仅是自愿的行为，更是自觉的行为，没有谁能够拥有超人的管理权和控制力，所有的财富都是合伙共创而来，人与人之间的依附关系不复存在。这一点跟商业社会中人们所倡导的激励安排，乃至所弘扬的商业道德都是一脉相传的。

以上都是围绕商业元生态的创新理念所做的简要延伸，而更具体的模式创新，依然可以举出两个案例来加以畅想（未经验证，只是畅想）。

一个典型案例是服务型企业携程，这个成立于1999年的在线旅游平台（OTA）头部玩家，是一家拥有用户量超过4亿人（2019年数据），月活用户超过2亿人（2018年数据）的超级平台，曾一度成了商旅人群的出行首选App。携程的商旅产品和服务，具有轻资产模式和规模效应下高毛利率的特征，2017—2020年公司毛利率分别为82.5%、79.6%、79.3%、78.0%。"携程旅行"作为集团旗下最大的品牌，定位于"高端化"，主要为家庭和商务人士提供深度服务，更注重品质，2019年酒店订单量2.89亿间，日均房单价477元，在OTA行业稳居头部地位；"去哪儿"在"95后"年轻群体中最受欢迎，主打性价比。特别地，以IT技术为支撑，标准化、精细化管理的"客服呼叫中心"是携程引以为傲的护城河。

然而，携程并非高枕无忧。近年来，携程不仅遭遇了来自美团、飞猪（阿里巴巴系）、同程（腾讯系）等同类平台的竞争与追赶，也遭受了来自社会各方对其服务模式的质疑。比如，在供应端压榨供应商、设立霸王条款等事件也屡遭诟病；又如，在用户端，捆绑销售、"大数据杀熟"、天价退票费等事件也多次登上新闻头条，对携程品牌形象产生持续的负面影响。事实上，尽管是纽交所和港交所的上市公司，携程却在用户数据变化这一项上讳莫如深，这也从侧面验证了其所面临的流量焦虑和增长挑战。

早在 2016 年，携程就曾倾力推出了全新的个人旅游分享经济服务（B2C2C）模式，"携程顾问"借助携程品牌和产品库为客人提供旅游咨询和预订服务。这个 B2C2C 模式已经很类似商业元生态中"社群平台—大 C—小 c"的模式，携程顾问也类似于我们定义的大 C。然而，不知何故，携程的 B2C2C 模式的试验并没有真正成功，后来也就不了了之。2020 年一场疫情，让旅游出行行业全线"冰封"，也把携程创始人梁建章逼进了直播间，通过直播带货来挽救一二，其精神令人敬佩。

其实，经过 20 多年的创业与发展，携程已经打下了很优质的品牌基础和用户基础，只要在理念和模式上稍作创新，就有可能找到一条稳定可持续的增长之路。我们以为，携程可以在"分享经济"的服务模式上更彻底、更大胆一些，不仅面向外部的个人导游开放，更向内部的员工开放，让客服呼叫中心的优秀员工成长为大 C，每个大 C 按照能力和意愿，通过数据精准匹配，即可专门服务一定数量的 VIP 用户。目前，这个客户呼叫中心依然是成本中心，员工主要负责处理用户意见和投诉，能够妥善处理并避免用户情绪失控就已经不易，很难创造新的价值。如果把他们往前推，主动出击，与精准 VIP 用户建立一对一的信任关系，那么在商旅出游的产品推荐、服务安排，甚至在本地化的出行服务、商品购买等领域，都有机会"一站式"完成，把成本中心转化为利润中心，若能把携程轻资产和高毛利的产品特性发挥好，至少还能支持携程下一个十年的稳定增长。

另一个典型案例是生产型企业海尔。作为一家极为传统的制造业企业，海尔借助互联网思维，将企业的管理组织向平台化转变，将组织与激励向"人单合一"转变，将雇佣关系向生态圈的合伙创业者转变，这一变革对于一家几万人的制造业企业来说是颠覆性的。特别地，以用户为中心的"人单合一"模式在海尔已经推行了好几年，并且在不断完善中。所谓"人单合一"模式，就是核算每个员工为公司所创造的价值，依据员工所创造的价值来进行企业价值的分享，这种模式使海尔内部形成了无数个小小的自主经营体，员工自我经营、自我驱动，海尔的"人单合一"模式，对于习惯了中心化、"自上而下"、大权在握的管理者而言，是一场触及灵魂的自我革命，海尔此举也在管理学界赢得了一片赞誉。

在我们看来，海尔在生产和管理环节进行了"去中心化"，实现了以市场为导向的创业逻辑和管理逻辑，企业平台化就是总部不再是管控机构，而是一个平台化的资源配置与专业服务组织；并且，提出管理无边界、"去中心化"，后端要实现模块化、专业化，前端强调个性化、创客化。在海尔的变革中，从领导分配任务到自己找"用户"，从公司发放薪酬到自己找"订单"从而得到酬劳，从被雇佣关系到合伙创业关系，在这一转变过程中，海尔作为一个几万人的组织明确、流程严谨的制造业企业，逐步进入了混乱甚至无序状态，组织进入失控状态，内部市场化、自由竞争，从同事变成了同行、从协作变成了竞合。每个人自己找自己的位置与价值，前端向市场去找、后端向前端去找。

2021年11月5日，海尔创始人张瑞敏光荣退休，近乎完美地完成了时代赋予他的历史使命，给中国企业界留下了一个伟岸的背影。经过十数年的变革和试验，在海尔的创业平台上成功孵化出了"雷神""卡萨帝""三翼鸟"等优秀创业团队和品牌，但更多的创业项目仍处在摸索和迭代中，需要交给时间和市场去验证。我们想说，海尔如今在做

"人单合一"变革之时，已然把海尔的员工催化成了大 C，需要自己去市场上找出路。若能进一步地依托海尔的品牌势能，把用户关系数字化这件事情同时推动起来，构建一个基于海尔系列产品的商业社群生态，反哺这些独立创业的千万个团队，形成从研发、生产到销售的"一站式"消费模式，必然能够创造出更多好的品牌、更优秀的团队，从市场端和用户端去验证"人单合一"的正确性，以完美回应那些吹毛求疵的评论者。在我们看来，生产端的"去中心化"更加艰难，张瑞敏与海尔已经以莫大的决心和成本逐步实现，相对而言，在销售端的"分布式"社群建构更容易一些，不需要触及利益再分配，只需在理念和模式上稍作创新，应该是手到擒来的。

关于商业元生态所引发的理念创新和价值思考，还可以谈很多。特别强调一下，以上论点仅仅是作为局外人的我们，从理念层面进行的推导和论证，尚未经过实践检验，旨在引起更多讨论和交流。对于当事人而言，可算是姑且一听的闲言碎语，"事非经过不知难"，只有那些身在其间，亲身体会商业实践的艰难，躬身入局者才更值得尊敬。

中国特色的商业生态

"当今世界正经历百年未有之大变局"，这句话意味着国际格局和国际体系正在发生深刻调整，全球治理体系正在发生深刻变革，国际力量对比正在发生近代以来最具革命性的变化，世界范围呈现出影响人类历史进程和趋向的重大态势。

新一轮科技革命和产业变革带来的新陈代谢和激烈竞争前所未有，不仅重构了全球创新版图、重塑了全球经济结构，而且深刻改变了人类社会生产生活方式和思维方式，推动了生产关系变革，给国际格局和国际体系带来了广泛而深远的影响。人类前途命运前所未有地交织在一起，各国相互联系和彼此依存比过去任何时候都更频繁、更紧密，整个世界日益成为你中有我、我中有你的人类命运共同体。在世界大变局中，中国持续快速发展，中华民族伟大复兴的事业不断前进，成为世界格局演变的主要推动力量。

中国从100多年前的半殖民地半封建社会，逐步发展为世界第二大经济体、最大的社会主义国家，对世界经济增长的贡献率连续多年超过30%。中国进入世界创新力排名前15，在科技革命中的角色由跟跑者、参与者向并跑者、变革者转变。中国在全球治理领域承担了更大责任、发出了更多声音，成为多边合作的积极倡导者。中华文明在世界上的影响力与日俱增，成为文明多样化发展中不容忽视的重要力量。

这个大变局，是从事实上"一家独大"的单极世界向协同共治的多极世界的转变。单边主义越来越不得人心，多极化成为不可阻挡的时代潮流，中国成为世界多极化进程中的一支重要力量。现代化发展路径从一元向多元的转变，中国开创的社会主义现代化道路，展现了实现现代化的全新可能。用我们的话说，世界经济格局也在"去中心化"，一个通过"分布式管理"的多中心格局，将成为未来世界经济生态中稳定可持续的基本形态。面向未来，和平、发展、合作、共赢是时代强音，机遇大于挑战。

2021年10月16日出版的第20期《求是》杂志发表了习近平总书记的重要文章《扎实推动共同富裕》，文章把促进共同富裕要把握好的四个原则讲得很清楚。①鼓励勤劳创新致富。幸福生活都是奋斗出来的，共同富裕要靠勤劳智慧来创造。②坚持基本经济制度。要立足社会主义初级阶段，坚持"两个毫不动摇"。③尽力而为量力而行。不要好高骛远，吊高胃口，即使将来发展水平更高了、财力更雄厚了，也不能提过高的目标，搞过头的保障，坚决防止落入"福利主义""养懒汉的陷阱"。④坚持循序渐进。鼓励各地因地制宜探索有效路径，总结经验，逐步推开。

实现共同富裕总的思路可以具体化为六条。第一，提高发展的平衡性、协调性、包容性；第二，着力扩大中等收入群体规模；第三，促进基本公共服务均等化；第四，加强对高收入的规范和调节；第五，促进人民精神生活共同富裕；第六，促进农民农村共同富裕。

在这样一个伟大的时代里，我们讨论"商业元生态"的理念和方法论，有着更加特别的社会意义（如图 11-1 所示）。

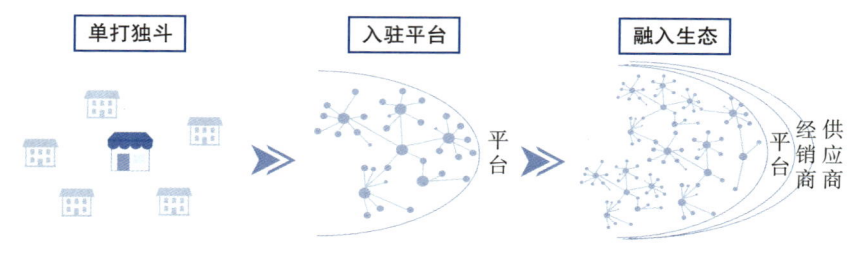

图 11-1 面向未来的商业

第一，这是一个共生、共荣的经济生态。我们已经多次指出，商业元生态实现了在强信任关系的基础上，让社群完成从中心化到分布式的进化，这不仅仅是一个结构上的简单改变，其背后还有更多深刻的商业逻辑：中心化权力的重新分配，也意味着资源的重新分配、利益的重新分配。所有参与者之间，再也没有依附关系，而是共生、共荣的关系，是"自上而下"的服务关系。社群网络中的不同节点，仍有区域代理商、大C合伙人、大C以及专业化分工，但决定他们位置上下的不再是行政力量，而是信任关系的高低和市场贡献的大小。如此一来，每个人都有机会在商业生态中占据一席之地，获得与个人努力相匹配的价值回报。同时，这也是一个自由和开放的经济形态，随时可以接入更多的外部社群和力量，在生态内外进行由供求关系驱动的自由的能量交换与价值创造。

第二，这是一个倡导共同富裕的发展模式。在农业时代里，那些掌握了土地和矿产等自然资源的人群，就拥有资源配置的主导权，能够在社会经济生活中占据优势地位，成为社会的精英阶层；在工业社会里，那些掌握了资本和技术等资源的人，就拥有了创造商业奇迹和改变个人命运的机会，他们在财富分配中自然占据主导地位。中国的改革开放以短短40余年时间走完了西方国家数百年的转型历程，通过资本和科技驱动的商业社会也创造了举世瞩目的成就。如今，进入数字化时代，商业逻辑和社会结构都将发生重大改变，不仅用户数据成为关键财富，在网络中积累的信任关系也能成为生产力。商业元生态所构建的一个发展模式，倡导的是财富共创和价值共享，没有谁处于绝对的中心，每个参与者凭借自己的信用度，在网络节点中占据相应位置，并以努力服务获取回报，这就是一个倡导共同富裕，并有益于实现共同富裕的模式。

第三，这是一个存量增长的商业模式。用户思维，首先就是一种存量增长的思维。我们特别指出，大C的崛起和发挥主要作用，是商业元生态能够稳定发展的基本前提。生态的开放性，甚至可以让那些有社交能力、有本职工作、有专业追求的人也用兼职时间参与进来。这些人在自己的专业领域、自己的区域和自己的社交关系中可能就是一个"社交达人"，已经拥有若干组强信任关系，彼此熟悉情况，朋友之间的体验式分享和好物推荐已经非常普遍。他们完全可以在不影响现有生活和工作的情况下，融入生态进行价值交换，在存量中寻求增量。社会中常见的来自各行各业有专业身份的人物，只要做人本分、做事靠谱，就能够赢得大家的信任，能够按照数字化的理念，成长为团长大C和群主大C，在自己的社交和社群关系中实现价值提升。

另外，在社群生态中，数据资产和信任关系都是"可再生资源"，可以重复使用，从这个意义来看，还是一个低碳增长的模式。数据是重要的生产要素，是数字经济时代里最基本的命题，数据可以渗透整个社

社群觉醒
　　小数据开启商业元生态

群生态的运行过程，通过对海量社群数据的处理分析，可以发挥数据对其他要素效率的倍增作用。而信任关系既是人际、社群间交易的基础，也是生态运营的重要保障，拥有强信任关系，可以把社会成本和竞争损耗大大降低，这本身也是增进社会总福利的重要体现。

　　经过改革开放40多年的艰苦努力，中国经济从不增长到增长，从缓慢增长到高速增长，从高速增长到稳定增长，目前已经到了转变发展方式、优化发展方向、提升发展动力，追求高质量发展的崭新阶段。倡导高质量发展，是适应世界经济格局变化和经济发展新常态的主动选择，是贯彻新发展理念的根本体现，是建设现代化经济体系的必由之路。商业元生态，是在数字化时代里，具有中国特色的商业创新，是可以改变未来商业格局的蓬勃力量。倡导人际间相互信任、和谐共处，倡导共生共荣、稳定可持续的新商业文明，倡导价值共创和财富共享，在存量中寻求增长的发展模式，就是高质量的发展模式，在高质量发展中促进共同富裕，是新时代的美好愿景和崇高使命。

　　我们无意间看到了一个新的商业文明：这是一段经历了数千年进化的商业故事，商业元生态是对人际信任关系的历史致敬和价值回归，在数字化的时代里，我们将回归"物以类聚，人以群分"的时代，将回归"先有交情，再有交易"的逻辑，回归和谐、有序、分享、开放的商业世界。

　　我们庆幸自己生在这个伟大的国家，经济的规模体量与创新发展是我们研究的基础，让我们能够站在用户研究细分领域的最前沿，去回顾历史的脉络，去观察创新的逻辑，去探寻真理的奥秘。当然，"实践是检验真理的唯一标准"，我们在书中仍有不少理论判断是基于历史研究和经验分析做出的，在没有得到具体实践检验之前，还不能说完全正确，一切的一切，仍需要时间和实践去证明。

　　社群觉醒，让暴风雨来得更猛烈一些吧……

参考资料

1. ［以色列］尤瓦尔·赫拉利（Yuval Noah Harari）. 人类简史［M］. 林俊宏，译. 北京：中信出版社，2017.

2. ［法］古斯塔夫·勒庞（Gustav LeBon）. 乌合之众：大众心理研究［M］. 冯克利，译. 北京：中央编译出版社，2014.

3. ［比］史蒂文·范·贝莱格姆（Steven Van Belleghem）. 用户的本质［M］. 田士毅，译. 北京：中信出版社，2018.

4. ［美］哈维·汤普森（Harvey Thompson）. 谁偷走了我的客户［M］. 赵玲，译. 北京：北京联合出版公司，2016.

5. ［美］艾瑞克·罗威特（Eric Lowitt）. 共享经济［M］. 范鹏，诸颖，张培智，译. 北京：机械工业出版社，2016.

6. ［美］埃尔文·E. 罗斯（Alvin E Roth），共享经济［M］. 傅帅雄，译. 北京：机械工业出版社，2016.

7. ［美］蕾切尔·博茨曼，路·罗杰斯. 共享经济时代［M］. 唐朝文，译. 上海：上海交通大学出版社，2015.

8. ［美］维恩·哈尼什（Verne Harnish）. 指数级增长［M］. 李瑞静，何缨，译. 北京：机械工业出版社，2019.

9. ［美］沃尔夫冈·谢弗（Wolfgang Schaefer），JP. 库尔文（JP Kuehlwein）. 品牌思维［M］. 李逊楠，译. 古吴轩出版社，2017.

10. ［英］罗宾·邓巴（Robin Dunbar）. 社群的进化［M］. 李慧中，译. 成都：四川人民出版社，2019.

11. ［以色列］拉兹·海飞门（Raz Heiferman），习移山（Yesha Sivan），张晓泉. 数字跃迁［M］. 北京：机械工业出版社，2021.

12. ［美］尼尔·埃亚尔（Nir Eyal），瑞安·胡佛（Ryan Hoover）. 上瘾［M］. 钟彩婷，杨晓红译. 北京：中信出版社，2017.

13. ［美］罗伯特·B. 西奥迪尼（Robert B Cialdini）. 影响力［M］. 闾佳，译. 北京：北京联合出版公司，2016.

14. ［美］马丁·林斯特龙（Martin Linstrom）. 痛点［M］. 陈亚萍，译. 北京：中信出版社，2017.

15. ［美］艾迪·尹（Eddie Yoon）. 超级用户［M］. 王喆，余宁，译. 2017年9月。

16. ［美］托尼·萨尔德哈（Tony Saldanha）. 数字化转型路线图［M］. 赵剑波，邓洲等译. 北京：机械工业出版社，2021.

17. ［美］赛思·斯蒂芬斯-达维多维茨（Seth Stephens-Davidowitz）. 人人都在说谎［M］. 胡晓姣，张晨，左润男，译. 北京：中信出版社，2018.

18. ［美］罗比·凯尔曼·巴克斯特（Robbie Kellman Baxter）. 会员经济［M］. 蒋宗强，译. 北京：中信出版社，2021.

19. ［美］伊藤穰一（Joi Ito），杰夫·豪（Jeff Howe）. 爆裂［M］. 张培，吴建英，周卓斌，译. 北京：中信出版社，2017.

20. ［澳］杰里米·海曼斯（Jeremy Heimans），［英］亨利·蒂姆斯（Henry Timms）. 超级参与者［M］. 赵磊，译. 北京：中信出版社，2020.

21. ［奥］维克托·迈尔-舍恩伯格（Victor Mayer-Schonberger），［德］托马斯·拉姆什（Thomas Ramge）. 数据资本时代［M］. 李晓霞，周涛，译. 北京：中信出版社，2018.

22. 曾鸣. 智能商业［M］. 北京：中信出版社，2018.

23. 忻榕，陈威如，候正宇．平台化管理［M］．北京：机械工业出版社，2021．

24. 杨飞．流量池［M］．北京：中信出版社，2018．

25. 陈春花．价值共生［M］．北京：人民邮电出版社，2021．

26. 徐子沛．数文明［M］．北京：中信出版社，2018．

27. 唐兴通．引爆社群［M］．北京：机械工业出版社，2020．

28. 杨瀚清．我在一线做用户增长［M］．北京：中信出版社，2020．

29. 李践，黄强．无条件增长［M］．北京：中信出版社，2018．

30. 方二，齐卿，左莉．智情企业［M］．北京：机械工业出版社，2021．

31. 腾讯智慧零售．超级连接［M］．北京：中信出版社，2020．

32. 黄天文．引爆用户增长［M］．北京：机械工业出版社，2018．

33. 秋叶，邻三月，秦阳．社群营销实战手册［M］．北京：人民邮电出版社，2018．

34. 韦玮，张恩铭，徐卫华．数字化魔方［M］．北京：机械工业出版社，2021．

35. 喻旭．企业数字化转型指南［M］．北京：清华大学出版社，2021．

36. 江南春．人心红利［M］．北京：中信出版社，2021．

37. 王为．社群化［M］．北京：机械工业出版社，2020．

38. 杨芳莉．营销5.0［M］．北京：人民邮电出版社，2021．

39. 胡华成，黄剑锋．社群思维［M］．北京：电子工业出版社，2019．

40. 付君锐．社群电商［M］．北京：中国商业出版社，2020．

41. 卢彦．社群三板斧［M］．北京：机械工业出版社，2020．

42. 桑昆．私域流量赋能社交电商［M］．北京：机械工业出版社，2020．

43. 庄崇沛．新社群，新思维，新零售［M］．北京：清华大学出版社，2017．

44. 何兴华. 流量制造［M］. 北京：东方出版社，2020.

45. 勇哥，王易，廖军连. 社群团购［M］. 北京：机械工业出版社，2021.

46. 吴河图，杨帆. 社群学习［M］. 北京：机械工业出版社，2021.

47. 陈菜根. 社群运营五十讲［M］. 北京：北京时代华文书局，2018.

48. 谢佩峰，叶青，吴磊. 社群营销与运营实战［M］. 武汉：华中科技大学出版社，2021.